DEMOCRACIA EM RISCO?

Democracia em risco?

22 ensaios sobre o Brasil hoje

COMPANHIA DAS LETRAS

Copyright © 2019 by Os autores

Grafia atualizada segundo o Acordo Ortográfico da Língua Portuguesa de 1990, que entrou em vigor no Brasil em 2009.

Capa
Claudia Espínola de Carvalho

Preparação
Julia Passos

Revisão
Angela das Neves

Dados Internacionais de Catalogação na Publicação (CIP)
(Câmara Brasileira do Livro, SP, Brasil)

> Democracia em risco? : 22 ensaios sobre o Brasil hoje.—1ª ed. —
> São Paulo : Companhia das Letras, 2019.
>
> Vários autores.
> Bibliografia
> ISBN 978-85-359-3202-7
>
> 1. Brasil – Política e governo 2. Democracia – Brasil 3. Eleições – Brasil 4. Ensaios.

19-23218	CDD-321.8

Índice para catálogo sistemático:
1. Democracia : Ciências políticas   321.8

Cibele Maria Dias – Bibliotecária – CRB-8/9427

[2019]
Todos os direitos desta edição reservados à
EDITORA SCHWARCZ S.A.
Rua Bandeira Paulista, 702, cj. 32
04532-002 — São Paulo — SP
Telefone: (11) 3707-3500
www.companhiadasletras.com.br
www.blogdacompanhia.com.br
facebook.com/companhiadasletras
instagram.com/companhiadasletras
twitter.com/cialetras

Sumário

Nota dos editores 9

Polarização radicalizada e ruptura eleitoral 11
Sérgio Abranches

Deus acima de todos 35
Ronaldo de Almeida

A comunidade moral bolsonarista 52
Angela Alonso

Uma história de dois azares e um impeachment 71
Celso Rocha de Barros

Em nome do quê? A política econômica
no governo Bolsonaro 83
Monica Baumgarten de Bolle

Democracia e autoritarismo:
Entre o racismo e o antirracismo 98
Petrônio Domingues

Psicologia das massas digitais e análise
do sujeito democrático 116
Christian Ingo Lenz Dunker

A queda do foguete 136
Boris Fausto

Depois do temporal................................. 147
Ruy Fausto

Savonarolas oficiais 164
José Arthur Giannotti

A política brasileira em tempos de cólera 175
Angela de Castro Gomes

Diante da realidade, seis ficções epistemológicas 195
Ronaldo Lemos

A marcha brasileira para a insensatez 211
Carlos Melo

A política do pânico e circo........................... 230
Conrado Hübner Mendes

Uma guinada equivocada na agenda da educação 247
Paula Louzano e Gabriela Moriconi

Desafios para a comunidade e o
movimento LGBT no governo Bolsonaro............... 256
Renan Quinalha

As armadilhas da memória e a reconstrução democrática...... 274
Daniel Aarão Reis

El Salvador: A propósito da força e da fragilidade.......... 287
João Moreira Salles

A bolsonarização do Brasil 307
Esther Solano

Diplomacia da ruptura 322
Matias Spektor

O passado que não passou 337
Heloisa Murgel Starling

Sismografia de um terremoto eleitoral 355
André Singer e Gustavo Venturi

Nota dos editores

A ideia deste livro surgiu a menos de dez dias do segundo turno das eleições presidenciais de 2018. Parecia clara, já àquela altura, uma profunda reconfiguração da política brasileira. Fato novo, um candidato de extrema direita — de retórica virulenta e ideias conservadoras em matéria de costumes, mas vestindo novíssimo traje ultraliberal em assuntos econômicos — assomava como contendor (ao menos estatisticamente) imbatível, deixando para trás velhas figuras e partidos que haviam dominado a cena desde a conformação da Nova República.

Conscientes de nosso papel de estimular a discussão de ideias em momentos singulares, decidimos convidar intelectuais habituados ao debate público, das mais diversas áreas (mas com predomínio, talvez natural, dos que pensam a política, em sentido amplo), para escreverem artigos de interpretação, a quente, do fenômeno que vivíamos. Muitos aceitaram o desafio, que não é pequeno, pois aos autores não se deu o benefício do tempo — nem para que fizessem uma análise de fatos mais sedimentados, nem para que preparassem os textos num prazo que seria o ideal. Por isso, a todos, somos muito gratos.

O tempo exíguo em que este projeto foi concebido e executado também terá sido a causa de eventuais deficiências e ausências, pelas quais os editores assumem responsabilidade integral. Era nosso desejo intervir no debate com rapidez e ajudar na compreensão de um período que, tudo indica, virá a ser crucial nos rumos que tomarão nosso país e nossa sociedade.

Dezembro de 2018

Polarização radicalizada e ruptura eleitoral

Sérgio Abranches

ELEIÇÕES DISRUPTIVAS

A eleição geral de 2018 foi disruptiva. Encerrou o ciclo político que organizou o presidencialismo de coalizão brasileiro nos últimos 25 anos e acelerou o processo de realinhamento partidário que já estava em curso, pelo menos desde 2006. Rompeu o eixo político-partidário que organizou governo e oposição nas últimas seis eleições gerais e que era movido pela disputa polarizada entre o Partido dos Trabalhadores (PT) e o Partido da Social Democracia Brasileira (PSDB) pela Presidência da República, enquanto os demais partidos se limitavam a disputar posições no Congresso para garantir assento na coalizão de governo.

Mas não estamos observando um processo de realinhamento clássico, em que um sistema partidário substitui o anterior em uma rodada eleitoral. Ele está se fazendo por meio de um progressivo desalinhamento do sistema de partidos. Uma crise, portanto, que ainda não tem solução emergente. Cumpriram-se, contudo, algumas das condições que caracterizam o realinhamento: uma mudança clara e forte no equilíbrio de forças entre os partidos e uma troca radical no poder governamental — no caso, da esquerda tradicional para a direita ultraconservadora.

Alguns partidos, especialmente o Partido Democrático Trabalhista (PDT), o Partido Socialista Brasileiro (PSB) e a Rede, tentaram confrontar a polarização pela Presidência em alguns desses pleitos. Marina Silva, em 2010, pelo Partido Verde (PV), e, em 2014, pelo PSB, foi quem chegou mais perto de consolidar essa terceira via. O sucesso de sua candidatura, com 19,3% dos votos, em 2010, dispondo de 1,23 minuto de tempo de TV, e em 2014, com 21,3% dos votos e 2,3 minutos de tempo de TV, prenunciava o declínio do peso dos recursos tradicionais de campanha. Ciro Gomes (PDT), em 2018, ficou bem mais distante disso, com 12,5%, pouco mais que os 11% que obteve nas eleições de 1998.

As rupturas de 2018 se deram em dois planos. Os resultados do primeiro turno mostraram a aceleração do desalinhamento partidário que vinha ocorrendo mais gradualmente desde 2010, com o declínio do tamanho médio das bancadas na Câmara e o aumento da fragmentação partidária no Congresso. Além disso, o PSDB ficou fora, pela primeira vez, da disputa pela Presidência. O partido ganhou as eleições presidenciais no primeiro turno, com Fernando Henrique Cardoso, em 1994 e 1998, e esteve no segundo turno contra o PT em 2006, 2010 e 2014. O segundo turno da eleição presidencial de 2018, com a derrota do PT para um candidato de partido inexpressivo e sem estrutura política de campanha, completaria a ruptura. Era o fim do ciclo PT-PSDB do presidencialismo de coalizão na Terceira República, que organizara governo e oposição desde 1994. O realinhamento partidário tende a se acelerar ainda mais e a se aprofundar, com a proibição das coligações em pleitos proporcionais. Essa nova regra já deve ter alguma influência nas eleições municipais de 2020, mas terá efeito pleno nas eleições gerais de 2022. Em algum momento levará à substituição do sistema partidário em desagregação por outro mais articulado.

O fim do ciclo PT-PSDB na Presidência da República e a hiperfragmentação das bancadas desorganizaram completamente o jogo político-partidário que assegurou a estabilidade democrática e o funcionamento do presidencialismo de coalizão por quase um quarto de século. Esse sistema, todavia, dava sinais de estar no seu ocaso, com a rápida perda de qualidade das políticas públicas, o desalinhamento partidário e a contaminação generalizada do sistema político pela corrupção partidário-empresarial.

As eleições legislativas revelaram ampla rejeição aos partidos tradicionais. O PT conquistou a maior bancada na Câmara, mas perdeu catorze cadeiras, confirmando um declínio iniciado em 2006. O PMDB perdeu 32 representantes e caiu da segunda maior bancada para a quarta, igualando-se ao PSB. Com 29 deputados cada, o Democratas (DEM) e o PSDB (que perdeu 25 cadeiras) deixaram o grupo dos cinco maiores partidos da Câmara. Em paralelo a isso, o Partido Social Liberal (PSL), de Bolsonaro, que havia eleito apenas um deputado em 2014, passou a ser a segunda maior representação, com 52 deputados. Um nítido desalinhamento partidário, com redução acentuada do tamanho médio das bancadas e aumento de 30% da fragmentação. Em 1994, os cinco maiores partidos controlavam 70% das cadeiras. Em 1998, atingiram o máximo de concentração da representação, com 79% das cadeiras. Em 2014, já haviam caído para 51% das cadeiras e, em 2018, as cinco maiores bancadas ganharam apenas 41% das cadeiras. O tamanho médio dos cinco maiores partidos representados na Câmara caiu de 72 deputados, em 1994, e 81, em 1998, para 53, em 2014, e 43, em 2018. Os partidos que disputavam a Presidência estão em crise, e os que se mantinham como pivôs da coalizão, particularmente o Movimento Democrático Brasileiro (MDB), foram desinflados. As maiores bancadas são agora medianas, com partidos entre 29 e 56 deputados. Hoje, onze partidos têm entre 28 e 56 deputados. A formação de coalizões hipermajoritárias, capazes de aprovar emendas constitucionais, ficou bem mais difícil.

REALINHAMENTO PARTIDÁRIO NA
CÂMARA DOS DEPUTADOS*

PARTIDOS	1994	1998	2002	2006	2010	2014	2018
PMDB/MDB	107	83	75	89	79	66	34
PFL/DEM	89	105	84	65	43	22	29
PSDB	63	99	70	66	53	54	29
PPR/PPB/PP	51	60	49	41	41	36	37
PT	50	59	91	83	88	70	56
PSD	0	0	0	0	0	37	34
PSL	—	1	1	0	1	1	52
% G5	70%	79%	67%	67%	59%	51%	41%
Média G5	72	81	74	69	61	53	43

* A área sombreada indica os cinco maiores partidos em cada ano.

Dos partidos do duopólio para disputas presidenciais, o PSDB — rebaixado da terceira para a nona bancada da Câmara dos Deputados — saiu da eleição em frangalhos e ainda terá de demonstrar se tem condições de viabilidade, uma vez que há divisões internas profundas quanto aos rumos que o partido deve tomar. As perdas no Senado foram compensadas pela permanência dos senadores que ainda têm quatro anos de mandato, alguns dos quais foram, porém, derrotados em seus estados nas eleições para governador.

O PT também está em crise, embora se recuse a assumi-la ostensivamente. As divisões internas se aprofundaram bastante nessas eleições. A derrota, numa evidente onda antipetista, mostrou o esgarçamento do relacionamento do partido com a sociedade, o qual foi decisivo para que ficasse na Presidência por catorze anos. Perdeu eleitores em áreas tradicionalmente petistas, sobretudo no Sudeste e no Sul. Embora o PT tenha se mantido como a primeira bancada na Câmara, nas majoritárias ficou confinado ao Nordeste, região onde elegeu governadores e na qual se concentraram os votos ao candidato a presidente, Fernando Haddad. Será uma das principais forças de oposição ao governo Bolsonaro, mas isso pode não ser suficiente para restaurar a reputação social do partido, além de reforçar a posição daqueles que defendem o retorno à ortodoxia petista. Nem PT nem PSDB deram demonstrações convincentes, até agora, de que pretendem se renovar e se repensar. O PSDB continua em sua habitual indefinição, sem querer enfrentar os conflitos necessários à sua reciclagem política. O PT, por enquanto, retornou a suas posições tradicionais e mantém as mesmas lideranças e a mesma narrativa centrada na perseguição a Lula para explicar a derrota nas urnas.

Com a redução de seu espaço nas eleições, MDB e DEM perderam a posição de pivôs de coalizões governistas. Muitas oligarquias, a começar pela longeva dinastia de José Sarney, sofreram derrotas acachapantes. Algumas, todavia, sobreviveram, como a dos Calheiros, em Alagoas, e a dos Barbalho, no Pará.

Há forças políticas emergentes buscando um caminho para criar uma nova legenda progressista, de centro-esquerda. A ideia é que possa se apresentar como uma terceira via, entre a direita de Bolsonaro e a esquerda do PT. Mas ainda terão que demonstrar se essa empreitada política é exequível. Pela centro-direita liberal, o partido Novo recebeu um estímulo importante com a vitória para o governo de Minas Gerais. Conquistou a chance de provar à sociedade que pode implementar um programa econômico liberal-democrático a partir de um novo padrão de relacionamento com o Legislativo. Fez uma pequena bancada federal, de oito deputados, alguns deles com votações robustas. A ver se esse capital inicial é suficiente para fixar uma personalidade e uma proposta mirando as próximas eleições municipais e, principalmente, o pleito de 2022.

Essas alternativas propiciadas pelos estágios iniciais de realinhamento partidário terão não apenas que se mostrar politicamente viáveis, mas demonstrar eficácia para desradicalizar a polarização durante o governo Bolsonaro. E, ao se consolidarem como opções eleitorais pela centro-esquerda e pela centro-direita, ser capazes de dissolver a própria polarização. Um desafio e tanto. No entremeio, apertem os cintos pois passaremos por uma zona de forte turbulência política.

Para a Presidência, ganhou um candidato sem partido estruturado a apoiá-lo, sem tempo de TV e que desdenhou a campanha tradicional. Preferiu as redes sociais, nas quais vinha formando, com bastante antecedência, uma audiência com alto poder de disseminação de suas mensagens. Ficou fora da campanha tradicional, principalmente após levar uma facada durante um comício em Juiz de Fora. Ganhou a Presidência da República concedendo poucas entrevistas à grande imprensa, recusando-se a participar de debates, usando fundamentalmente as redes de WhatsApp, Twitter e Facebook. Continua, já eleito, a usá-las como principal meio de comunicação, até para oficializar convites para ministérios. Um figurino inaugurado por Donald Trump nos Estados Unidos. Jair Bolsonaro é um político nítida e assumidamente de direita, com uma proposta econômica liberal ortodoxa de adoção recente, uma pauta de valores ultraconservadora, apoiado em um partido que só existe por força do efeito de arraste da sua candidatura. Esse efeito foi outra novidade dessas eleições. Nas parlamentares, ajudou o PSL a eleger 52 deputados, a segunda bancada da Câmara, e quatro senadores, mesmo número que o PT e o PSDB. A bancada, no Senado, só não cresceu na mesma proporção que a da Câmara porque apenas dois terços foram renovados, e o PSL praticamente não existia no período anterior. O mesmo fenômeno se deu em eleições para governador, levando à vitória candidatos que se associaram explicitamente a Bolsonaro, embora não fossem de seu partido, como no Rio de Janeiro, em Minas Gerais e no Paraná. Pela primeira vez, a direita tem uma candidatura explícita no Brasil e encontra, também de forma inédita desde o fim da Segunda Guerra, movimentos de direita organizados partidariamente por toda a Europa, com destaque para os ultranacionalistas Ukip no Reino Unido e AfD na Alemanha, e, nos Estados Unidos, para a ala de ultradireita no partido Republicano ligada ao presidente Donald Trump. Embora assumindo o papel de candidatos contra a esquerda, nem Jânio Quadros nem Fernando Collor aderiram de forma tão clara e manifesta a um ideário tipicamente de direita como Bolsonaro. A existência de um polo bem definido e mobilizado à direita pode ter um papel importante no processo de realinhamento partidário e forçar a melhor definição de valores e ideias dos partidos ao longo do espectro ideológico. A derrota do PT, o evidente esgotamento de grande parte de suas pautas centrais e a crise interna do partido também podem ajudar na melhor definição de alternativas de esquerda e de centro-esquerda. A identificação mais consistente do adversário principal também indicaria escolhas mais apropriadas dos aliados. Idealmente, esse movimento incentivaria a formação de coalizões mais programáticas no futuro.

As instituições de amortecimento das tentativas mais extremadas de uso do poder político e de freios e contrapesos da democracia brasileira amadureceram muito nesses trinta anos de vigência da Constituição. Foram testadas em dois impeachments, um deles logo após a primeira eleição direta para presidente, por graves crises econômico-financeiras, e por enfrentamentos políticos bastante duros. Passarão, agora, por uma prova de resistência política bastante mais significativa e direta. Parte da agenda de Bolsonaro, como o projeto Escola Sem Partido ou a ampliação do excludente de ilicitude para policiais, é inconstitucional, e a tentativa de implementá-la deve chegar ao controle de constitucionalidade pelo Supremo Tribunal Federal. A judicialização da política é praticamente inevitável. A observância dos limites democráticos e constitucionais do poder presidencial pelo novo governante será, então, concretamente submetida a teste.

Não está claro se o governo que se inaugura dará início a outro ciclo político ou apenas a um período de transição. É provável que vivamos uma transição mais prolongada e que o novo ciclo do presidencialismo de coalizão só comece a se definir mais claramente a partir das próximas eleições gerais. O ano de 2019, de qualquer modo, será de passagem.

POLARIZAÇÃO RADICALIZADA

As redes sociais tiveram um papel mais importante nessas eleições. É uma questão que ainda demanda pesquisa mas foi, em parte, um efeito colateral imprevisto da decisão das oligarquias dos grandes partidos de compensar a proibição do financiamento empresarial de campanhas. Os políticos que desenharam o fundo partidário com esse objetivo concentraram os recursos públicos e o tempo de TV nos maiores partidos, para distribuição por suas cúpulas, mas não previram que as redes seriam usadas como alternativa. Candidatos sem acesso aos recursos tradicionais migraram para as redes e contribuíram para aumentar a rejeição à política tradicional. Muitos se elegeram e retiraram do Congresso várias oligarquias e seus representantes.

Foi nossa primeira campanha efetivamente digital. A principal característica desse tipo de campanha, no estágio de incipiente digitalização da política em que nos encontramos, é que não permite controle da trajetória, conteúdo e intensidade das mensagens disseminadas. A disseminação, que tem origem organizada, com impulsões por agências profissionais usando *bots* e *sockpuppets*,[1] avança de forma descentralizada e independente, espalhando-se por contágio. Mesmo que o centro da campanha queira mudar o tom, ou deter fake news específicas que tiveram efeito bumerangue, não consegue. O contágio só cessa quando não houver mais receptores que possam ser infectados. Não há vacina prévia, nem forma de combate eficaz dessas epidemias de memes e fake news.

Daí uma campanha polarizada e radicalizada, com alta carga emocional, que levou a uma eleição disruptiva. Abriu um período de transição para um novo ciclo político e uma nova conformação do sistema partidário. Como toda transição, essa também se manifesta primeiro como crise, que atinge os partidos que dominaram o período de 1993 a 2018 e tende a se refletir no Congresso, com a nova legislatura. Se ela se transformará em crise política e, eventualmente, institucional, só o tempo e a prática dirão.

Essa nova forma de polarização é um fenômeno global, nascido do crescimento das redes sociais, cujo uso cívico, embora importante, não conseguiu ainda se impor como via principal do debate político digital. Ela está ainda dominada pelo discurso de ódio e de difamação, seja por indivíduos raivosos ou por milícias digitais. Como argumentei em ensaio recente, a digitalização cria uma sociedade virtual, a ciberesfera, que desenvolve, progressiva e rapidamente, nexos com o mundo social e físico, a socioesfera.[2] Eventos na ciberesfera podem transbordar para a socioesfera e vice-versa. Era de esperar que o anonimato e a proximidade virtual, embora protegida pela intangibilidade física, encorajassem as pessoas, estimuladas por emoções primais e interesses variados, a usar as redes para atacar os "outros", aqueles que não pensam como eles. A polarização na sociedade brasileira adquiriu os mesmos contornos que se tem observado nos Estados Unidos e na

Europa, à qual sociólogos e psicólogos políticos têm chamado de polarização afetiva. Os rótulos políticos usados são vazios de conteúdo programático, despolitizados e cheios de conteúdo emocional, tipo "amo a nós, logo odeio a eles".

Esse tipo particular de polarização responde a estímulos que levam as pessoas a sentir que pertencem a um grupo com identidade própria e antagônico a outro, em um contexto de perda generalizada de referências. A radical separação entre "nós aqui" e "eles lá" alimenta uma visão do outro fortemente estereotipada, preconceituosa e belicosa.[3] Um ingrediente tóxico nas relações sociais e políticas. A toxicidade aparece no rompimento de amizades, na separação de famílias, na forte discriminação de todos que são vistos como do "outro lado" em todas as ocasiões sociais. Na política, no limite, leva à violência e à formação de milícias, digitais e reais. O petismo já havia se constituído como um desses polos, porém faltava outro grupo com motivação fortemente antagônica para que a polarização se desse. Essa motivação veio se insinuando desde a eleição presidencial de 2014 e das manifestações em torno do impeachment de Dilma Rousseff.

A politóloga Lilliana Mason, da Universidade de Maryland, conclui que as pessoas se identificam com os rótulos partidários mais pela via da afeição/desafeição do que pela adesão a questões ideológicas. Ela afirma que o processo de construção das identidades políticas hoje se baseia nos sentimentos de inclusão e exclusão, que se traduzem facilmente em pertencer ou não a determinado grupo. Em seu livro *Uncivil Agreement* [Concordância incivil],[4] Mason argumenta que este é um tipo diferente de polarização social, que inclui preconceito político, raiva, entusiasmo e ativismo em favor da discriminação e do ódio, e não de ideias e ideais. Por isso supera os conflitos em torno de questões programáticas. Em outro estudo, Mason afirma que um conjunto de identidades sociais bem alinhadas aumenta a percepção de um indivíduo das diferenças entre grupos. As emoções que resultam do conflito entre grupos tendem a ser amplificadas entre militantes ativos,[5] o que explica por que certas categorias sociais são mais propensas à polarização radicalizada. Matthew D. Luttig, politólogo da Universidade Colgate, diz que a polarização da elite reforçou a relação entre a motivação básica para pertencer a grupos, a necessidade de certezas e a conformidade com lideranças políticas, alimentando a divisão entre "nós, os bons" e "eles, os maus".[6] Nos Estados Unidos, levou à polarização partidária extremada. Segundo ele, a necessidade de certeza é uma forma de "cabeça-durismo" e leva a um partidarismo rígido, acrítico, extremado, enviesado e intolerante.

O psicólogo social Jonathan Haidt vê na convicção primária de que um indivíduo e seu grupo estão certos e do lado moralmente superior o principal motivo desse apartamento, que tende a se tornar religioso e político.[7] O primeiro princípio de sua tese é que "intuições vêm primeiro, depois o raciocínio estratégico". A partir da convicção instintiva original sobre ser o lado virtuoso, as pessoas e os grupos desenvolvem visões estratégicas altamente discriminatórias e intolerantes para promover sua agenda de crenças. O segundo princípio de Haidt é que cada grupo, com suas referências culturais, ocupacionais e sociais constrói sua própria ideia do que é certo e errado. Essa moralidade enquadrada pela identidade grupal une e cega. Estou convencido de que esse tipo de polarização emocionalista tem motivações instintivas que são trabalhadas e manipuladas profissionalmente para atingir objetivos estratégicos de atores com uma agenda própria e bem mais definida do que a do seu grupo de seguidores. Mesmo discordando de partes importantes dos argumentos de Haidt e considerando a especificidade de seu ponto de partida referencial, parece-me claramente verificável, observando-se a cena brasileira nos últimos anos, essa constituição de dois polos diametralmente opostos, nas suas interpretações da sociedade, da religião e da política.

Ambos com visões estreitas, limitadas e intolerantes, operados por centros de inteligência estratégica.

Kwame Anthony Appiah, professor de filosofia da Universidade de Nova York, traduz de forma mais direta essas conclusões. Tudo isso, diz ele, é uma forma polida de dizer que as divisões políticas não se dão mais na base de "eu discordo de suas visões", mas a partir de "eu odeio essa sua cara estúpida". As pessoas não votam mais no que elas desejam. Elas votam por quem elas são.[8] Appiah argumenta que toda identidade social contém estereótipos e preconceitos e é construída de modo permeável ao exagero e à radicalização. O confronto entre visões identitárias e contraidentidárias tem alta probabilidade de se polarizar, alimentar sentimentos de repulsa e violência, medo e ódio.

O politólogo Shanto Iyengar, da Universidade Princeton, sustenta que essa nova política de identidades produz a má percepção das posições que estão sendo defendidas.[9] Aqueles que discordariam delas em outras circunstâncias minimizam as dissonâncias e maximizam as convergências por estarem diante da "outra posição". As pessoas tomadas por essas identificações apaixonadas entram em estado de negação em relação ao que normalmente veriam como errado em suas lideranças, porque o mal estaria nas do "outro lado". A desafeição dos "outros" é resultado direto dessa afinidade absoluta com aqueles que passam a ser um irredutível "nós". Essa identificação afetiva com o grupo de militantes, todavia, não tem fundamento consistente em escolhas de políticas públicas. A natureza das campanhas políticas e a exposição a mensagens atacando os "de fora" reforçam as visões distorcidas de seus oponentes. O sentimento de aversão e ódio dos outros aumenta no decorrer da campanha, e demora a arrefecer depois dela. A exposição às informações e a notícias nas eleições é polarizada, de modo que os pertencentes a cada grupo são atraídos por "câmaras de eco", que selecionam as mensagens lidas, curtidas e compartilhadas de maneira desproporcional.[10] Grupos de WhatsApp, contas com grande número de seguidores no Twitter se tornam câmaras de eco e adotam um viés severo de seleção de informações e notícias que disseminam. A partir daí, os memes contagiam outros grupos afins e a informação vai adquirindo caráter ainda mais discriminatório, é simplificada e distorcida por interpretações pessoais e foge do controle. Se as pessoas de um lado percebem que o outro está cada vez mais distante daquilo que acreditam em matéria moral, religiosa e política, elas passam a vê-lo de forma cada vez mais negativa,[11] adquirindo rapidamente um grau perigoso de hostilidade e alimentando percepções cada vez mais deturpadas e idiossincráticas do "outro".

No Brasil, quem primeiro tentou criar uma forte identidade grupal nas competições eleitorais foi Lula. Nos comícios de ampla mobilização dizia "agora é 'nós' cá e 'eles' lá". Em geral, o "eles" era genérico, exceto quando se referia à imprensa, particularmente à Rede Globo, que por ter os noticiários de maior repercussão, incomoda mais, ou nas comparações seriais com o "outro governo", de Fernando Henrique Cardoso, do rival PSDB, que o havia derrotado duas vezes nas urnas.

Mas quem encarnou de forma mais completa e violenta esse antagonismo entre dois grupos, agora transformado em "nós" contra "eles", foram Bolsonaro e seus seguidores. Diante do "nós" bem definido do petismo, posicionaram-se como os contra "eles" e viraram o jogo de identidades. Passaram a ser o "nós" dominante, a partir de uma estratégia de guerra digital bem construída e evidentemente profissional. As palavras de ordem, nesse ambiente, são tomadas genericamente e com extremismo, mas têm foco definido. O novo "nós" se apresenta com precisão contra o "inimigo" mais claramente identificado. Os principais vetores de união desse grupo são o antipetismo e o antilulismo. Construiu-se uma contrariedade tanto com os vícios quanto com as virtudes do petismo. De um lado, por exemplo, o aparelhamento e a conivência com a corrupção; de outro, a incorporação de agendas identitárias de gênero, raça e orientação sexual. Palavras de ordem genéricas encorajam o espírito de time, o hooliganismo. Como nas torcidas organizadas violentas que não se satisfazem em vencer o competidor, querem destruir todos os que se identificam com ele. É o caldo de cultura perfeito para a violência política. O inimigo é a "esquerda", cujos ícones são o petismo e o lulismo. A ideologia — agora sinônimo de "marxismo", "comunismo", ou "socialismo" — passou a ser um atributo exclusivo da esquerda. Eles, da direita, não se consideram "ideológicos" e só reconhecem como ditaduras as de esquerda. É de se notar que o inimigo na imprensa não varia entre os dois polos: a Rede Globo permanece como a fonte do mal para Bolsonaro e seus seguidores. O presidente eleito adicionou a este "eixo do mal" jornalístico a *Folha de S.Paulo*.

Embora esse fenômeno de polarização emocional, ou afetiva, seja global, suas manifestações locais variam no conteúdo, na intensidade e na persistência, assim como suas consequências. Contudo, por toda parte, é possível detectar um "hooliganismo político", um espírito violento de time radicalizado projetado na política. Trump liderou a linguagem do ódio, explorando muito bem a dinâmica desafeição/afeição. Foi um exemplo de incivilidade nas referências à sua opositora, Hillary Clinton, a quem chamou em um debate de "pessoa nojenta" [*nasty*]. Num comício em Cedar's Rapid, Iowa, convocou seus seguidores a "*knock the crap out of them*", referindo-se às pessoas que interrompiam seus discursos com protestos. Equivale a pedir que "cubram de porrada" os adversários. Um pedido que, interpretado genericamente, leva à violência, como de fato ocorreu. O perigo é que o líder da campanha não tem a menor capacidade de controle sobre a disseminação e os efeitos dessas mensagens carregadas de ódio pelas redes, e as consequências podem ser trágicas. Quando Bolsonaro trata a competição eleitoral como uma guerra e diz em *live* dirigido a apoiadores na avenida Paulista: "Petralhada, todos vocês vão para a ponta da praia, vocês não terão vez em nossa pátria", "Ou vão para fora, ou vão para a cadeia" e "Esses marginais vermelhos serão banidos de nossa pátria", emite comandos que podem ser executados com base nas mais diversas interpretações. Qualquer crítico ou opositor é tachado de "petista", mesmo quando é um crítico notório do PT, ou de "comunista", mesmo tendo sido carimbado como "neoliberal" pelos petistas. No contexto de emoções violentas, as consequências podem ser muito graves.

A agressividade exacerbada pode matar e ferir pessoas, embora não atinja necessariamente as fundações da democracia. Na mais moderada das hipóteses, encurta a cobertura dos direitos civis e políticos essenciais à plenitude democrática, empobrecendo seriamente sua qualidade. Pode ameaçar a estabilidade política, essencial à formação de governos capazes de enfrentar os múltiplos desafios dessa longa transição do século XXI. A violência nascida dessa polarização afetiva foi, todavia, o prenúncio do colapso democrático em casos recentes, como na Turquia, durante a campanha presidencial de Recep Tayyip Erdogan. O mesmo está acontecendo na Polônia, com Andrzej Duda; aconteceu na Venezuela, com Hugo Chávez, e na Hungria, com Viktor Orbán. O desfecho desses processos depende da resiliência institucional de cada democracia.

No caso brasileiro, esse tipo de polarização já era observado no comportamento mais agressivo de militantes e de certas lideranças do PT, buscando demarcar um território de confronto, definido pelo "nós" cá, "eles" lá e pelo uso indiscriminado de rótulos pintados com carga negativa, como "fascista", "direitista" ou "neoliberal". Estes dois últimos rótulos eram disparados como se fossem pecados imperdoáveis, e não escolhas ideológicas legítimas, e miravam indiscriminadamente qualquer crítico, fosse keynesiano, liberal ou socialista. Agora, no discurso de Bolsonaro, ser "petista", "socialista" ou "de esquerda" é considerado crime e ato impatriótico, não uma escolha ideológica legítima. Ao convocar seus seguidores, que beiram o fanatismo, a "metralhar a esquerdalha", a frase "metafórica" de Bolsonaro é interpretada literalmente: a disputa política objetiva a exclusão absoluta do "inimigo". Essa visão bélica da política acaba se generalizando. Talvez intuindo isso Bolsonaro já esperasse que a violência se voltasse também contra ele, como acabou acontecendo.

O discurso agressivo do PT, especialmente nas redes, gerou revolta e um desejo de revanche que foram, em parte, ingredientes do crescimento das redes de ataque da direita, que terminaram por aderir à candidatura de Bolsonaro. Esse conjunto de emoções políticas emergiu de forma ainda difusa e desfocada nos protestos de rua de junho de 2013 e desaguou nas eleições de 2018. Com a ocupação do polo antagônico por uma direita mais organizada, capaz de captar os sentimentos primais e os ressentimentos, a frustração e a raiva, em parte responsáveis pela rejeição à política e à corrupção, essa polarização se radicalizou e os extremos se tornaram mais apartados e incompatíveis entre si. A polarização direita × petismo tomou forma definitiva a partir das manifestações de 2015 e durante o processo do impeachment, mas amadureceu na campanha eleitoral. É comum que o pico de intensidade emocional ocorra na campanha e decline lentamente. Aos vencedores não basta a vitória. O espírito de guerra persiste, como se fosse necessário erradicar o "inimigo".

Há algumas semelhanças e muitas diferenças entre a postura do PT e a de Bolsonaro e seus apoiadores. O PT, apesar da retórica que desqualificava seus críticos e chegava ao assédio moral, apenas lançou dúvidas sobre parte dos mecanismos de freios e contrapesos da democracia, principalmente em relação ao Ministério Público e ao Judiciário na condenação de Lula. Seus governos, todavia, na prática, respeitaram os limites da Constituição e ajudaram a fortalecer as instituições democráticas com novos mecanismos, como a Lei de Acesso à Informação. O discurso de Bolsonaro, especialmente antes de sua eleição, e de seus aliados, mesmo terminada a disputa eleitoral, contém ameaças à institucionalidade democrática. A militância que o apoia é radicalmente ofensiva, desqualifica e promove insistente assédio moral a todos os seus críticos, mesmo os mais moderados, todos vistos como parte do "petismo". A ameaça de violência física está mais presente e é explícita. No PT, é possível identificar um ímpeto hegemônico inarredável. Em Bolsonaro, são bem visíveis a mentalidade autoritária e certos impulsos antidemocráticos.

A grande transição global tem como uma de suas características a perda de referências. Em um mundo dominado pela incerteza, as pessoas se apegam com mais força às identidades grupais que lhes dão mais segurança e autoestima. Daí o fortalecimento de identidades não necessariamente as tradicionais, como de raça, gênero e religião, e das construídas socialmente com base na identificação com certas reações àquilo que ameaça a segurança de determinados grupos de pessoas. À fluidez e volatilidade das situações e das relações, de trabalho, de vizinhança, de convivência social, respondem com o fortalecimento de laços com pessoas que reagem do mesmo modo a determinadas situações genéricas, a determinados estereótipos e rótulos. A reação adaptativa às ameaças do ambiente em mutação vertiginosa produz uma adesão ortodoxa a sentimentos e mentalidades afins, mais do que a temas ideológicos e a questões morais. É o domínio do espírito de time, do hooliganismo, do grupismo. Daí para a violência basta uma série de afirmações irresponsáveis de lideranças que se tornam âncoras dessas identidades. Uma característica dessa nova forma de polarização é a ausência absoluta de autocrítica. Ela bloqueia qualquer reconhecimento de erros ou excessos. O PT nega usar a linguagem do ódio, da qual abusou nos discursos e nas redes para desqualificar opositores. Os seguidores de Bolsonaro negam que ele incite a violência ou a intolerância. O errado é o outro — esta é a regra da política que não se faz pela razão e pela competição de ideias, mas pela lógica da afeição/desafeição. É esse sentimento que faz a direita crescer e a esquerda estiolar.

Nessa fase da transição em que temos mais decadência que novas possibilidades concretas e viáveis de organização social, econômica e política, ninguém está satisfeito. Os governantes são desaprovados pela maioria. A pesquisa Ipsos para três das maiores democracias ilustra bem esse ponto: nos Estados Unidos, o presidente Donald Trump é desaprovado por 53% dos americanos; no Reino Unido, Theresa May é desaprovada por 62%; e, na França, a desaprovação do presidente Macron é de 69%. O desemprego nos Estados Unidos é de 3,9%. A renda média real voltou aos níveis pré-crise da *subprime* de 2008, embora haja indicações de que a classe média não recuperou as perdas causadas pelo colapso do mercado imobiliário que levou o país à recessão. A renda dos britânicos cresceu quase 3% reais, no segundo trimestre de 2018, e já havia crescido, também, no primeiro. O desemprego, de 4%, está em queda. Na França, o desemprego é alto, de 9%, mas estável, e a renda real está subindo. Logo, não é a economia... Há algo mais a erodir a popularidade dos governantes.

Arrisco duas hipóteses complementares. A primeira é que as sociedades estão polarizadas, o que transforma os partidos em times, cujos membros e seguidores amam suas lideranças e detestam os "outros". Entre os Democratas, a desaprovação de Trump é de 88%, enquanto 84% dos Republicanos o aprovam. Entre os Conservadores, Theresa May tem a aprovação de 56%, mas é desaprovada por 85% dos Trabalhistas. Na França multipartidária, a média de desaprovação de Macron nos outros partidos é de 81%, enquanto é aprovado por 84% dos simpatizantes do seu partido, o République En Marche.

A segunda hipótese, complementar à primeira, tem a ver com o fato, mais difícil de medir, de que a agenda do governante não coincide com a da maioria, mas satisfaz minimamente àqueles que votaram nele. Na pesquisa Ipsos para os Estados Unidos há uma pista sobre essa dissociação entre a agenda do presidente e a da sociedade. Trump fez campanha contra o programa de seguro-saúde de Barack Obama, o chamado Obamacare, que deu aos americanos pobres, pela primeira vez, acesso subsidiado à assistência médica. Entre os Republicanos, 14% consideram que esse é o maior problema do país. Perde para a imigração, apontada por 25%, e que é uma das áreas em que Trump mais tem insistido. Entre os que se opõem ao atual presidente, a assistência médica é vista como o maior problema por 25% dos Democratas e por 21% dos independentes. Em ambos os casos, é o tema mais escolhido, enquanto imigração é apontada por apenas 7% dos Democratas e por 9% dos independentes. No Reino Unido, há uma clara polarização em relação ao Brexit. Entre os Conservadores, segundo pesquisa do YouGov, em setembro de 2018, 80% consideram que foi correto votar a favor da saída da União Europeia. Já entre os Trabalhistas, 65% acham que foi um erro. Entre os britânicos em geral, 71% acham que Theresa May tem se desempenhado mal na condução do Brexit.

É claro que, numa sociedade que vota polarizada, a agenda do eleito dificilmente coincidirá com as preferências da maioria. Em toda parte, e no Brasil em particular, vota-se mais contra determinados candidatos ou determinadas agendas, do que a favor. Quando há dois turnos, como na França e no Brasil, muitos votam por agendas que são a sua segunda, terceira, ou quarta preferência e apenas os eleitores do vencedor preferem sua agenda. Isso quando não vota contra outro candidato. Quem é contra A vota em B e quem é contra B, vota em A, mesmo não tendo grandes afinidades com o que pensa o candidato "menos repulsivo". É provável que a popularidade de um governante eleito dessa forma sofra rápida erosão, gerando problemas sequenciais de governança, se não de governabilidade.

O Brasil agora parece se voltar para o passado dos outros. O uso de termos como "perigo vermelho" e "ameaça comunista" por grupos pró-Bolsonaro nos remetem à Guerra Fria, ali pelos idos dos anos 1960. Quando um grupo da esquerda trata seus críticos como "reacionários" ou "fascistas", ela usa descarnados da informação que lhes deu sentido no contexto histórico, são apenas ofensas que desqualificam o "outro" como interlocutor legítimo. No Brasil, sequer tivemos esses referentes. Nunca tivemos comunismo, nazismo, fascismo, anarquismo, ou, até, liberalismo. Até porque tropicalizamos tudo, as ideologias sempre foram absorvidas de modo sincrético. É notável a quantidade de sincretismo embutida na doutrina e na prática do integralismo de Plínio Salgado, o "nosso pequenino fascismo tupinambá", como disse Graciliano Ramos, referindo-se ao Estado Novo varguista. Ou no comunismo afro-baiano de Jorge Amado. Ou no liberalismo de Roberto Campos, o arquiteto do BNDE. Mesmo onde essas correntes ideológicas de fato existiram, hoje seus rótulos perderam o conteúdo original. No máximo, é como conclui a política americana Madeleine Albright, lembrando a conhecida frase de Primo Levi: cada época tem o seu fascismo.[12]

Terá a extrema direita uma doutrina econômica elaborada, um projeto político de poder claro e diferente, uma concepção própria do Estado, uma visão cultural particular? Não. Tem um coquetel de ideias nacionalistas, anti-imigração, conservadorismo, algumas até "pré-modernas", grande parte historicamente superada. A maioria se identifica por oposição à globalização, à imigração, ao casamento gay, ao aborto. Há bastante evidência em pesquisas em psicologia social e política mostrando que esses valores não surgem da noite para o dia. Para o conservador moderado Jonathan Haidt, a globalização tornou a maioria das nações mais afluente e trouxe mudanças que moldaram os valores de suas elites urbanas. Aumentaram as desigualdades internas e deixaram setores para trás, ampliaram o contingente de portadores de valores novos e, para muitos, chocantes. Provocaram uma onda silenciosa de ressentimentos, abrindo espaço para o pensamento. Mentes ressentidas são frágeis diante da pregação dos males que as afligiram e prontas a dar um *reboot* autoritário e discriminatório. Esse amálgama de valores se estrutura de forma diferente em cada pessoa, com intensidades e combinações distintas. Elas continuam sendo portadoras de interesses muito diferentes. Umas são, inclusive, objeto de discriminação de outras, embora partes do mesmo caldeirão de emoções.

O que as pode unir? Só um discurso bem básico, genérico e que apela diretamente para suas aflições básicas, para as emoções primais, instintivas. Donald Trump, Nigel Farage (o líder do Ukip, o partido ultranacionalista britânico), Jörg Mauten (líder do AfD, o partido alemão de ultradireita alemão) e Jair Bolsonaro recorrem a esse tipo de discurso. Ele se caracteriza por um vocabulário limitado, palavras de ordem fortes e adjetivos agressivos em relação ao que pensam os "outros" ou a tudo o que desejam descartar. Esses memes, como disse Haidt, ativam os valores mantidos represados nas mentes e empurram as pessoas a defender os "seus" e atacar a "eles". É como se tivessem um botão de pânico na mente e esses líderes conseguissem apertá-los, detonando neles o hooligan interno. No esporte, valoriza-se a competição, a superação de limites pessoais e a aceitação das eventuais derrotas, mas o adversário é respeitado. O desejo de eliminar o competidor é antiesportivo. Transposto para a política, é antipolítico e antidemocrático. O mundo passa a dividir-se entre "comunistas" e "fascistas", "terroristas" e "nazistas", "fundamentalistas" e "democratas". Não há lugar para terceiros. Se não é "nós", então é "eles".

A esperança da democracia está no pluralismo e na diversidade real de valores e expectativas dessas pessoas, ativadas por um cardápio básico, que não revela o que serão de fato os governos. Uma vez lá, eles não são capazes de atender às expectativas que seus eleitores depositaram neles. Não há como. O cardápio limitado foi interpretado, às cegas, por cada um. Quando ele é servido, decepciona. A variedade de interpretações revela uma demanda subjacente muito mais ampla. A frustração pode fazer refluir a onda, do mesmo modo automático com que ela se formou. Dependendo da intensidade, esse refluxo é vertiginoso e deixa os governantes sem apoio social significativo, sustentados em um punhado de crentes fervorosos na liderança. Há risco nessas situações. Em muitos casos, como na Venezuela, na Hungria e na Turquia, líderes autocráticos se anteciparam ao refluxo e romperam com o quadro institucional democrático. Por outro lado, quando as instituições continuam fortes o suficiente e operantes para conter um avanço autoritário, o perigo é não haver inteligência política capaz de recentralizar o sistema, livrá-lo das mentalidades autoritárias e restabelecer o pluralismo. No caso do Brasil, as instituições têm demonstrado robustez nas crises mais traumáticas. Nosso problema está na aparente ausência de novas lideranças capazes de conduzir a bom termo o processo de realinhamento partidário. A não emergência de lideranças e grupos capazes de ocupar os espaços deixados pela desorganização do sistema partidário pode prolongar a crise de transição e elevar os riscos para a estabilidade institucional.

SÉRGIO ABRANCHES é sociólogo, cientista político e escritor.

NOTAS

1. *Sockpuppets* são pessoas que controlam identidades falsas, contas e grupos especialmente criados para disseminar mensagens focadas, geralmente sob contrato e na maioria constituídas por fake news.

2. Sérgio Abranches, *A Era do Imprevisto: A grande transição do século XXI*. São Paulo: Companhia das Letras, 2017.

3. As motivações primárias para esse tipo de polarização foram identificadas em um experimento psicossocial. Ver Muzafer Sheriff, O. J. Harvey, B. Jack White, William R. Hood e Carolyn W. Sherif, *The Robbers Cave Experiment: Intergroup Conflict and Cooperation*. Middletown: Wesleyan University Press, 1988.

4. Lilliana Mason, *Uncivil Agreement: How Politics Became our Identity*. Chicago: University of Chicago Press, 2018.

5. Id., "A Cross-Cutting Calm: How Social Sorting Drives Affective Polarization". *Public Opinion Quarterly*, v. 80, n. S1, pp. 351-77, jan. 2016.

6. Mathew D. Luttig, "Authoritarianism and Affective Polarization: A New View on the Origins of Partisan Extremism". *Public Opinion Quarterly*, v. 81, n. 4, pp. 866-95, 12 dez. 2017; "The 'Prejudiced Personality' and the Origins of Partisan Strength, Affective Polarization, and Partisan Sorting". *Advances in Political Psychology*, v. 39, cad. 1, pp. 239-56, 2018.

7. Jonathan Haidt, *The Righteous Mind: Why Good People are Divided by Politics and Religion*. Nova York: Vintage, 2013.

8. Kwame Anthony Appiah, *Lies that Bind: Rethinking Identity*. Nova York: Liveright, 2018.

9. Shanto Iyengar, Gaurav Sood e Yphtach Lelkes, "Affect, Not Ideology: A Social Identity Perspective on Polarization". *Public Opinion Quarterly*, v. 76, n. 3, pp. 405-31, 1º jan. 2012.

10. Erik Peterson, Sharad Goel, Shanto Iyengar, "Echo Chambers and Partisan Polarization: Evidence from the 2016 Presidential Cam-

paign", manuscrito. Disponível em: <https://5harad.com/papers/selective-exposure.pdf>. Acesso em: 13 nov. 2018.

11. Greg Lukianoff e Jonathan Haidt, *The Coddling of the American Mind: How Good Intentions and Bad Ideas are Setting Up a Generation for Failure*. Londres: Penguin, 2018.

12. Madeleine Albright, *Fascismo: Um alerta*. São Paulo: Planeta, 2018; a frase de Primo Levi está em *Os afogados e os sobreviventes: Os delitos, os castigos, as penas, as impunidades*. Rio de Janeiro: Paz e Terra, 2004.

Deus acima de todos

Ronaldo de Almeida

Pouco depois de anunciado o resultado final das eleições gerais de 2018, o presidente eleito Jair Messias Bolsonaro, acompanhado da esposa, de assessores e políticos, fez o discurso da vitória. Antes, porém, passou a palavra ao senador, pastor e cantor gospel Magno Malta (PR-SE), que disse: "Nós começamos essa jornada orando. E o mover de Deus… e ninguém vai explicar isso nunca: os tentáculos da esquerda jamais seriam arrancados sem a mão de Deus. Começamos orando e mais do que justo que agora oremos para agradecer a Deus".

Pediu, em seguida, que todos dessem as mãos e iniciou uma oração tipicamente evangélica pentecostal. Afirmou, entre outras coisas, que a diversidade das religiões no Brasil desejava Bolsonaro, sem deixar de mencionar, contudo, que o país é majoritariamente cristão. Por fim, rogou em nome de Jesus e, em coro com todos os presentes, declarou o bordão da campanha: "Brasil acima de tudo e Deus acima de todos".

Quais as facetas do deus de Bolsonaro? Que espaço ele terá no seu governo? Por fim, quais as possíveis implicações para a laicidade e a democracia no país?

UM DEUS CRISTÃO (EVANGÉLICO)

As sinalizações de Bolsonaro foram fortes em direção ao segmento evangélico, que, além de expressivo demograficamente, pode ser, em boa medida, alinhado eleitoralmente. Bolsonaro se declara católico, mas o pastor da Assembleia de Deus, Silas Malafaia, fez o seu último casamento com uma evangélica. O filho, o deputado federal Eduardo Bolsonaro, é batista. Após a votação do impeachment de Dilma Rousseff na Câmara dos Deputados, em 2016, Bolsonaro foi batizado pelo pastor Everaldo, também da Assembleia de Deus, no rio Jordão, em Israel, mesmo tendo recebido o sacramento católico na infância. Sem dúvida, esse foi o ato simbólico mais forte de Bolsonaro. Para os evangélicos, o batismo católico de crianças não tem validade por não ser uma decisão autônoma e consciente. Evangélicos (pastores e políticos) foram centrais no núcleo de campanha de Bolsonaro em 2018. Citações bíblicas povoaram seus discursos durante o pleito. Narrou a facada que sofreu sob a forma de um testemunho evangélico. Seu primeiro pronunciamento como presidente eleito foi precedido por uma típica oração evangélica — não um ecumênico pai-nosso, muito menos uma ave-maria. Na verdade, como ato falho, a imagem de Nossa Senhora Aparecida foi exposta na casa de Bolsonaro já depois de eleito; antes, no primeiro turno, uma menorá (candelabro judaico) compunha o cenário de fundo em entrevista concedida à TV Record. Disse ainda durante a campanha que, se eleito, reconheceria Jerusalém como a capital de Israel.

Desse modo, até a composição do novo governo, Bolsonaro fez acenos à grande chave "cristã", o que não incluiu referências específicas às religiões afro-brasileiras e espírita, mas incorporou o judaísmo como compreendido pelo evangelismo de matriz fundamentalista norte-americana. Vem se apresentando como um cristão, sem acentuar as cores católicas e sempre sinalizando para os evangélicos que pode ser, parecer ou se tornar evangélico.

Segundo pesquisa realizada pelo Datafolha a três dias da votação do segundo turno, as religiões reagiram diferenciadamente às duas candidaturas:

TABELA 1:
DISTRIBUIÇÃO DOS VOTOS VÁLIDOS POR TIPO DE RELIGIÃO

	TOTAL %	CATÓLICA	EVANGÉLICA	ESPÍRITA	UMBANDA E CANDOMBLÉ	JUDAICA	SEM RELIGIÃO	ATEU
BOLSONARO	56	51	69	55	30	61	45	34
HADDAD	44	49	31	45	70	39	55	64

FONTE: Pesquisa Datafolha, 25 out. 2018.

Conforme a tabela 1, levando em consideração a margem de erro de dois pontos percentuais, Bolsonaro ficou na sua média final (56%) entre os espíritas, mas acima dela entre os judeus e, mais expressivamente, entre os evangélicos. Haddad também ficou na sua média final (44%) entre os espíritas e acima dela entre católicos, sem religião e, mais expressivamente, entre ateus e adeptos das religiões afro-brasileiras.

A tabela 2 projeta as intenções de voto da pesquisa Datafolha sobre o número de eleitores no país e aprofunda o entendimento do papel que desempenharam as diferentes filiações religiosas.[1]

TABELA 2:
DISTRIBUIÇÃO DO ELEITORADO POR TIPO DE RELIGIÃO, COM CORREÇÃO DOS DADOS DO DATAFOLHA

RELIGIÃO	VOTOS DE BOLSONARO	VOTOS DE HADDAD	DIFERENÇA
Católica	29 795 232	29 630 786	164 446
Evangélica	21 595 284	10 042 504	11 552 780
Afro-brasileira	312 975	755 887	−442 912
Espírita	1 721 363	1 457 783	263 580
Outra religião	709 410	345 549	363 861
Sem religião	3 286 239	4 157 381	−871 142
Ateu e agnóstico	375 570	691 097	−315 527
TOTAL DE VOTOS	57 796 073	47 080 987	10 715 086

FONTE: Pesquisa Datafolha, 25 out. 2018.

Em linhas gerais, impressiona o equilíbrio, em números absolutos, constatado nos adeptos do catolicismo. Tendo em vista a média geral dos candidatos, o universo católico representou uma leve contracorrente da opinião mais generalizada pró-Bolsonaro, mesmo tendo votado mais nele. O catolicismo ainda é, apesar do declínio de fiéis contínuo, o grande mediador cultural do país. Entretanto, quem fez, de fato, a diferença a favor de Bolsonaro em números absolutos foram os evangélicos. Mobilizados por pautas de costumes, pelo medo da "ameaça comunista" e pelo apelo à honestidade das "pessoas de bem", muitos evangélicos votaram no candidato. Outras razões também estavam em jogo e eram do interesse mais amplo da população: a crise econômica, a demanda por uma "nova política", o antipetismo — cujas raízes antecedem a crise atual — e a insegurança frente à crescente violência são alguns exemplos. No entanto, a tabela 2 sugere que se configurou um "voto evangélico" em Bolsonaro: aquele motivado por identidade, interesses, atores, segmentos, convicções e valores evangélicos.

Cabe ressaltar, contudo, que um terço dos eleitores evangélicos votou em Fernando Haddad, o que revela um universo religioso com diversidade interna, apesar de existirem vetores predominantes. A candidatura de Haddad mobilizou o discurso em nome da democracia diante da ameaça de um governo de militares; da defesa dos direitos humanos e das diferenças; da menor desigualdade social; da importância do Estado para aquecer a economia e oferecer proteção social; entre outros. Entretanto, a articulação dessas correntes de opinião, sobretudo pelo passivo dos seus representantes políticos, foi derrotada pelo voto.

Quanto ao espaço que o deus do bordão de Bolsonaro terá em seu governo e às possíveis implicações disso, só será possível saber satisfatoriamente passado algum tempo de mandato. Entretanto, aprendi com um velho político que um governante governa como e com quem se elege. Fora isso, é estelionato eleitoral — que o diga Dilma Rousseff. É verdade também que os discursos de campanha sempre trabalham alguns decibéis acima do que de fato será a gestão cotidiana de um país tão diverso como o Brasil. A lógica das campanhas presidenciais sempre confere poder em demasia ao chefe do Executivo; contudo, sempre serão exigidas, a posteriori, adequações, concessões, negociações e muita habilidade política. É de esperar, portanto, que contrabalanços e freios institucionais diminuam a velocidade e tornem mais ou menos viáveis as propostas do presidente; já no que diz respeito à linha dura do seu discurso, em especial sobre segurança e costumes, ele parece ter a disposição de um soldado em guerra que opera na lógica do inimigo.

Para ampliar a ideia de que o governante governa como se elege, volto para antes da campanha eleitoral e a interpreto como uma decantação de um processo social de médio prazo ainda em curso no Brasil. Mais especificamente, refiro-me à crise na qual o país se encontra desde as manifestações de junho de 2013, que funcionaram como um gatilho que liberou forças sociais parcialmente desarticuladas e represadas sob uma legitimidade discursiva construída pelo campo político à esquerda — aquela que Magno Malta e tantos outros lutaram para arrancar do poder federal. E conseguiram.

Em síntese, a partir de 2013 recrudesceu uma sinergia entre atores sociais, um amálgama de valores culturais e uma concentração de forças políticas que configuram o que tem sido nomeado de "onda conservadora". O deus evocado por Bolsonaro faz parte dela; ele não está acima de todas as coisas, mas se articula a algumas linhas de força social que constituem a onda. Discuto a seguir aquelas que me parecem centrais e a forma como algumas parcelas do segmento evangélico se ligam a elas. Nem todos os conservadores são evangélicos; nem todos os evangélicos são conservadores. Entre os religiosos existem progressistas e conservadores, liberais e socialistas, moderados e fundamentalistas. Estão em todos os partidos. Entretanto, a tendência evangélica mais hegemônica é constituída — e, ao mesmo tempo, é constituinte — dessa onda em curso no Brasil.

UMA ÉTICA ECONÔMICA

A candidatura de Bolsonaro capturou essa crescente corrente de opinião contrária sobretudo a políticas compensatórias que têm por objetivo atenuar a pobreza ou investir no capital humano de jovens com baixos capitais social e econômico. Bolsa Família e cotas raciais são os principais símbolos negativos aos olhos desse discurso: o primeiro acomodaria o beneficiado, enquanto o segundo seria injusto com quem é capaz mas não tem os atributos de uma pessoa socialmente vulnerável.[2]

A tensão principal aqui gira em torno do papel que o Estado deve exercer na economia. A escolha de um ministro ultraliberal no início da campanha não foi só para suprir o desconhecimento econômico do candidato; ela também sinaliza um jogo econômico maior. O importante a reter é que certas frequências de discursos valorizam o mérito e o esforço individual, em contraposição a um Estado que oferece proteção em demasia, de modo que desestimula a iniciativa privada.

Trazida ao Brasil pelo neopentecostalismo, a teologia da prosperidade tem sido um fator de incentivo para que os fiéis ajam com determinação na sua vida financeira, a fim de gerar estabilidade econômica para enfrentar as intempéries, além de adquirir e consumir bens materiais. Não se trata da clássica ética protestante, segundo a qual o sucesso econômico decorre de uma conduta metódica no trabalho secular estimulada por uma doutrina religiosa. Muito menos da ética da providência, como no pentecostalismo clássico das camadas mais populares, segundo a qual Deus provê aqueles que permanecem fiéis a ele nos momentos de graves necessidades materiais.

A teologia da prosperidade prega uma ética econômica voltada para o mundo, em que possuir e ascender são sinais de que Deus, e não o diabo, age em sua vida. Essa ascensão não se ancora especificamente na disciplina e na dedicação ao trabalho, mas em uma disposição empreendedora de quem almeja se tornar o patrão nas relações de trabalho. Disposição como a elencada por Clifford Geertz em sua definição de religião como sistema simbólico: não se trata apenas de dar sentido às ações, mas também pretende motivar o fiel, despertá-lo, animá-lo, gerar nele humores e atitudes. Com certeza este é um dos efeitos mais concretos das igrejas evangélicas: o encorajamento e o estímulo. Frente às adversidades da vida, não cabem a desistência ou o desânimo. O ponto de chegada é sempre projetado como uma superação, desde que praticados os princípios da prosperidade: fé e atitude.

Para gerar tal disposição nos fiéis, as pregações sempre citam a passagem da Bíblia segundo a qual Deus os colocou "por cabeça e não por cauda".[3] O que não é explicado — mas "mascarado", usando os termos semióticos de Roy Wagner — é que alguém terá que ser a cauda. A prosperidade, dessa maneira, não se opõe às concepções da desigualdade como algo próprio da vida coletiva. A igualdade social não está no seu horizonte de utopia (pelo menos não neste mundo) como está na formulação da teologia da libertação católica, para a qual o "reino de Deus" de igualdade deve começar a ser construído na Terra. A utopia da prosperidade, por sua vez, está na possibilidade de o indivíduo ascender entre relações de desigualdade. Teologia da libertação e teologia da prosperidade, portanto, são duas orientações religiosas intramundanas: uma rejeitando as regras deste mundo, a outra provocando aderência a ele.

Cada vez mais essa concepção se dissemina pelo meio evangélico e além dele. Ela estabeleceu uma afinidade de sentido com a informalidade e com a precariedade do trabalho, como ocorreu no Brasil nos anos de recessão econômica, nas décadas de 1980 e 1990, e também em momentos de expansão do consumo, como nos anos 2000. Em ambas as situações, a doutrina religiosa foi capaz de gerar disposições empreendedoras de caráter individualista. Isso não significa que os evangélicos neopentecostais não usufruíram dos programas sociais dos governos petistas, mas sim que o discurso da prosperidade material, resultante de sacrifícios rituais monetários e de atitude individual empreendedora, é valorizado pela religião e adotado como ética econômica. É recorrente que em pesquisas qualitativas os entrevistados atribuam a si ou a Deus o sucesso na vida e ao governo as dificuldades.

Os evangélicos, principalmente os pentecostais, estão mais concentrados entre as camadas populares e médias da sociedade brasileira. Logo, trata-se de um liberalismo econômico que não dispensa as exigências de serviços públicos (saúde, educação, segurança, saneamento etc.) e a seguridade social (aposentadoria e regras trabalhistas). O discurso a favor de um Estado menor ancora-se, na verdade, na recusa da corrupção e dos privilégios do setor público, mais do que na opção pelas agendas neoliberais, que têm pouco apelo popular. Não por acaso ocorrem alianças estratégicas entre ultraliberais associados à pauta da segurança e dos costumes como forma de melhorar o desempenho eleitoral. Por exemplos mais recentes temos a presença do pastor Silas Malafaia no programa do candidato à Presidência José Serra, em 2010, com a finalidade de atacar a candidata Dilma Rousseff sobre o tema do aborto; ou a campanha para o governo do estado de São Paulo do ex-prefeito da capital e rico empresário João Doria, com um discurso que autorizaria policiais a serem mais letais no combate à criminalidade.

Os governos lulistas foram bastante eficazes em gerar sintonia entre consumo e prosperidade, mais do que entre igualdade e proteção. Não por acaso a Igreja Universal do Reino de Deus, por meio do Partido Republicano Brasileiro (PRB), esteve nos governos petistas entre 2002 e até poucas semanas antes do impeachment de Dilma Rousseff. Marcelo Crivella, prefeito do Rio de Janeiro, bispo licenciado da Igreja Universal e sobrinho do bispo Edir Macedo, foi ministro da Pesca do governo Dilma entre 2012 e 2014. Mas, com a crise econômica e as acusações de corrupção contra o PT, questões relativas à segurança e à ordem política, de um lado, e aos costumes, de outro, foram colocadas pelo segmento evangélico em primeiro plano nas eleições de 2018.

SEGURANÇA E ORDEM

A segunda linha de força social que constitui a "onda conservadora" se refere a uma série de movimentações políticas, demandas coletivas e medidas governamentais que apontam para posturas e ações mais repressivas e punitivas dos aparelhos de segurança do Estado. A redução da maioridade penal, a ampliação do porte legal de arma, a lei antiterrorismo, a política de encarceramento, entre outros, são temas atuais, cujo conjunto aponta para o aumento da violência do Estado sobre a população, criminosa ou não, sobretudo os mais apartados do universo dos direitos.

Em boa medida, essa linha tende a encontrar considerável apoio popular, a exemplo das políticas de encarceramento. A eleição de Jair Bolsonaro à Presidência da República foi a principal, mas não a única, expressão desse momento político. No Congresso, o número de deputados e senadores ligados a carreiras na segurança saltou de dezoito para 73 (entre bombeiro militar, policial civil e militar, militar reformado e membro das Forças Armadas). Nessa linha, Bolsonaro joga em casa, enquanto a esquerda é percebida como presa ao discurso dos direitos humanos e com pouca capacidade de oferecer respostas às demandas mais urgentes da população.

Boa parte dos que falam em nome dos evangélicos apoia uma maior ação repressiva dos aparelhos de segurança do Estado. Eles têm participado de um movimento mais amplo, que trabalha a favor de restrições comportamentais e mesmo da criminalização da população (mulheres que fizeram aborto, menores infratores ou usuários de maconha, por exemplo). O projeto de redução da maioridade penal, aprovado pela Câmara, contou com forte condução e interferência do seu presidente à época, o deputado Eduardo Cunha, da Assembleia de Deus Ministério Madureira, que fez uma manobra regimental para refazer uma votação perdida.[4] O projeto serviu como aglutinador de vários segmentos conservadores, entre eles a

Frente Parlamentar Evangélica, que tinha como presidente um delegado de polícia representante dos interesses da corporação e da segurança privada. Cerca de dois terços dos deputados evangélicos votaram a favor da redução da maioridade penal.[5] Não é possível afirmar que a atuação parlamentar evangélica nesse campo seja tão expressiva quanto a relativa aos costumes. Mas ela tem servido, no mínimo, como linha auxiliar dos interesses dos aparelhos de segurança pública (corporações policiais e militares) e privada (empresas).

Se essa linha de força estava mais restrita à segurança pública, ela se ampliou quando os militares passaram a atuar de maneira mais visível na esfera política. Na primeira composição do novo governo, do presidente ao vice, passando principalmente pelos quadros do primeiro escalão, há a presença de vários militares, o que acentua os temores, já em curso, quanto à manutenção da democracia no Brasil. A questão política candente é saber precisar a distância entre um governo militar e um governo com militares, que têm agido para refazer a versão histórica oficial do que aconteceu no período da ditadura militar entre 1964 a 1985.

Durante o segundo turno, o programa eleitoral de Fernando Haddad explorou o tema da tortura durante o regime. Cenas cinematográficas fortes foram intercaladas com depoimentos de vítimas e declarações de Bolsonaro favoráveis à tortura. O objetivo era atingir a sensibilidade do eleitor, constrangendo-o moralmente a não votar em quem faz apologia da tortura. O programa teve pouco efeito sobre a rejeição de Bolsonaro, cuja intenção de voto caiu levemente entre os evangélicos, mas não o suficiente para tirar a grande vantagem que ele alcançou após o primeiro turno. Nas redes sociais, os bolsonaristas divulgaram memes contrapondo cenas de tortura e de fetos abortados, como forma de neutralizar a investida moral progressista.

Entre a narrativa de combate à corrupção econômica e moral dos "treze anos do PT" e a informada pelos valores da democracia liberal, as urnas optaram pela primeira. Vale lembrar que, durante o período militar, salvo exceções, os evangélicos — citando o apóstolo Paulo em Romanos 13,1: "Obedeçam às autoridades, todos vocês. Pois nenhuma autoridade existe sem a permissão de Deus, e as que existem foram colocadas nos seus lugares por ele" — foram omissos, quando não apoiadores.[6]

UMA MAIORIA MORAL?

Entre idas e vindas, o Brasil viveu no período democrático recente mudanças consideradas progressistas em termos de direitos (civis, sociais, reprodutivos, sexuais etc.). Em contraposição, vem ocorrendo uma reação crescente, em grande medida mobilizada por convicções religiosas, que afirma a necessidade de contenção dos avanços do secularismo e dos comportamentos e valores mais liberais. Os protagonistas mais destacados do conservadorismo dos costumes nos últimos anos têm sido parcelas significativas dos evangélicos pentecostais e não pentecostais que entraram, mais do que em qualquer outro momento, na defesa da moralidade pública para regulação de corpos, comportamentos e vínculos familiares (casamento entre pessoas do mesmo sexo e adoção de crianças por casais gays, por exemplo). As proposições da ordem dos costumes não advêm somente de um tradicionalismo resistente a mudanças, como as fazem setores da Igreja católica. Os evangélicos pentecostais têm um conservadorismo ativo, e não apenas reativo. A eles interessa a disputa pela moralidade pública, conforme definiu José Casanova. Isto é, não somente a proteção da moralidade dos evangélicos, mas a luta para que seja inscrita na ordem legal do país.

Bolsonaro abraçou a pauta dos costumes, articulando-se, de um lado, com uma base parlamentar e, de outro, com o eleitor evangélico, que sempre foi sensível a essas questões. Seu discurso foi contrário a praticamente todas as mudanças das últimas décadas concernentes a sexualidade, gênero e reprodução. Ele encampou o combate à chamada "ideologia de gênero", espectro que assombra os cristãos mais religiosos, sobretudo os situados à direita e ao centro, o que gerou, durante a campanha, uma espécie de pânico moral pela suposta "ameaça à família tradicional". Pela corrupção praticada e pela suposta imoralidade de certas propostas, era frequentemente dito por evangélicos eleitores de Bolsonaro que "o PT era uma ameaça, um perigo".

Boa parte da argumentação dos atores pró-conservadorismo dos costumes apela para a constatação, repetida por eles, de que "o Estado é laico, mas a sociedade é religiosa", ou então de que "o Estado é laico, mas não é ateu". Como dito na oração de Magno Malta, o Brasil é majoritariamente cristão. Logo, o cristianismo (ou versões dele) deve prover o parâmetro moral e legal dos comportamentos. Esse argumento da maioria tem aparecido com frequência nas falas de *players* políticos para justificar a imposição de freios às pautas progressistas. Na manifestação dos evangélicos em Brasília em junho de 2013, o pastor Silas Malafaia declarou, a propósito do projeto de lei anti-homofobia, que o direito de uma minoria não pode se sobrepor ao da maioria. Em abril de 2015, quando o presidente recém-eleito da Câmara dos Deputados Eduardo Cunha foi entrevistado no programa *Roda Viva*, da TV Cultura, perguntaram-lhe sobre a questão do aborto. Cunha respondeu que não a colocava em discussão porque a maioria não queria. Durante a campanha de 2018, Bolsonaro por várias vezes declarou que as minorias (gays, feministas, "abortistas" etc.) devem se adaptar à maioria ou, caso contrário, deveriam sair do país.

Curiosamente, como lembra Antônio Flávio Pierucci, a consolidação dos evangélicos no Brasil se deu sob o discurso de garantia da liberdade e de proteção para sua condição de minoria religiosa. A separação entre Estado e Igreja católica implicou a proteção à prática de religiões minoritárias. Ao Estado laico cabe proteger as minorias religiosas, por um lado, e ser neutro entre as religiões, por outro. Para Jürgen Habermas, a liberdade religiosa é um dos fundamentos das liberdades modernas, o que resulta em controle das paixões religiosas em benefício da autonomia, da consciência e das escolhas dos indivíduos.

No entanto, se o sentido de liberdade religiosa oriundo do advento da República era o de proteção da diversidade e da liberdade de consciência, agora entre esses atores ela é entendida como a submissão da minoria. A julgar pelas sinalizações, Bolsonaro não se situará em uma posição pós-secularista, segundo a visão de Habermas e de Charles Taylor, isto é, a que admite e lida com a diversidade de religiões no espaço público desde que operem na lógica das razões públicas. Ao contrário, está alinhado às partes majoritárias do pluralismo cristão crescente no país na sua vertente mais conservadora — nos âmbitos político e moral. Conforme cresceram demograficamente e atingiram espaços de poder, os vetores mais conservadores do evangelismo brasileiro têm sustentado um entendimento da democracia voltado mais para a vontade da maioria do que para a proteção das minorias ou das diferenças.

CONSIDERAÇÃO FINAL

Essas linhas de força da onda conservadora atravessam atores, projetos, interesses, cosmovisões, disputas, alianças etc. Resultam de processos sociais desiguais, assimétricos e com temporalidades distintas, mas que, na conjuntura atual, concentraram-se politicamente em torno de inimigos comuns: as esquerdas, os direitos humanos, o Estado protetor, a moral secular e outros mais.

Um processo eleitoral majoritário, por sua vez, tem a função de decantar essas e outras linhas em candidaturas que vão se ajustando e sendo negociadas durante o pleito. A eleição de 2018 foi, com certeza, uma das mais tensas da história recente do país. Por características próprias e por outras adotadas na construção de sua candidatura, Bolsonaro foi mais bem-sucedido em conectar linhas de forças em curso no Brasil recente, entre elas a demanda securitária, a moralidade dos costumes e o discurso desqualificador de um Estado corrupto e paternalista.

Como dito anteriormente, governa-se como e com quem se elege. Ainda sob o impacto das urnas e dos primeiros passos do novo governo, vê-se a disposição de Bolsonaro de entregar o que prometeu. É de esperar contrabalanços políticos e constrangimentos institucionais, mas o modus operandi da campanha sugere que manter alguns temas tensionados (redução do papel da escola na educação sexual de crianças e adolescentes, ampliação do que é legítimo na violência policial, criminalização dos movimentos sociais, entre outros) é uma forma de acantoar o campo político à esquerda e nublar mudanças econômicas estruturais no debate mais público.

RONALDO DE ALMEIDA é antropólogo, mestre pela Unicamp, doutor pela USP e pós-doutor na École des Hautes Études en Sciences Sociales.

NOTAS

1. Disponível em: <http://www.ihu.unisinos.br/584304-o-voto-evangelico-garantiu-a-eleicao-de-jair-bolsonaro?fbclid=IwAR3ifglw-6QIubHUhMll33z-Wx5I4v8VZBTnu3n9DMJZriESIo2KXfMjzfGo>. Acesso em: 10 dez. 2018.

2. Segundo Joshua Kurlantzick, em uma análise transnacional, proteção social gera empoderamento dos mais pobres e, como consequência, revolta na classe média, que se sente lesada por políticas compensatórias vistas como injustas.

3. Ver Deuteronômio 28,13.

4. Disponível em: <http://g1.globo.com/politica/noticia/2015/07/apos-rejeitar-pec-camara-aprova-novo-texto-que-reduz-maioridade.html>. Acesso em: 10 dez. 2018.

5. Disponível em: <http://www.camara.leg.br/internet/votacao/mostraVotacao.asp?ideVotacao=6437&numLegislatura=55&codCasa=1&numSessaoLegislativa=1&indTipoSessaoLegislativa=O&numSessao=180&indTipoSessao=E&tipo=partido>. Acesso em: 10 dez. 2018.

6. No início dos anos 1980, o então pastor e teólogo Rubem Alves fez, segundo suas palavras, "um acerto de contas" com a posição majoritária do campo protestante em relação ao regime militar.

REFERÊNCIAS BIBLIOGRÁFICAS

ALMEIDA, Ronaldo; D'ANDREA, Tiarajú; DE LUCCA, Daniel. "Situações periféricas: Etnografia comparada de pobrezas urbanas". *Novos Estudos Cebrap*, São Paulo, v. 83, pp. 109-30, 2008.

ALMEIDA, Ronaldo. "A onda quebrada: Evangélicos e conservadorismo". *Cadernos Pagu*, n. 50, Campinas, Unicamp, 2017.

ALVES, Rubem. *Protestantismo e repressão*. São Paulo: Ática, 1980.

BRUCE, Steve. "El fundamentalismo en Estados Unidos". *Fundamentalismo*. Madri: Alianza, 2003.

CASANOVA, José. "Private and Public Religions". *Public Religious in the Modern World*. Chicago; Londres: University of Chicago Press, 1994.

DUARTE, Luiz Fernando D. "Valores cívicos e morais em jogo na Câmara dos Deputados: A votação sobre o pedido de impeachment da presidente da República". *Religião e Sociedade*, Rio de Janeiro, v. 37, n. 1, pp. 145-66, 2017.

GEERTZ, Clifford. "Religião como sistema simbólico". *Interpretação das culturas*. Rio de Janeiro: Zahar, 1978.

HABERMAS, Jürgen. "A tolerância religiosa como precursora de direitos culturais". *Entre naturalismo e religião: Estudos filosóficos*. Rio de Janeiro: Tempo Brasileiro, 2007.

KURLANTZICK, Joshua. *Democracy in Retreat: The Revolt of the Middle Class and the Worldwide Decline of Representative Government*. New Haven; Londres: Yale University Press, 2013.

LIMA, Diana. *Sujeitos e objetos do sucesso: Antropologia do Brasil emergente*. Rio de Janeiro: Garamond; Faperj, 2008.

MARIANO, Ricardo. "Os neopentecostais e a teologia da prosperidade". *Novos Estudos Cebrap*, São Paulo, n. 44, pp. 24-44, 1996.

PIERUCCI, A. Flávio. "As bases da nova direita". *Novos Estudos Cebrap*, São Paulo, n. 19, pp. 26-45, 1987.

_____. "Liberdade de cultos na sociedade de serviços". _____; PRANDI, Reginaldo. *A realidade social das religiões no Brasil*. São Paulo: Hucitec, 1996.

TAYLOR, Charles. "How to Define Secularism". STEPAN, Alfred; TAYLOR, Charles (Orgs.). *Boundaries of Toleration*. Nova York: Columbia University Press, 2014, pp. 59-78.

WAGNER, Roy. *A invenção da cultura*. São Paulo: Cosac Naify, 2010.

A comunidade moral bolsonarista[1]

Angela Alonso

"Os homens e mulheres que *estão* aqui são do bem. *A turma do mal está do lado de lá.*"[2] A fala é de Onyx Lorenzoni, que numa coletiva à imprensa falou por todos os bolsonaristas de coração. Uma comunidade moral os une, um conjunto de valores de orientação de conduta e interpretação da realidade, de raízes antigas, que foi dando as caras no espaço público a partir dos protestos de 2011, que arrastaram 50 mil pessoas no país contra a corrupção,[3] e impulsionaram um de seus membros à Presidência.

A comunidade moral bolsonarista se estrutura na crença compartilhada em códigos binários, que divide o mundo em bem e mal, sagrado e profano, gente de família e indecentes, cidadãos de bem e bandidos, éticos e corruptos, nacionalistas e globalistas. Essas clivagens simbólicas simplificam a realidade, reduzindo sua complexidade a estereótipos administráveis, e ativam sentimentos coletivos de alta voltagem — o afeto, o medo, o ódio. Seu manejo reforça o senso de pertencimento a uma comunidade de semelhantes e estigmatiza os diferentes. A violência — física, simbólica ou política — protege o grupo, que se sente ameaçado desde o início dos governos petistas.

A eleição do capitão-deputado é a vitória da comunidade moral bolsonarista sobre sua sucedânea inimiga, a "petralhada".

Muitos movimentos sociais, jornalistas, cientistas sociais e mesmo políticos ajudaram a consolidá-la na esfera pública, ao longo dos ciclos de protesto recentes, ao deslegitimarem os políticos profissionais como representantes dignos e reforçarem a ideia da corrupção como o maior problema nacional. Nesse terreno adubado frutificaram disjuntivas polarizadoras — corruptos e éticos, pacíficos e vândalos etc. — e brotaram elites sociais "íntegras". Juízes, empresários, militares, festejados em mídias sociais e manifestações de rua, se consolidaram como moralmente superiores aos partidos e mais aptos a exprimir a nação e comandar o Estado.

O capitão encontrou a trilha aberta e fez dela rodovia ao entrar em sintonia fina com o brasileiro médio. Apostou em robustecer a coesão de uma comunidade moral acuada, vocalizando seus pilares: o nacionalismo beligerante, o moralismo hierarquizador, o antielitismo. Optou por retórica fragmentária, aforística, virulenta, reiterativa de binarismos primários, que facilitam os julgamentos instantâneos. O conteúdo casou com as formas curtas da internet, em ritmo de banda larga.

Bolsonaro se apresentou como o homem comum, membro de comunidade moral que abarca milhões de brasileiros.[4] Muitos se sentiram representados, como num espelho de aumento. Irmanou-os, como um patriarca, e os liderou até a terra prometida do Planalto Central.

NACIONALISMO BELIGERANTE

Todos os nacionalismos se parecem, mas cada país é nacionalista à sua maneira. No Brasil, cores, bandeira e hino pátrios têm sido adotados ora pela esquerda (como nas Diretas Já), ora pela direita (vide o regime militar). Desde os protestos anticorrupção de 2011, suscitados pelo mensalão e que mobilizaram milhares de pessoas, esses signos retornaram ao espaço público e, paulatinamente, ganharam o domínio das ruas.

A propaganda eleitoral bolsonarista chamou a si a simbologia pátria, manejando binarismos. O ministro das Relações Exteriores — discípulo do cérebro-mor, Olavo de Carvalho — exprimiu um deles: nacionalistas × globalistas. O par de opostos anda na moda mundo afora. Na Europa, desde Le Pen pai, o nacionalismo é acompanhado pela xenofobia do século XXI. Já a comunidade moral bolsonarista teme a ameaça comunista da Guerra Fria — reencarnada em Cuba e Venezuela, o Fórum Social Mundial e o Foro de São Paulo.

Segundo binarismo: pátria como negação de classe. Em vez de estratificação, homogeneidade. Nada separaria ricos e pobres, brancos e negros, homens e mulheres, senão talento e esforço. A única hierarquia reconhecida iguala a todos na subordinação às autoridades morais sobrepostas de nação e divindade. Daí o slogan: "Deus acima de tudo. O Brasil acima de todos".

A pátria × o partido faz a terceira dupla de contrários. Em vez da divergência entre políticos, a verdade única da nação. Calha de ser a mesma de grupos liberais e conservadores nas ruas e nas redes desde 2011: livre mercado, anticorrupção, segurança pública. Como há *um* caminho certo, a política parlamentar, cevada no debate de ideias, soa inútil. O protagonismo caberia a especialistas de espírito patriótico, donde a seleção de "técnicos" desligados de partidos para o núcleo do governo: um juiz, um Chicago Boy e seis militares.

Essa militarização do governo (cerca de um quarto dos ministérios) coaduna com a comunidade moral bolsonarista, que vê as Forças Armadas como encarnando a nação, acima das clivagens intestinas. Sua supremacia simbólica facultaria moderar conflitos e intervir nas crises. Joaquim Nabuco disse que o Exército, no início da República, seria sucedâneo do Poder Moderador do Império, pairando sobre os partidos.[5] Tem sido também alternativa de governo ante a má gestão de políticos, desde os tempos de Nabuco. Deodoro da Fonseca inaugurou uma série de golpes de Estado e o regime republicano orientado por ela. A tese retornou com Castelo Branco, em 1964, abrindo infausta trilha, prolongada até o presidente que amava os cavalos.

Capitão ele próprio, Bolsonaro atribui aos de farda o patriotismo como mão forte, transpondo para o Estado o princípio que rege a tropa: a obediência à hierarquia e o cumprimento da missão até o sacrifício de vidas, incluída a própria — "ordem dada, ordem cumprida". O eleito declarou guerra. Trata-se de impor o interesse nacional sobre os particularismos dos marginais, conter o inimigo interno. Os alvos: a corrupção, que atribui aos partidos; o crime comum, que entrelaça a imoralismos (qual as drogas); e o esquerdismo, que associa a movimentos sociais, como o dos sem-terra.

Em guerra, violência é recurso legítimo, como símbolo e ato. A comunidade moral bolsonarista trava uma "guerra cultural" nas redes sociais, armada de verborragia feroz. Todos os xingamentos e apps — Facebook, Instagram, Twitter, WhatsApp, YouTube — servem para deslegitimar reivindicações de minorias (sexuais e étnicas), justificar o golpe militar de 1964 e a tortura como inevitabilidades ante a ameaça comunista (daí condenar a Comissão da Verdade e celebrar ícones da ditadura), além de associar a corrupção aos "petralhas". Esse discurso misto de guerra justa e Guerra Fria converte adversários políticos em inimigos da pátria. Por isso abatíveis. O sentido se corporifica no gesto-síntese de candidato e seguidores, que simulam empunhar uma arma.

O recurso à força física completa o combate simbólico. Em contraponto ao "corpo mole" dos governos petistas, a comunidade moral bolsonarista anseia por endurecimento na defesa dos cidadãos de bem. Embora o eleito tenha apaziguado um pouco seu discurso, o fulcro é extrair do convívio pátrio os irrecuperáveis: os divergentes culturais e políticos e os criminosos comuns. Como marginais, devem se invisibilizar no espaço público: confinados às margens (presídios e guetos) ou submetidos a mecanismos de integração (como a "cura gay"). A terceira alternativa, do militar-juiz governador do Rio de Janeiro, é o "tiro na cabecinha". O que não se recupera, se elimina.

A predileção da comunidade moral bolsonarista por reprimir não é bizarrice de poucos. Agrega muitos dos que se sentem desprotegidos em seus lares e que julgaram governos do PSDB e do PT como ineficazes no equacionamento da segurança pública. Para estes, ampliar repressão, reduzir maioridade penal e revogar o estatuto do desarmamento soou como alívio.

O atentado ao capitão substanciou o medo. É preciso se proteger. Não a todos, mas conforme o velho slogan malufista, aos "humanos direitos" — em vez de garantir direitos humanos para "bandidos". Mas não foi o temor ao crime ou a polarização política que instilaram o desejo de eliminar o adversário. A política como guerra é enraizada no Brasil. A candidatura Bolsonaro apenas tocou fundo uma corda da alma nacional.

MORALISMO HIERARQUIZADOR

"Ética na política" e moralização dos costumes foram se emparelhando no debate público desde o início do governo Dilma. A comunidade moral bolsonarista entrelaçou as tópicas, sobrepondo corrupção administrativa e de costumes. Pôde, assim, equiparar a probidade nos negócios públicos à morigeração dos lares do brasileiro médio e operar com a oposição moralizado × corrompido.

Sua campanha eleitoral explorou acusações de malversação administrativa e financeira de petistas e, negligenciando méritos de outros partidos, apontou o PT como primo interpares no quesito. Bolsonaro prometeu esmagar uma corrupção dupla, de valores monetários e morais. Daí a insistência, não só na punição mas também na confissão dos pecados petistas. Sem constrição não há perdão.

Assim se operou a moralização da política, no sentido de avaliar a conduta num campo, a política profissional (obter e manter o poder), com os critérios de outro, o éthos privado da virtude.

Eleitores de ouvido liberal se encantaram com os versos da "ética na política", que rimavam vencer o PT com expurgar os corruptos da gestão pública. Soou-lhes bem a estrofe que diminui o tamanho do Estado, de modo a reduzir oportunidades de "malfeitos". Sentidos distintos assim convergiram: antipetismo, anticorrupção, antiestatismo.

Ouvidos conservadores apreciaram o refrão da corrupção de costumes. Sua dissonância era com o "esquerdismo" comportamental, cristalizado nas políticas de afirmação pública de identidades e reconhecimento de direitos associados a novos papéis de gênero e padrões de família, crescidos no decorrer dos governos petistas. A visibilização compulsória dos antes invisíveis ou guetificados desconfortou grupos sociais de orientação religiosa pouco tolerante.

A vocalização mais potente desse incômodo no espaço público tem sido das igrejas evangélicas, produtoras de contradiscurso, obstrutoras de projetos no Parlamento e lobistas, junto às instituições, contra "imoralidades", como o "kit gay", a descriminalização do usuário de drogas e o aborto.

Combate em duas searas, a da moral privada e a da moral pública.

No primeiro campo, a comunidade moral bolsonarista exibe cerne patriarcal. Sua base é a hierarquia de gênero. Em postagens, declarações e fotos, a masculinidade surge como superioridade inata que capacita ao mando. Ostentam-se a virilidade congênita, dádiva da biologia, ou a inflada por suplementos e halteres. O corpo atlético, militarizado, comparece polissêmico: signo de boa saúde (a salvo das drogas), capacidade reprodutiva (preservada pela heterossexualidade) e disposição para o combate (o físico em detrimento do intelectual). Seu complemento igualmente "natural" é a subordinação feminina, cabendo às mulheres papéis prescritos.

Um é o de princesa, com inocência a ser protegida (como Bolsonaro com a filha) e cuja conformidade se homenageia com mimos. O esforço inicial da família se prolonga em iniciativas da sociedade, como a Escola de Princesas, de uma herdeira do grupo Silvio Santos. O site resume o objetivo: "O passo mais importante na vida de uma mulher é sem dúvida nenhuma o matrimônio. Nem mesmo a realização profissional supera as expectativas do sonho de um bom casamento". O lema da "escola" é: "Todo sonho de menina é tornar-se uma princesa".[6] Uma educação para o casamento, que protegeria as moças do pensamento e da estética "feminazis".

Durante a campanha eleitoral, a família Bolsonaro atuou reforçando esses estereótipos. Além da proverbial descrição do candidato de sua filha como uma "fraquejada", Flávio, o filho senador pelo Rio de Janeiro, postou o clipe "Proibidão do Bolsonaro" em seu Facebook. A letra de "MC Reaça" é autoexplicativa: "pras feministas, ração na tigela/ As mina de direita são as top mais bela/ Enquanto as de esquerda tem mais pelo que cadela".[7]

Essa foi a trilha sonora, em companhia do hino nacional, da Marcha da Família com Bolsonaro, no Recife. A letra distingue perfis femininos. Cadelas seriam as que governam seus corpos e mentes em desacordo com a moral e a estética de princesas. Não há dúvida sobre as mais aptas para serem mães de família, o vídeo traz foto do último casamento do eleito: "O Bolsonaro casou com a Cinderela".

Mesmo Cinderelas podem ir para o borralho, se desviarem da trilha. Eduardo Bolsonaro, deputado federal por São Paulo, honra a estirpe. Disse à ex-namorada, em abril de 2018: "Depois reclama que apanhou. Você merece mesmo. Abusada. Tinha que ter apanhado mais pra aprender a ficar calada. Mais uma palavra e eu acabo com você".[8] E, em setembro, reagiu ao #EleNão: "As mulheres de direita são mais bonitas que as mulheres de esquerda. As mulheres de direita não protestam com o peito para fora, não defecam para protestar. Ou seja, as mulheres de direita são mais higiênicas que as mulheres de esquerda".[9]

O próprio eleito fez ameaças à ex-esposa, rebaixada de Cinderela a cadela. Omissão abalizada, é verdade, pois a ofendida perdoou, em troca de apoio à própria candidatura. Some-se a ofensa à deputada Maria do Rosário: "É muito feia", com o corolário "não te estupro porque você não merece".[10]

Se bem-sucedida em seu principado, a princesa ganharia outro estatuto digno, o de rainha do lar. Como esposa, complementaria o marido. Deveria compreender e apoiar, reproduzir e educar, reger casa e família, vigilante para que a desordem moral do mundo não conspurque o reino doméstico.

Nessa perspectiva, não é a maternidade que confere respeitabilidade, mas o casamento. Quem o esclareceu foi o vice-presidente eleito, durante a campanha. Em palestra a empresários, interrompido duas vezes por palmas, argumentou que famílias "dissociadas", chefiadas por "mãe e avó", são "fábrica de elementos desajustados que tendem a ingressar nessas narcoquadrilhas".[11]

Para a comunidade moral bolsonarista, além dos papéis domésticos de princesa e esposa, a mulher pode achar lugar na vida pública, desde que em espaço demarcado. Em vez de disputar o mando (como Dilma) ou lutar por direitos (como as feministas), deve assumir deveres. Uma possibilidade é a filantropia, exercício da caridade cristã junto aos necessitados. É o caminho provável da primeira-dama, vinculada ao Ministério de Surdos da Igreja Batista Atitude.

Outra via é prolongar o papel de mãe de família, engajando-se na defesa da moralidade tradicional na escola. Nesse plano sobressai o movimento Escola Sem Partido, que combate efeitos da suposta dominação esquerdista sobre crianças e jovens. O propositor do projeto de lei é bolsonarista de primeira hora, o senador-pastor-cantor Magno Malta, que rezou com o eleito após o resultado das urnas.

A raiz dessa mobilização é o diagnóstico da comunidade moral bolsonarista de que universidades públicas teriam formado professores com viés de esquerda ao longo dos governos petistas. O Escola Sem Partido teme que jovens aprendam igualdade de gênero e combate à homofobia, discutam pressupostos religiosos e se filiem a movimentos socialistas e anarquistas. A lista de medos é longa, mas seu sumo é a "contaminação ideológica".[12] A reação é o veto à liberdade de pensamento; demandam uma impossibilidade, educar sem politizar.

Nesse raciocínio, a família, que vincula por sangue e afeto, reproduz valores sãos, que a escola "esquerdizante" poria em risco ao impor a convivência com os diversos em orientação sexual, crenças e estilo de vida. Ou seja, por incutir a tolerância. O diferente ameaça. Para proteger a liberdade dos pais de reproduzir suas ideias, os sem-partido obstam a dos filhos de eleger as próprias, a partir da variedade oferecida pela escola.

A escolha de um afinado com tais ideias para a pasta da educação atesta a relevância do tópico no novo governo. Ricardo Vélez Rodríguez é estudioso do positivismo, sistema de pensamento que preconiza a educação moral dos cidadãos, o respeito à família e a hierarquia de gêneros. O ministro se filia à longa linhagem conservadora, em luta perene contra os "esquerdismos" na universidade pública. Até há pouco falavam para surdos, agora têm alto-falante.

Na política, o ativismo disciplinador é tomada de dois pinos. Um é a mobilização em redes (páginas exclusivas) e ruas (manifestações como Mulheres com Bolsonaro), da qual emergiram líderes como Joice Hasselman, autodefinida como "o Bolsonaro de saias"[13] e eleita deputada federal com cerca de 1 milhão de votos. O mesmo espírito reverbera em manifestações "femininas" (#EleSim), em contraponto às feministas (#EleNão), na campanha eleitoral. Reafirmaram caricaturas do feminino, com o elogio de princesas depiladas e o deboche de cadelas peludas.

Outra alternativa de proselitismo da comunidade bolsonarista são as igrejas neopentecostais. Delas emergiu Damares Alves, pastora que prega a milhares de fiéis, ao vivo e na rede, contra a "erotização infantil", a "desconstrução da família tradicional", a "guerra" entre os sexos, o aborto, os movimentos LGBT e feminista.

Não prega sozinha, nem no deserto. Além de cria de Magno Malta, contou, entre associações militares, evangélicas, católicas, antiaborto e antilegalização de drogas, com 118 subscritores de carta ao eleito em seu favor. Acabou ministra de Mulheres, Família e Direitos Humanos.

A consonância entre o que sai de sua boca e o que mora na cabeça dos bolsonaristas de coração aponta a continuidade igreja-governo, moral religiosa e política de Estado.

A ministra esclareceu ao que veio, em vídeo no dia internacional da mulher de 2018: "A mulher nasceu para ser mãe". Julga que a divisão de papéis de gênero deve ser resguardada: "Hoje, a mulher tem estado muito fora de casa. Costumo brincar como eu gostaria de estar em casa toda a tarde, numa rede, e meu marido ralando muito, muito, muito para me sustentar e me encher de joias e presentes. Esse seria o padrão ideal da sociedade".[14]

Sua dicção de púlpito e o estilo mãe de família exprimem, com eloquência e sem elegância, a faceta patriarcalista da retórica bolsonarista. Família, escola, filantropia, igreja e ativismo político se reforçam mutuamente, alinhados pelo princípio da sociedade patriarcal: a família como esteio e modelo de toda a organização social. Dela emanariam os comportamentos saudáveis, os valores legítimos e as opções políticas acertadas.

Esvai-se a fronteira moderna entre público e privado, e lealdades de clã e de credo inundam a política. Arrastam consigo seu ímpeto de mais afeto e autoridade que racionalidade e mérito. O objetivo é produzir entes morais plenos, os cidadãos de bem. Isto é, universalizar um padrão moral, o próprio. Em suma, extrapolar a lógica do mundo privado tradicional para a esfera pública moderna.

Essa batalha por corpos, corações e mentes contra o esquerdismo é parte da guerra por uma sociedade segura e moralizada. Damares conclui: "Nos últimos quinze anos, estas pautas progressistas não ajudaram em nada a conter a violência, não ajudaram em nada a proteger a família".[15] Família heterossexual e religiosa — como a da maioria dos brasileiros.

Ao assimilar esses tópicos, a candidatura de Bolsonaro falou aos estratos sociais afligidos com a mudança de costumes e desejosos de restaurar a hierarquia de gênero, a dominância do casamento heterossexual, a orientação religiosa da conduta, a educação baseada na autoridade. As administrações petistas deram postos-chave a mulheres e espaço à agenda feminista, mas parte do país se sente mais confortável sob um ministério masculino — com duas mulheres de cerejas do bolo. Não foi à toa o "tchau, querida".

Essa retórica não é conservadora, é reacionária. Por isso tem efeito e faz sucesso. Ao contrário das utopias de esquerda, que prometem futuro incerto, pleiteia o retorno a um passado conhecido, com valores, costumes e hierarquias antimodernos. Com tantos sistemas de crença e padrões de comportamento laicos e cosmopolitas em competição, muitos se sentem desenraizados, desorientados e desprotegidos. Anseiam pela sombra protetora de um patriarca. De preferência, armado.

ANTIELITISMO

Em vídeos, tuítes, discursos e declarações como candidato e após ser eleito, Bolsonaro verbalizou outra clivagem cara à sua comunidade moral, a que põe, de um lado, a elite social esnobe e intelectualizada, e, de outro, a classe média-média, com seus hábitos sem sofisticação nem verniz cultural.

Bolsonaro se apresenta como brasileiro médio, pai de família, trabalhador, sem tempo, dinheiro ou paciência para os maneirismos dos cultos. Seu lazer é com a família e os amigos, ir à praia, ao shopping, ao futebol e, quem sabe, a Miami. Pessoa igual a milhões de outras. Esse éthos do homem comum não se ancora no carisma de líder excepcional. Ao contrário, se enraíza na representatividade. Sua força emana do compartilhamento de hábitos com a média dos brasileiros.

Nisso, Bolsonaro se assemelha a outro presidente militar. Floriano Peixoto começou como vice, mas tratorou o titular. Adversários viram nele o típico caudilho sul-americano. Nem por isso impopular. Idolatrado como demolidor de privilégios e garantia de retidão moral, definia-se como homem comum. Costumes simples combinados à parca leitura, pouca lábia e muita pólvora. Quando Deodoro pediu apoio para o golpe de 1889, foi telegráfico: "Lá tenho minha espingarda velha". O que faltava em elegância, sobrava em pragmatismo. Foi chefe pelo exemplo, não pela palavra. Comia de cócoras, como um soldado raso.

O novo presidente ecoa esses traços. Homem à antiga, pai de família, líder de clã, "Bolsonaro é gente como a gente", diz o vídeo "Sr. Mito". Depois da imagem do próprio, surge uma varanda de tijolinho, típica dos lares de classe média. O capitão está civil, em camisa de futebol que, a despeito de vermelha, estampa o número 10. A câmera aguarda enquanto o protagonista investe em atiçar fogo no carvão da churrasqueira. Tudo meio improvisado e muito masculino. No desarranjo da pia, convivem óleo de soja, vasos de flor e uma mochila. Ao lado, um exemplar de jornal, largado sobre um banquinho branco, provavelmente de plástico.

O despojamento reaparece na segunda cena. O presidente está à mesa de madeira ripada, sem toalha, com dois comensais, um ostenta a bandeira do Brasil na manga. A refeição é carne e pão francês — ainda no saco da padaria. Os pratos ao centro são inúteis: come-se da travessa. Nada de álcool, só água e coca-cola a consumir em copos de boteco, dispostos de boca para baixo. Completam o quadro tipos bombados, uma rede e o cartaz do "mito".[16]

A propaganda de Bolsonaro, antes e depois da eleição, investiu nessa estética do improviso e na exaltação do homem comum. A primeira organiza seus vídeos: bandeira torta na parede, ostensiva fita adesiva, displicência no cenário, locações caseiras — até na área de serviço. A segunda está na celebração — usual no Facebook — do corriqueiro: ir à igreja, ao banco, ao barbeiro. Sua fala coloquial combina autoridade e emoção — pulso firme, coração mole. Assim se produz a persona de caseiro, religioso, humilde. É "um de nós". Pessoa sem frescuras, que encara o arroz com feijão da vida — e até um leite condensado.

A tônica no homem comum é um antielitismo. O presidente se afasta do cosmopolita, embora seja viajado. Põe-se de provinciano, o que orna com seu nacionalismo. É membro da elite política — na carreira há trinta anos — mas se diz um outsider.

Como a maioria dos brasileiros, Bolsonaro lê pouco. Em seu

primeiro vídeo depois de eleito, lá estavam a Constituição, as memórias de Churchill, que fez legenda graças à guerra, e dois best-sellers. Um é *A mensagem*, o texto sagrado do cristianismo adaptado ao gosto médio contemporâneo. Apesar das menções contínuas a Deus, o eleito cita poucas passagens das escrituras, com predileção pelo "conhecereis a verdade e a verdade vos libertará" (João 8,32). Nisso distinto do cabo Daciolo, que sabe de cor seu evangelho.

De qual verdade se trata? Detectando a universidade como invadida pela esquerda marxista, em vez de, como o PT, recorrer a intelectuais orgânicos, este campo se valeu de congressos, como o Fórum da Liberdade de Porto Alegre, de *think tanks*, como o Instituto Milenium e o Instituto Mises, investiu na internet, em sites como O Antagonista, e no ativismo youtuber, para difundir suas ideias.

Também produziu seus livros-texto. O mais notório é o best-seller *O mínimo que você precisa saber para não ser um idiota*, de Olavo de Carvalho, publicado em agosto de 2013. Não é livro propriamente. Catatau de 615 páginas não por desenvolver raciocínios complexos, mas por coligir — graças a um redator de O Antagonista — mais de década de artigos de imprensa.

São 193 textos arranjados em 25 assuntos, ao arrepio da cronologia, sem contextualização. Ganham assim fumos teóricos, cujo ponto de fuga é o ataque a partidos, ícones, ideias e teóricos de esquerda. Carvalho abandonou o curso de filosofia, aventurou-se na astrologia, antes de se autointitular pensador. Não tem teorias próprias, desclassifica as alheias — com predileção pela teoria gramsciana da hegemonia. Carece de conceitos, constrói-se na antítese do discurso inimigo. O tom é de polemista, mas de um lado só, pois reduz tanto os ícones da esquerda tradicional, socialista, quanto as teses do politicamente incorreto da esquerda identitária, a caricaturas risíveis.

Bolsonaro se apresenta como antielitista e antipolítico, é natural que se acompanhe de um anti-intelectualista. Carvalho asperge seu sarcasmo desclassificador sobretudo em vídeos, dos quais emerge entre baforadas, uísques e palavrões. Imagens amadorísticas, de enquadramento torto, som precário, caseiras, como as de seu presidente.

Desde o lançamento, *O mínimo que você precisa saber para não ser um idiota* já vendeu 300 mil exemplares.[17] Ganhou resenhas elogiosas, como a de Reinaldo Azevedo, na *Veja*,[18] e a do padre Paulo Ricardo, cujo curso on-line "Revolução e marxismo cultural" contesta a teologia da libertação e o "marxismo cultural". O Padre enalteceu a "sinceridade destemida" com que Carvalho desnuda o quanto "a atmosfera cultural do Brasil está tragicamente contaminada por este alheamento à própria realidade, consequência de um processo epidêmico de idiotice coletiva".[19]

A idiotice tem nome: "esquerdismo". É no seu combate que se encontram a família, a igreja, o ativismo e os anti-intelectuais bolsonaristas.

O tiroteio opera à moda da "guerra cultural" norte-americana. A campanha de Bolsonaro emulou o *Movimento* de Bannon no uso sistemático e eficiente das redes sociais. O veículo incentiva a retórica fragmentária, que não conforma um sistema. Suas formas brevíssimas, tuítes e memes, estimulam mensagens curtas, diretas, de compreensão imediata. Acolhem o incisivo, o autoexplicativo, o chavão e o caricato. Bem ao gosto da comunidade moral bolsonarista, dispensam o raciocínio complexo, demandam escola sem partido, universidade sem críticos, política sem divergência. Acorde com a economia linguística da internet, trazem um tom mais opinativo que analítico. No limite, nem há retórica, antes pílulas de juízo. A comunidade moral bolsonarista prescinde de teorias, não persuade por argumentação, mas por repetição.

Anti-intelectualismo e antielitismo se completam. Não à toa,

Carvalho logrou influência concreta, emplacando discípulos em educação e relações exteriores, áreas-chave da "guerra cultural". Os anti-intelectuais guardam afinidade eletiva com o capitão. Lutam na mesma batalha contra o "marxismo cultural", o politicamente correto, o esnobismo de pensadores e artistas de esquerda. Como guardiões do pensamento simples, protegem as mentes da comunidade moral bolsonarista, com a Bíblia e as armas do capitão protegem os corações sinceros do mal-estar contemporâneo.

O FUTURO A DEUS PERTENCE

Com camisetas amarelas, a eleição de Bolsonaro encerra a Nova República, que com elas começou. As de então diziam: "Eu quero votar pra presidente". Demandavam cidadania política e social. As de 2018 estampam a justiça divina, a família patriarcal, o nacionalismo bélico. As manifestações de 1984 celebravam a saída dos militares da Presidência, as de agora comemoram a chegada do capitão e de uma direita convicta ao poder.

A redemocratização foi lenta, gradual e restrita, mas abriu campo para a Constituição de 1988 assegurar direitos e prometer justiça social. Esse horizonte normativo vem esboroando desde os protestos anticorrupção de 2011, quando as ruas deram pistas de que parte do país preferia outro rumo.

A árvore ultraconservadora deu seu maior fruto agora, mas não é nova. Aufere votos desde o fim do regime militar. Enéas abriu a linhagem em 1989 e, em 1994, foi o terceiro mais votado à Presidência. Fez menos sucesso em 1998, mas seu legado frutificou em 2002, quando o evangélico Garotinho levou Deus e a pátria ao terceiro lugar, com respeitáveis 17%. Em 2006, o democrata cristão Eymael manteve acesa a chama, com um jingle inesquecível. Voltou, em 2010, ladeado por novos campeões da moral e dos bons costumes, Levy Fidelix e o Pastor Everaldo, que se reapresentaram em 2014. A trajetória eleitoral desse campo teve baixos e altos, como aliás a esquerda, mas é consistente e ininterrupta.

Bolsonaro emergiu desse mundo paralelo, abissal, longamente desconsiderado por intelectuais e mídia, movimentos e partidos de esquerda. Todos cegos para as raízes sociais nas quais se planta. São milhões de brasileiros.

A maioria dos eleitores de Bolsonaro talvez não endosse suas crenças, ao menos em voz alta. Mas fatia gorda partilha os valores de sua comunidade moral. Não são insanos, ignorantes ou sem "consciência" de seus reais interesses. São os que, como o eleito, veem o patriotismo como um enraizamento, a família tradicional como coluna mestra da vida e a violência como autodefesa. Creem no mérito individual, no trabalho duro e em Deus. Têm nas igrejas seus sustentáculos moral, afetivo, financeiro, e no evangelho sua lente para ler a realidade.

A política ultraconservadora que vem nos governar se estabeleceu porque nem todos querem posturas, lideranças e políticas igualitárias, inclusivas e democráticas. Muitos optam racionalmente por valores tradicionais para orientar sua vida privada e anseiam por vê-los dirigindo o mundo público.

Debochar dessa comunidade moral é inócuo. "Picarescos", como Trump e Bolsonaro, vencem eleições porque não são "picarescos" para todos. Representam a maior parte da sociedade. É preciso entender as motivações, os medos, a lógica desses representados. Talvez assim seja possível explicar como o sonho da Nova República de uma democracia socialmente justa azedou em pesadelo.

ANGELA ALONSO é professora de sociologia na USP e presidente do Cebrap.

NOTAS

1. Aqui retrabalho ideias e aproveito parágrafos de minhas colunas dos últimos dois anos na Ilustríssima, da *Folha de S.Paulo*.
2. Ver *Veja*, 7 dez. 2018.
3. Disponível em: <https://oglobo.globo.com/politica/manifestantes-participam-da-marcha-contra-corrupcao-2702394>. Acesso em: 14 dez. 2018. Protestos de mesmo tipo se repetiram em 2012, antes, portanto, da avalanche de 2013.
4. A candidatura Bolsonaro contou com apoio de movimentos sociais liberais, conservadores e autoritários e de setores organizados das elites sociais: empresários do setor produtivo, o agronegócio, a elite financeira do "mercado", igrejas pentecostais, militares de baixa patente e da polícia militar, microempresários e profissionais liberais modernizadores. Esses setores heterogêneos aderiram por seus próprios motivos. Aqui trato apenas de parcela transversal a todos, que aderiu por convicção moral, não apenas por interesse.
5. Joaquim Nabuco, *Porque continuo a ser monarquista: Carta ao Diário do Commercio*. Londres: Abraham Kingdon & Newnham Impressores, 1890, pp. 7, 21.
6. Disponível em: <escoladeprincesas.net>. Acesso em: 14 dez. 2018.
7. Disponível em: <https://www.letras.mus.br/mc-reaca/proibidao-bolsonaro/>. Acesso em: 14 dez. 2018.
8. *O Estado de S. Paulo*, 14 abr. 2018.
9. *Valor Econômico*, 30 set. 2018.
10. *El País*, 30 dez. 2014.
11. *O Estado de S. Paulo*, 17 set. 2018.
12. Disponível em: <http://www.escolasempartido.org/>. Acesso em: 14 dez. 2018.
13. Ver *Folha de S.Paulo*, 18 out. 2018.

14. Disponível em: <https://www.expressonacional.com>. Acesso em: 14 dez. 2018.

15. Ibid.

16. Disponível em: <https://www.youtube.com/watch?v=fYwZkjr_9G8>. Acesso em: 14 dez. 2018.

17. Olavo de Carvalho, *O mínimo que você precisa saber para não ser um idiota*. Org. de Felipe Moura Brasil. Rio de Janeiro: Record, 2013.

18. Disponível em: <https://veja.abril.com.br/blog/reinaldo/o-minimo-que-voce-precisa-saber-para-nao-ser-um-idiota/>. Acesso em: 14 dez. 2018.

19. Disponível em: <https://padrepauloricardo.org/episodios/o-minimo-que-voce-precisa-saber-para-nao-ser-um-idiota>. Acesso em: 14 dez. 2018.

Uma história de dois azares e um impeachment

Celso Rocha de Barros

Um país não elege Jair Bolsonaro sem azar. Crise econômica, crise moral, erros dos adversários, fraudes e manipulações, loucura coletiva e burrice, com tudo isso somado você elege, no máximo, um Jânio Quadros. Bolsonaro é outra história. Para eleger Bolsonaro, você precisa dar azar, e não pode ser só uma vez.

Bolsonaro é incompreensível sem o azar fundamental da crise brasileira de 2015-8: a coincidência de a Lava Jato e a crise econômica terem acontecido ao mesmo tempo, dando a impressão de que o dinheiro acabou porque os políticos o roubaram.

Ambos são parte de processos mais longos e estruturais. O Brasil cresce pouco há décadas, mas os gastos públicos aumentaram rápido. O país é fechado para o comércio internacional e tem sérios problemas de produtividade. Parte disso foi disfarçado pela alta das commodities nos anos 2000. A tentativa de Dilma Rousseff de superar esses problemas com a Nova Matriz Econômica fracassou espetacularmente. Em algum momento, seria impossível continuar adiando a solução desses problemas.

Da mesma forma, o combate à corrupção no Brasil se tornou

mais eficiente desde o fim da ditadura. Houve um salto de qualidade quando o PT venceu a eleição presidencial de 2002, porque a alternância no poder entre esquerda e direita fragiliza o controle que cada lado tem sobre a máquina do Estado e sobre a imprensa. Uma vez desencadeado esse processo, era claro que, em algum momento, as autoridades chegariam ao cartel das empreiteiras, que financiou as campanhas eleitorais brasileiras por décadas. Todo mundo sabia que a classe política inteira teria problemas quando isso acontecesse.

Mas não há nada na natureza da crise econômica ou na natureza da Lava Jato que obrigasse as duas coisas a acontecerem ao mesmo tempo. Os custos de curto prazo da Lava Jato acentuaram os efeitos da crise econômica, mas não a causaram. A crise criou um reservatório de insatisfação popular que foi mobilizado pela operação, mas insatisfação já existia desde 2013.

Crise e Lava Jato ao mesmo tempo geraram na população um sentimento que eu vi expresso em uma manifestação de funcionários públicos estaduais no centro do Rio de Janeiro, no começo de 2018: "Não é crise, é roubo", gritavam os manifestantes.

Não há como culpar os servidores estaduais fluminenses por terem essa impressão. Estavam havia meses sem receber salários, sem pagar plano de saúde, sem pagar escola dos filhos, tentando se lembrar de algum parente para quem ainda não houvessem pedido dinheiro emprestado. Enquanto isso, o noticiário inteiro era sobre os escândalos envolvendo o ex-governador Sérgio Cabral. Cabral roubou uma grana alta do estado e o estado não tinha mais dinheiro, então a conclusão era óbvia: o estado não tinha dinheiro porque o governador roubou tudo.

Uma pesquisa do instituto DataPopular, divulgada pelo blog do jornalista Kennedy Alencar em 24 de novembro de 2015, indicava que, para 67% dos entrevistados, a corrupção era a principal causa da crise.[1] Uma pesquisa realizada pelo Serviço de Proteção ao

Crédito (SPC) e pela Confederação Nacional de Dirigentes Lojistas (CNDL), realizada em junho de 2017, mostrou que para 48% dos entrevistados "o dinheiro empregado de forma errada e os escândalos políticos" eram as principais causas da crise.[2] É difícil imaginar que a greve dos caminhoneiros de 2018 tivesse despertado tanta simpatia se não houvesse a sensação generalizada de que a gasolina subiu porque os políticos roubaram todo o dinheiro da Petrobras.

Parece óbvio, mas é falso.

O Estado brasileiro está quebrado porque por décadas os gastos cresceram mais do que o país. A Previdência é insustentável em todos os níveis da federação porque a expectativa de vida subiu. O funcionalismo recebeu aumentos altos durante a próspera década anterior, e os empresários receberam concessões fiscais ainda mais generosas.

Se ninguém tivesse roubado nada, a crise econômica teria sido mais ou menos do mesmo tamanho. Mas, enquanto os escândalos se sucediam no noticiário, era difícil encontrar público que quisesse ouvir que os números da roubalheira eram grandes, mas os do déficit tinham mais zeros do lado direito.

A ilusão de que "não é crise, é roubo" abriu as portas para uma das maiores crises políticas da história brasileira. Afinal, ninguém vai para as ruas para defender cortes de gastos, e as soluções para nossos problemas econômicos são bastante complexas. Mas se te disserem que um cara roubou sua aposentadoria, aí, meu amigo, você vai para o linchamento.

E assim uma crise que deveria ter desencadeado o debate "quem é pobre o suficiente para ter prioridade no recebimento de recursos públicos, quem é rico o suficiente para pagar mais impostos?" foi inteiramente conduzida nos termos "quem são os cidadãos de bem que recuperarão o dinheiro que os políticos roubaram?".

Mesmo assim, a crise política não precisava ter terminado em catástrofe. Os partidos políticos poderiam, por exemplo, ter trocado seus líderes acusados de corrupção por lideranças mais jovens. A queda de popularidade do PT durante os escândalos — e a recusa do partido em admitir seus erros — poderia ter servido de aviso ao sistema político como um todo. Em vez disso, a classe política brasileira tentou um atalho: o impeachment de Dilma Rousseff.

Hoje é mais ou menos evidente que havia uma diferença profunda de interesses entre as pessoas que foram às ruas protestar contra Dilma e os congressistas que votaram seu impedimento.

Não há motivos para duvidar da sinceridade dos manifestantes anti-Dilma que protestavam contra a corrupção. Sim, combatiam com mais entusiasmo a corrupção dos adversários de esquerda. Mas isso é assim mesmo. Os eleitores de esquerda também combatem com mais entusiasmo a corrupção dos direitistas. O segredo é permitir que, no jogo de denúncias e contradenúncias da democracia, todos os corruptos acabem punidos.

Por outro lado, os interesses em jogo na votação do impeachment eram bastante diferentes. Os congressistas derrubaram Dilma para parar a Lava Jato, porque o PT era fraco demais para fazê-lo. A clássica gravação de Romero Jucá deixava o plano bastante claro: só a direita conseguiria fazer um acordão com o Supremo, com tudo, para impedir o colapso da classe política brasileira.

Os dois anos seguintes mostraram que Jucá tinha boas razões para dizer o que disse. Depois do impeachment, a Lava Jato só teve derrotas. A operação pode ter investigado os dois lados, mas a direita tinha muito mais poder para resistir. Como escrevi em um artigo para a revista *piauí* de abril de 2018:

> Na verdade, o Brasil teve outra Constituição em 2015-6, e ela foi revogada após o impeachment. Em 2015, delações eram provas suficientes para derrubar políticos e encerrar carreiras. Em 2017, deixa-

ram de ser. Em 2016, era proibido nomear ministros para lhes dar foro privilegiado; em 2017 deixou de ser. Em 2016, os juízes eram vistos como salvadores da pátria, em 2017 viraram "os caras que ganham auxílio-moradia picareta". Em 2015, o sujeito que sugerisse interromper a guerra do impeachment em nome da estabilidade era visto como defensor dos corruptos petralhas; em 2017 tornou-se o adulto no recinto, vamos fazer um editorial para elogiá-lo. Em 2015, presidentes caíam por pedaladas fiscais; em 2017 não caíam nem se fossem gravados na madrugada conspirando com criminosos para comprar o silêncio de Eduardo Cunha e do doleiro Lúcio Funaro. Em 2015, a acusação de que Dilma teria tentado influenciar uma decisão do ministro Lewandowski deu capa de revista e inspirou passeatas. Em 2017, Temer jantou tantas vezes quanto quis com o ministro do Supremo Tribunal Federal que o julgaria no TSE e votaria na decisão sobre o envio das acusações da Procuradoria-Geral da República contra ele, Temer, ao Congresso. Em 2015, Gilmar teria cassado a chapa Dilma-Temer. Em 2017, não cassou.[3]

Como os políticos que fizeram o impeachment pretendiam vender isso à opinião pública? Com a recuperação econômica. Se o país tivesse crescido bem com Temer, teriam vendido a ideia de que a causa da crise era mesmo a corrupção petista, que devia portanto ter sido muito maior do que a deles, porque com eles o dinheiro reapareceu...

Deu muito, muito errado. O crescimento durante o governo Temer foi baixo, e foi evidentemente menor do que seria necessário para pagar o custo da instabilidade política durante a campanha do impeachment.

Defensores de Temer afirmam que teria dado certo sem o "Joesley Day", o flagra do presidente negociando mutretas com o empresário corrupto Joesley Batista. Se não fossem os escândalos de Temer, as reformas teriam sido aprovadas e o crescimento teria voltado.

Ou seja, aparentemente o plano era amarrar o programa de reformas no núcleo duro do PMDB da Câmara durante a Lava Jato e esperar que nenhuma denúncia grave aparecesse.

O fracasso de Temer ressuscitou o PT — mas um PT que ainda não tinha se reorganizado depois da derrota de 2016. O "companheiro impeachment", o prêmio que o PT ganhou por ter sido oposição a Temer, garantiu que Lula passasse de menos de 20% das intenções de voto em 2016 para quase 40% em 2018, e alçou o petista Fernando Haddad ao segundo turno.

Mas o PT não se mostrou forte o suficiente para justificar o apoio do companheiro impeachment: depois de prisões (Lula, Palocci, Genoíno, Dirceu), mortes (Gushiken, Marco Aurélio Garcia) e aposentadorias (Olívio Dutra), o partido passava por uma evidente crise de liderança. O debate de ideias petista havia, para todos os propósitos práticos, morrido. As besteiras produzidas pela intelectualidade petista na ressaca do impeachment acabaram vazando para o programa de governo, e alimentando a propaganda adversária.

Fernando Haddad tentou consertar esse barco no meio da tempestade no segundo turno de 2018, e conseguiu reduzir a diferença a favor de Bolsonaro à metade. Mas não foi o suficiente.

Em retrospecto, uma derrota do PT em 2018 não chega a ser surpreendente. O partido ganhou as quatro eleições anteriores, e seria realmente impressionante se vencesse a quinta. Da última vez que o PT havia perdido uma eleição presidencial, os grandes debates eram se o câmbio de Fernando Henrique Cardoso era sustentável (não era) e se Ronaldo Fenômeno seria capaz de se recuperar da derrota na final da Copa da França (era).

Quem faltou no segundo turno não foi o PT, mas seu adversário nas últimas seis eleições presidenciais, o PSDB, ou algum outro representante da centro-direita. O PSDB teve ridículos 4,5% dos votos no primeiro turno, um resultado impensável alguns meses antes. Outros candidatos da direita responsável, como Henrique Meirelles, tiveram resultado ainda pior.

Muitos tucanos hoje lamentam a decisão de terem aceitado ministérios no governo do PMDB, mas não se trata disso. O erro foi terem apoiado o impeachment. Se era para entregar o Brasil para Temer, seria irresponsável não se esforçar para que seu governo desse certo. Apoiar Temer, afundar com Temer, foi uma atitude responsável. O irresponsável foi dar a Presidência para Temer.

A centro-direita que foi responsável o suficiente para participar do governo Temer foi destroçada na eleição de 2018. Venceu a extrema direita, que foi irresponsável o suficiente para dar partida no impeachment.

A eleição de 2018 consagrou os piores do impeachment, sua Série D, um pessoal bastante ruim: Janaina Paschoal, o Movimento Brasil Livre (MBL), a família Bolsonaro, os seguidores de Olavo de Carvalho, toda essa turma que a direita *mainstream* achava engraçado jogar contra o PT na expectativa de que, na hora H, o eleitor votasse nos moderados.

Intelectuais que ninguém refutou por vergonha de ser visto debatendo com eles, políticos do clero tão baixo que era difícil saber se eram mesmo clero ou se eram só gordos andando de camisola preta pela rua, profissionais do fake news e do linchamento virtual, toda uma leva de policiais e militares até hoje inconformados com a abertura de Geisel. Esses venceram.

Muita gente boa duvidou de que a centro-direita tivesse coragem de se aliar a essa gente. Preocupado com a possibilidade de que isso acontecesse no segundo turno de 2018 (como aconteceu), o cientista político Steven Levitsky, um dos autores centrais dos debates atuais sobre crise das democracias, escreveu na *Folha de S.Paulo*, em 13 de setembro de 2018:

Os tucanos e os petistas têm bons motivos para não gostarem uns dos outros e não confiarem uns nos outros. Mas é preciso ser claro: o PSDB não é golpista. E o PT não é chavista. O PSDB e o PT são pilares da democracia brasileira. Devem se dispor a unir forças para defendê-la, se necessário. Precisam concordar, agora, em se unir contra Bolsonaro nas urnas. Caso não o façam, poderiam seguir o caminho dos liberais italianos e dos conservadores alemães — e perder sua democracia.[4]

Mas o tal do "centro" apoiou Bolsonaro, apoiou com o tesão desesperado do primeiro amor.[5] Gente que poucos meses antes pretendia ser o "Macron brasileiro" apoiou um candidato que era fascista demais para Marine Le Pen, a adversária de Macron na eleição.[6] E, é claro, toda essa turma vai continuar se achando o "centro", a coisa mais centralmente central do centrismo cêntrico da história daquela região ali na meiuca.

Na última semana de campanha, toda a máquina de Geraldo Alckmin mudou de lado, todas as igrejas, todos os aliados regionais, todo o dinheiro. E a mesma máquina que rodava no vazio promovendo Alckmin quase deu a vitória no primeiro turno a um candidato que, de fato, estava de acordo com o humor do público.

Bolsonaro entrou no segundo turno com vinte pontos de vantagem sobre Haddad, e daí em diante tudo ficou difícil para o petista.

Aliados potenciais ao centro, que talvez topassem uma aliança antifascista, não quiseram fazer essa aposta com tão poucas chances de vencer. Bolsonaro foi muito bem em áreas em que a centro-direita disputava segundos turnos difíceis, o que matou as chances de adesão dos tucanos (ou mesmo do demista Eduardo Paes) à candidatura de Haddad. Em uma democracia saudável, esse alinhamento das forças democráticas contra Bolsonaro teria sido automático, mas nossa democracia está doente.

* * *

Mas com tudo isso, ainda cabe a pergunta: por que a campanha eleitoral não desmascarou Bolsonaro? Afinal, o pacote que o candidato fascista apresentou era insustentável: ou se acredita que o ajuste de Guedes é necessário, ou se acredita que a corrupção está na origem da crise econômica. Ou se defende a ditadura, ou se critica o governo da Venezuela. As pesquisas mostram que a maioria do público brasileiro não é homofóbica, não é a favor do regime militar, não defende um choque de liberalismo. Como um candidato apoiado pelos quadros mais folclóricos da turma do impeachment conseguiria se desvencilhar da imagem de Temer?

Sim, a bandeira da segurança pública certamente deu votos a Bolsonaro nos grandes centros, e uma parte da população brasileira defende mesmo o sadismo fascista. Mas isso tudo produz, no máximo, um candidato bem votado que vende caro seu apoio no segundo turno.

Enfim, como Bolsonaro sobreviveu aos holofotes que a campanha eleitoral sempre joga sobre os favoritos?

É como eu disse: não se elege Bolsonaro sem azar.

No dia 6 de setembro, Jair Bolsonaro foi esfaqueado durante um comício em Juiz de Fora por um maluco. Se você duvida que acidentes e idiossincrasias podem alterar o rumo dos acontecimentos históricos, eu lhe apresento Adélio Bispo.

Estou entre os analistas que subestimaram o efeito da facada. Na época, o que se acreditava era que haveria um surto de simpatia por Bolsonaro, mas isso não aconteceu. As primeiras pesquisas não registraram uma alta grande das intenções de voto, como seria sintomático de uma onda de solidariedade (que talvez se dissipasse com o decorrer da campanha).

Mas o atentado fez outra coisa por Bolsonaro: lhe permitiu se ausentar do debate público até o final do segundo turno e se vender como o antissistema genérico. Bolsonaro, inclusive, continuou faltando aos debates mesmo depois da alta médica: foi o primeiro presidente eleito sem ir aos debates do segundo turno.

Antes da facada, a rejeição a Bolsonaro subia toda vez que o candidato se expunha, e Marina Silva já tinha lhe aplicado uma surra histórica no debate da TV Bandeirantes. Todas as manifestações de seu ministro da Fazenda e de seu candidato a vice foram desastradas, mas Bolsonaro lhes impôs silêncio até o fim da campanha. A ordem era ganhar sem aparecer, ganhar como tela em branco sobre a qual o eleitorado projetasse suas esperanças.

No final da campanha, o efeito pareceu se dissipar. Bolsonaro caiu muito na última semana, quando a desculpa do atentado já parecia frágil, e suas declarações extremistas se tornaram mais incômodas à medida que sua vitória parecia mais provável.

Mas não deu tempo.

O desastre aconteceu, e agora é hora de rebaixarmos nossas expectativas: sim, é possível que o sistema domestique Bolsonaro, mas isso quer dizer que devemos abandonar, no curto prazo, nossa pretensão de transformar o sistema. Ou o Centrão domestica Bolsonaro, ou nós nos livramos do Centrão: não dá para fazer as duas coisas ao mesmo tempo. O projeto de continuar progredindo em direção a uma política mais moderna, como vínhamos fazendo desde 1994, ficou seriamente prejudicado. O objetivo, nos próximos quatro anos, é evitar retrocessos. E o risco, diante das ofensivas do bolsonarismo, é que a defesa da democracia pareça uma tentativa de proteger os defeitos do sistema político brasileiro.

É uma tragédia. O Brasil foi uma história de sucesso na primeira década dos anos 2000, mas passou dez anos topando absolutamente qualquer coisa — Nova Matriz Econômica, manifestações pedindo ônibus de graça, impeachment, Bolsonaro — para não encarar de frente os problemas que a alta das commodities havia ajudado a esconder. Somos uma economia fechada e de produtividade baixa, presa na armadilha da renda média: vamos ter que nos reorganizar para sair disso, e passamos os últimos anos acreditando em qualquer história que não nos obrigasse a parar, tomar um café para cortar o porre, e começar esse trabalho.

O ajuste vai acontecer de uma forma ou de outra, mas agora será feito pela turma que até hoje foi menos propensa a levar a voz dos pobres brasileiros em consideração. E as bases de nosso progresso até agora — a democracia, a imprensa livre, a autonomia das instituições e a competição entre os partidos — podem desabar a qualquer momento. Se um ajuste for feito sobre essas ruínas, há grandes chances de que crises piores venham à frente. Os conflitos distributivos não vão sumir, mas os mecanismos para resolvê-los democraticamente podem ser perdidos no processo.

No começo da crise política, o cientista político Bruno Reis criou uma imagem muito boa: a Lava Jato, desmoralizando a política brasileira, corria o risco de serrar o galho sob a qual estava sentada. A conjunção da operação e da crise econômica gerou uma política de indignação que é difícil de administrar, porque suas demandas são contraditórias: o crescimento precisa que o sistema funcione, a cruzada ética quer quebrar o sistema; o crescimento exige sacrifícios, a opinião pública quer linchamentos. Seguimos serrando o galho com cada vez mais entusiasmo.

CELSO ROCHA DE BARROS é doutor em sociologia pela Universidade de Oxford e colunista da *Folha de S.Paulo*.

NOTAS

1. Disponível em: <https://www.blogdokennedy.com.br/para-67-corrupcao-causou-crise-economica-diz-datapopular/>. Acesso em: 28 nov. 2018.

2. Publicado no jornal *O Tempo*, 15 jun. 2017. Disponível em: <https://www.otempo.com.br/capa/economia/consumidor-culpa-a-corrup%C3%A7%C3%A3o-pela-crise-econ%C3%B4mica-do-pa%C3%ADs-1.1486117>. Acesso em: 28 nov. 2018.

3. "O Brasil e a recessão democrática". *piauí*, n. 139, abr. 2018. O artigo suscitou um debate muito rico no blog do Instituto Brasileiro de Economia, da Fundação Getúlio Vargas (<https://blogdoibre.fgv.br>) com réplicas de Samuel Pessôa, Marcos Lisboa e Hélio Gurovitz. A eleição de Bolsonaro, como era de se esperar, jogou o Brasil no centro do debate internacional sobre recessão democrática e populismo.

4. "Como a democracia pode se proteger contra candidatos autoritários". *Folha de S.Paulo*, 13 set. 2018.

5. E vale lembrar o alerta do filósofo francês Bernard-Henri Lévy em entrevista para *O Globo*, de 5 de março de 2017: "Houve uma constante na história da Europa: o fascismo passa quando a direita cede, e o fascismo é vencido quando a direita se sustenta. É assim. O fascismo passou quando a direita desmoronou. A direita que é a proteção ao fascismo, não a esquerda. A esquerda dá o alerta. Ela sustenta o muro de valores. Mas o que faz, concretamente, que o fascismo não passe, é a determinação da direita liberal, a boa resistência da direita democrática. E ela está em frangalhos. Está fazendo haraquiri".

6. "Marine Le Pen critica Bolsonaro: diz coisas 'extremamente desagradáveis'". UOL, 11 out. 2018. Disponível em: <https://noticias.uol.com.br/politica/eleicoes/2018/noticias/agencia-estado/2018/10/11/marine-le-pen-critica-bolsonaro-diz-coisas-extremamente-desagradaveis.htm>. Acesso em: 28 nov. 2018.

Em nome do quê?
A política econômica no governo Bolsonaro

Monica Baumgarten de Bolle

INTRODUÇÃO

O que é o liberalismo econômico defendido por Bolsonaro? É diferente das várias definições conhecidas de liberalismo? Em que medida a agenda econômica do novo governo de fato será prioritária, ou mesmo seguirá algumas das diretrizes traçadas por seus articuladores, sobretudo o superministro Paulo Guedes, fiador econômico do presidente?

Não começo este artigo respondendo à pergunta do título, mas explicando sua razão de ser. Li, recentemente, o livro da jornalista Andrea Dip publicado no primeiro semestre de 2018, portanto antes das eleições, *Em nome de quem?: A bancada evangélica e seu projeto de poder*. Nele, a autora descreve minuciosamente o que é a bancada evangélica no Congresso, como evoluiu ao longo do tempo, e quais seus planos daqui para frente diante de seu espantoso crescimento e do envolvimento cada vez maior na política nacional, tanto em nível regional, quanto federal. Em entrevista concedida à jornalista para o livro, Arolde de Oliveira, então deputado federal do Partido Social Cristão (PSC) pelo Rio de Janeiro, profetizou: "Na próxima legislatura poderemos ser um terço dos deputados na Câmara". De acordo com os dados do Tribunal Superior Eleitoral (TSE), a previsão do deputado foi superada. Dos 513 representantes, a bancada evangélica é composta por 199 deputados, ou 38% do total da Câmara.

Por que escrevo sobre a bancada evangélica? Em 24 de outubro de 2018, a poucos dias do segundo turno das eleições, membros da bancada entregaram ao candidato Jair Bolsonaro um manifesto intitulado "O Brasil para os brasileiros". O documento, de 65 páginas, versa não apenas sobre as pautas geralmente defendidas pela Frente Parlamentar Evangélica (FPE), a saber, a causa dos costumes, com temas que vão da proibição do aborto à chamada "cura gay". Vai além: o manifesto, redigido como um plano de governo bem elaborado, trata de temas como a reforma do Estado e caminhos para o crescimento da economia brasileira, terminando, evidentemente, com a proposta do Escola Sem Partido e a pauta dos costumes. A elaboração do documento em si sugere que a FPE tem pretensões políticas que ultrapassam um punhado de projetos de lei. Parece de fato disposta a influenciar toda a agenda de governo, com alguma atenção para a economia.

Porém, antes de falar sobre a economia segundo os evangélicos do Congresso Nacional, é importante destacar outro aspecto desse fascinante documento, do relato de Andrea Dip e de algumas pesquisas acadêmicas sobre a ascensão dos evangélicos na política: foram eles a grande história não contada dessas eleições. É possível que, sem o apoio maciço e organizado dessa base, Jair Bolsonaro não tivesse sido vitorioso. Não custa lembrar que as igrejas evangélicas presentes no Congresso que o apoiaram têm grau de capilaridade regional maior e mais robusto do que qualquer partido político. Sem falar na capacidade que os pastores têm de influenciar seu rebanho.

Em levantamento de dados recente conduzido como parte de uma pesquisa em andamento com coautores da Universidade Johns Hopkins sobre o papel dos evangélicos nas últimas eleições, revelou-se a impressionante correlação entre a presença evangélica nos municípios brasileiros e o voto em Bolsonaro no segundo turno (gráfico. 1).

GRÁFICO 1: RELAÇÃO ENTRE A PRESENÇA EVANGÉLICA NOS MUNICÍPIOS E VOTOS EM JAIR BOLSONARO, NAS ELEIÇÕES DE 2018.

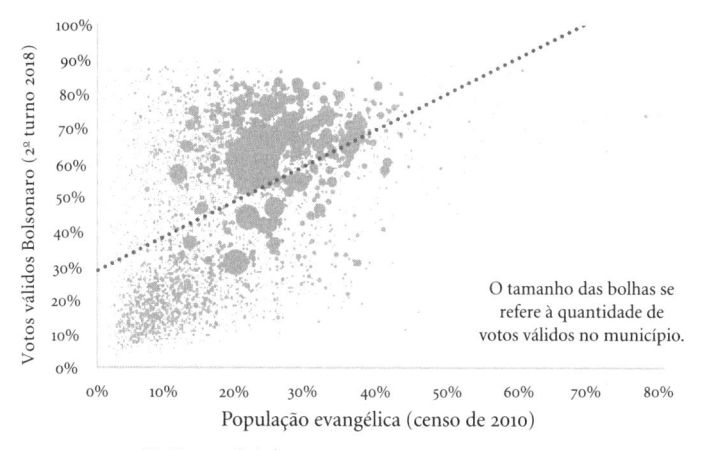

O tamanho das bolhas se refere à quantidade de votos válidos no município.

FONTE: TSE e IBGE. 5563 municípios.

A figura acima mostra que no segundo turno das últimas eleições, Bolsonaro recebeu mais de 50% dos votos válidos em municípios com expressiva população evangélica — mais de 20% do total, segundo dados do censo de 2010. O mesmo padrão não é tão claramente observável nos votos em Aécio Neves, o candidato de cunho mais conservador nas eleições de 2014 (gráfico 2) — como se vê, parece haver mais municípios com expressiva população evangélica nos quais o voto em Aécio não passou de 30%.

GRÁFICO 2: RELAÇÃO ENTRE A PRESENÇA EVANGÉLICA NOS MUNICÍPIOS E VOTOS EM AÉCIO NEVES, NAS ELEIÇÕES DE 2014.

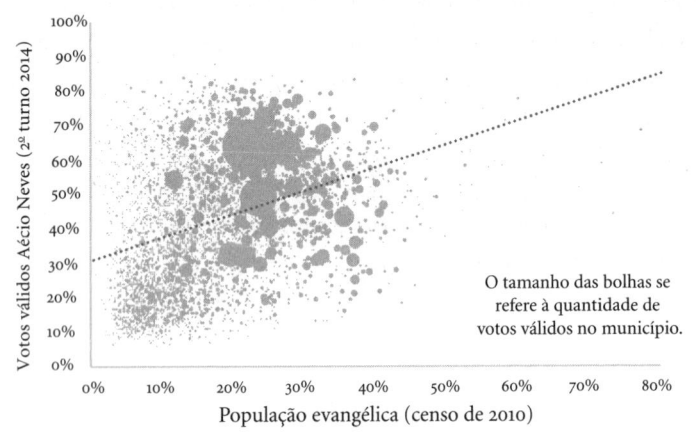

O tamanho das bolhas se refere à quantidade de votos válidos no município.

FONTE: TSE e IBGE. 5563 municípios.

Portanto, para tratar do liberalismo econômico em suas diversas facetas e saber como caracterizar a agenda econômica do governo Bolsonaro, é preciso, também, traçar algumas reflexões sobre o papel da bancada evangélica e as possíveis mudanças na política brasileira que despontam dos dados mostrados.

O presente artigo está organizado em três seções, além desta introdução. A segunda seção trata de definições de liberalismo econômico, marco a partir do qual fica mais fácil situar a ultraortodoxia de Paulo Guedes, além das propostas dos evangélicos. Estas — ultraortodoxia e propostas da FPE — são o tema da terceira seção. A quarta e última seção traça algumas conclusões gerais e traz reflexões sobre o redesenho da política econômica brasileira com a ascensão de Jair Bolsonaro.

DEFINIÇÕES DE LIBERALISMO

A revista britânica *The Economist*, que completa em 2018 quase dois séculos de existência — 175 anos — publicou recentemente um manifesto em que defende a renovação do liberalismo a partir de uma redefinição. O texto sublinha que o liberalismo defendido nada tem daquilo que se entende por "progressivismo meio à esquerda" prevalente nas universidades americanas, isto é, a maior aceitação de pautas abertas relativas aos costumes, à exaltação das minorias e da diversidade de gêneros como valores próprios. Trata-se de "um comprometimento universal com a dignidade humana, mercados livres e abertos, governos de tamanho limitado, e a fé no progresso humano proveniente do debate e das reformas".

A visão liberal destituída de cargas ideológicas que pretendam determinar o tamanho e o papel do Estado rejeita a ideia de que os indivíduos devam ser coagidos a aceitar as crenças doutrinárias de outros, assim como repudia a ideia conservadora de aceitar as hierarquias. Segundo essa versão de liberalismo, hierarquias e desigualdades acentuadas são nada mais do que fontes de opressão. Portanto, há espaço nessa visão para os tributos sobre heranças e sobre grandes fortunas comumente rechaçados pela direita brasileira.

O ensaio da *Economist* é uma tentativa de apresentar uma alternativa ao nacionalismo econômico que vem se expressando com crescente vigor tanto nas economias avançadas quanto nas economias emergentes. Junto com colegas do Peterson Institute for International Economics, estou escrevendo um livro sobre a ascensão do nacionalismo econômico. Para entender o nacionalismo é preciso defini-lo, e para isso é preciso elaborar sua antítese, o liberalismo. Com esse propósito, elaboramos sete dimensões a partir das quais é possível enquadrar políticas econômicas e classificá-las como mais nacionalistas ou menos nacionalistas. São elas: a política comercial, a política macroeconômica, a política em relação ao investimento estrangeiro direto, a política de concorrência, a política industrial, a política de imigração e as visões sobre o papel do multilateralismo. Nossa gradação para as políticas mais liberais está bem alinhavada com o liberalismo tal qual defendido pela *Economist*:

Política comercial: Na política comercial, o liberalismo está associado ao livre-comércio sujeito às regras do sistema multilateral conforme elaboradas no âmbito da Organização Mundial do Comércio (OMC). Não há preferência em relação às exportações, mas o reconhecimento de que importar é tão importante quanto exportar, rechaçando qualquer visão mercantilista do comércio.

Política macroeconômica: Na política macroeconômica, o liberalismo está associado à ideia de que as políticas econômicas devem priorizar a sustentabilidade fiscal e a estabilidade dos preços, com algum espaço para que outros objetivos sejam estipulados, desde que não atrapalhem o que é prioritário.

Restrições ao investimento estrangeiro direto: Em relação ao investimento estrangeiro direto, posturas mais liberais permitem que esses recursos entrem livremente no país, com possíveis exceções para setores estreitamente definidos como estratégicos ou vitais para a segurança nacional.

Políticas de concorrência: A política de concorrência mais liberal deve garantir a livre orientação dos mercados, resguardando-os de falhas e possíveis excessos por meio de uma legislação articulada que garanta sua regulação.

Política industrial: A política industrial não deve privilegiar setores, mas sim garantir que todos tenham condições para seu bom funcionamento. Portanto, políticas horizontais patrocinadas pelo governo para o desenvolvimento da infraestrutura e do fomento da inovação são tratadas como mais liberais.

Políticas de imigração: Na imigração, políticas mais liberais seriam abertas à entrada de pessoas de outros países. Restrições seriam aplicáveis apenas em casos de riscos à saúde pública, à segurança, ou ao desejo de impedir o congestionamento e garantir a assimilação de imigrantes. Não haveria qualquer tentativa de impedir a entrada de pessoas com base na sua nacionalidade, cultura ou nível educacional.

Tratamento de organizações multilaterais: No que diz respeito aos organismos multilaterais, políticas mais liberais seriam aquelas que privilegiam essas instituições e que têm por objetivo fortalecê-las. Nesse sentido, organizações multilaterais como a OMC, o Banco Mundial, o Fundo Monetário Internacional (FMI) e a Organização das Nações Unidas (ONU) não seriam tratadas como entraves a outros objetivos da política interna ou externa.

Dentro dessas definições cabem diversos regimes político-econômicos: da social-democracia continental europeia ao liberalismo abraçado pelo Partido Republicano norte-americano que vingou de Ronald Reagan nos anos 1980 até George W. Bush nos anos 2000. No contexto brasileiro, à exceção da política comercial, essas definições abrangeriam as políticas adotadas pelos dois mandatos de Fernando Henrique Cardoso e pelo primeiro mandato de Luiz Inácio Lula da Silva. Elas também abarcariam, evidentemente, políticas públicas para reduzir pobreza e desigualdade de renda.

LIBERALISMO E ULTRAORTODOXIA

O projeto de governo de Bolsonaro

O projeto de governo apresentado pelo Partido Social Liberal (PSL) de Jair Bolsonaro, intitulado "O caminho da prosperidade", é um documento em formato de apresentação Power Point com 81 páginas. Desse documento é bastante difícil extrair as diretrizes da política econômica de Bolsonaro, pois trata-se de um punhado de ideias soltas sobre as reformas econômicas. Em aparições na TV e entrevistas concedidas, o superministro da economia, Paulo Guedes, fez uma clara defesa da privatização, do que considera ser o tamanho ideal do Estado brasileiro — em clara alusão ao Estado mínimo defendido por correntes ultraortodoxas da economia —, da reforma da Previdência e da reforma tributária, sem, contudo, elaborar o suficiente sobre o que seria feito em cada uma dessas áreas.

Portanto, a partir do plano de governo de Bolsonaro e das falas de Paulo Guedes, não é fácil relacionar as propostas econômicas às sete dimensões descritas na seção anterior. Pouco foi dito, por exemplo, sobre a política comercial. A necessidade de promover a abertura da economia brasileira foi mencionada de forma genérica, afirmando-se que a fusão dos três ministérios da área econômica — o Ministério da Fazenda, o Ministério do Planejamento e o Ministério da Indústria e do Comércio — garantiria uma diminuição do protecionismo, sem maior detalhamento. No programa de governo do PSL fala-se em "redução de muitas alíquotas de importação e das barreiras não tarifárias", o que sugere uma orientação menos mercantilista da política comercial do que a observada em governos anteriores. Ou seja, parece que haverá uma preocupação não só em promover as exportações brasileiras, como também em remover obstáculos às importações que tendem a travar transferências de tecnologia a ganhos de produtividade.

No caso da política econômica, o documento do PSL e as falas de Guedes ressaltam a importância de garantir a estabilidade fiscal e impedir a alta da inflação, levando a crer que a orientação da política macroeconômica estaria alinhada com o cunho liberal da segunda dimensão descrita na seção anterior.

Nas demais dimensões é difícil enquadrar as políticas descritas superficialmente no plano de governo de Bolsonaro. As privatizações, tema que gerou controvérsias entre Bolsonaro e Paulo Guedes durante a campanha, foram apontadas como necessárias não só para gerar receitas para os cofres públicos, como também para fomentar o ambiente de concorrência entre as empresas. No entanto, nada foi dito em relação às leis de concorrência e à necessidade de regular mercados. A visão ultraortodoxa tende a tratar a regulação com desconfiança, o que parece ser a inclinação de Guedes, embora nada tenha sido articulado a esse respeito. A tabela abaixo resume o que é possível extrair do plano de governo de Bolsonaro nas sete dimensões descritas na seção 2:

DIMENSÃO DA POLÍTICA ECONÔMICA	PROGRAMA DE GOVERNO DE BOLSONARO
1. Política comercial	Alinhada com a visão liberal
2. Política macroeconômica	Alinhada com a visão liberal
3. Restrições ao investimento estrangeiro direto	Não há informação suficiente
4. Política de concorrência	Não há informação suficiente
5. Política industrial	Não há informação suficiente
6. Políticas de imigração	Não há informação suficiente
7. Tratamento das organizações multilaterais	Não há informação suficiente

O manifesto da Frente Parlamentar Evangélica

Conforme mencionado na introdução deste artigo, a maior surpresa do documento apresentado ao então candidato Jair Bolsonaro às vésperas do segundo turno foi o detalhamento de uma abrangente agenda macroeconômica para o país. Não há registro de outras ocasiões em que a bancada evangélica tenha apresentado a qualquer candidato à Presidência da República propostas articuladas para temas além das pautas tradicionais de costumes que lhes são tão caras.

O documento "O Brasil para os brasileiros" está estruturado em torno de quatro eixos: a modernização do Estado, que prevê a fusão de vários ministérios, mais ou menos em linha com anúncios recentes de Bolsonaro; a segurança jurídica; a segurança fiscal; e a "revolução na educação", que trata do Escola Sem Partido e de temas relativos aos costumes. O terceiro eixo, "Segurança fiscal", aborda as reformas econômicas e se inicia com o seguinte parágrafo:

> A segurança fiscal deve ser a meta das metas. Sem sustentabilidade econômica todos os demais projetos e objetivos restarão frustrados. A responsabilidade fiscal deve ser considerada como um valor intrínseco à gestão, e conduta exigida de todos os agentes políticos que administrem a coisa pública.

O documento defende superávits primários consecutivos como "medida de higiene institucional" para impedir o retorno de surtos inflacionários. Além disso, afirma que o "sistema tributário deve ser simplificado, e a tributação deve ser deslocada do consumo para a renda"; destaca a necessidade de uma reforma da Previdência que tenha como princípios a "contributividade e a sustentabilidade financeira, lastreada em robusto cálculo atuarial"; e expressa apoio à independência do Banco Central. Essas propostas foram também defendidas por Bolsonaro e por Paulo Guedes em falas e entrevistas, ainda que não tenham tido muito espaço no projeto de governo do PSL.

Sobre a modernização tributária, o documento traz uma tabela detalhada de propostas, em contraste com o projeto de governo apresentado pelo PSL — as propostas abrangem a simplificação tributária, a municipalização de alguns impostos, a tributação sobre a exportação de minérios in natura e outros bens considerados "estratégicos", a desoneração da folha de pagamentos, além da ampliação de acordos com outros países para evitar a bitributação dos investimentos.

A proposta de modernização previdenciária menciona explicitamente o combate aos privilégios, enquanto outros trechos do documento defendem a criação de um Conselho de Gestão Fiscal e destacam a independência do Banco Central como medida urgente.

A parte mais intrigante do documento é a que trata da "modernização comercial", sob o lema de "Nova abertura dos portos às nações amigas". O manifesto da FPE discorre sobre os ganhos econômicos atrelados à abertura econômica e menciona de forma explícita a liberalização das importações para "aumentar o crescimento econômico". O trecho a seguir é particularmente instigante tendo em vista o viés protecionista da indústria brasileira e de governos anteriores, que sempre tentaram atender às demandas de diversos setores industriais tradicionais:

> A questão atual não é mais se o país deve abrir a economia ao comércio. É consensual o diagnóstico de que parte importante dos nossos problemas advêm do nível excessivamente elevado das barreiras que impomos às importações — um dos mais altos do mundo — e que para fazer crescer o PIB é fundamental diminuir esse protecionismo.

Há, novamente, tabela detalhada de propostas não só para abrir a economia brasileira, como também para modificar o tratado do Mercosul, incluindo a redução da tarifa externa comum e a revogação da decisão que define que países membros só possam negociar acordos comerciais em bloco. É fascinante o grau de detalhamento técnico contido no documento da bancada evangélica, sobretudo nos temas relativos ao comércio internacional. O detalhamento técnico e a articulação das ideias demonstram que a intenção era apresentar ao candidato Jair Bolsonaro propostas concretas que pudessem ser abraçadas por seu time de transição em caso de vitória, o que parece estar ocorrendo em alguma medida.

A tabela a seguir resume o programa da FPE nas sete dimensões identificadas na seção 2:

DIMENSÃO DA POLÍTICA ECONÔMICA	PROGRAMA DE GOVERNO DA FPE
1. Política comercial	Alinhada com a visão liberal
2. Política macroeconômica	Alinhada com a visão liberal
3. Restrições ao investimento estrangeiro direto	Alinhada com a visão liberal
4. Política de concorrência	Não há informação suficiente
5. Política industrial	Alinhada com a visão liberal
6. Políticas de imigração	Não há informação suficiente
7. Tratamento das organizações multilaterais	Alinhada com a visão liberal

REFLEXÕES FINAIS

Ao que tudo indica, a Frente Parlamentar Evangélica teve papel proeminente na eleição de Jair Bolsonaro, sugerindo um grau de articulação e organização política maior do que o observado nas eleições de 2014. Além disso, a apresentação a Jair Bolsonaro, pouco antes do segundo turno das eleições, de um programa de governo detalhado e bem articulado que transcendeu as pautas tradicionais desse grupo sugere que a Frente Parlamentar Evangélica constitui não apenas a base de apoio de Bolsonaro, mas que é também a fonte principal de propostas e agendas em várias áreas, inclusive em política econômica. Como demonstra este artigo, as propostas econômicas da Frente Parlamentar Evangélica estão, ao menos no papel, bem alinhadas com uma clara definição de liberalismo econômico, o que é surpreendente. Afinal, é a primeira vez em que a bancada evangélica apresenta uma visão concatenada para a agenda econômica.

O que isso significa para a política econômica do governo Bolsonaro? De um lado, parece que haverá amplo apoio para que sejam feitas algumas das reformas mais urgentes, a começar pela reforma da Previdência. Parece, também, que haverá espaço para algum ajuste fiscal de curto prazo que equacione os graves desequilíbrios herdados da era Dilma Rousseff e que não foram adequadamente dirimidos ao longo dos dois anos do governo Temer. Por fim, a julgar pelo discurso favorável à abertura comercial, é possível que o Brasil finalmente seja capaz de reduzir em alguma medida seu alto grau de isolamento. Todas essas iniciativas trariam benefícios à economia brasileira, justificando, de certa forma, o otimismo dos mercados.

O risco mais evidente, entretanto, é que a ascensão da bancada evangélica no Congresso e a diluição dos partidos provocada por diversos fatores, inclusive pela corrupção endêmica desvelada pela operação Lava Jato, torne a configuração política brasileira mais complicada de compreender. É possível que estejamos prestes a ver o fim do presidencialismo de coalizão tradicional e a ascensão do presidencialismo de bancada, em que o candidato favorecido pelas igrejas neopentecostais com força crescente na legislatura fique refém da agenda desse grupo. Nesse caso, como as pautas mais importantes para a FPE são as relativas à educação e aos costumes, corre-se o risco de que a agenda econômica vire moeda de troca para a aprovação de leis que afetem as liberdades e os direitos de minorias e que sejam ultraconservadoras nos costumes, pautas que parte significativa da oposição ao governo Bolsonaro — hoje ainda desarticulada — não haverá de tolerar.

Portanto, fica a pergunta que intitula este artigo: em nome de que se fará política econômica no novo governo? Em nome do ultraconservadorismo nos costumes ou do crescimento com inclusão social? As perspectivas mais ou menos otimistas para o país dependem da resposta. Aguardemos os próximos meses.

MONICA BAUMGARTEN DE BOLLE é detentora da cátedra Riordan Roett em estudos latino-americanos, diretora do Programa de Estudos Latino-Americanos da Universidade Johns Hopkins e pesquisadora-sênior do Peterson Institute for International Economics.

REFERÊNCIAS BIBLIOGRÁFICAS

DE BOLLE, Monica; ZETTELMEYER, Jeromin. *Economic Nationalism.* Washington, DC: Peterson Institute for International Economics (no prelo).
DIP, Andrea *Em nome de quem?: A bancada evangélica e seu projeto de poder.* Rio de Janeiro: Civilização Brasileira, 2018.
LACERDA, Fábio. *Pentecostalismo, eleições e representação política no Brasil contemporâneo.* São Paulo: FFLCH-USP, 2017. Tese (Doutorado em Ciência Política).
MANIFESTO da Frente Parlamentar Evangélica, "O Brasil para os brasileiros" (2018). Disponível em: <https://static.poder360.com.

br/2018/10/Manifesto-a-Nacao-frente-evangelica-outubro2018. pdf>. Acesso em: 27 nov. 2018.

PLANO de governo de Jair Bolsonaro, "O caminho da prosperidade" (2018). Disponível em: <https://flaviobolsonaro.com/PLANO_DE_ GOVERNO_JAIR_BOLSONARO_2018.pdf>. Acesso em: 27 nov. 2018.

Democracia e autoritarismo: Entre o racismo e o antirracismo

Petrônio Domingues

> "Tenhamos a coragem de dizer: é o racista que cria o inferiorizado"
> Frantz Fanon, *Pele negra, máscaras brancas*

28 de outubro de 2018. O ultradireitista Jair Bolsonaro venceu as eleições e se tornou o presidente do Brasil. Ele conseguiu 55,13% dos votos válidos (57 796 972) no segundo turno, derrotando Fernando Haddad, do PT, que ficou com 44,87% dos votos (47 038 792). Chamou a atenção as altas taxas de votos brancos (2,14%), nulos (7,43%) e abstenções (21,30%), o que, somados, atingem a marca de 30,87% do eleitorado brasileiro. A força do capitão reformado do Exército se estabeleceu em questão de tempo, mas não alcançou todo o país. Uma análise dos resultados em 5500 municípios, realizada pelo jornal *El País*,[1] revela aspectos importantes das eleições: Bolsonaro teve melhores resultados nas cidades mais ricas e mais brancas. Obteve até 75% dos votos em municípios com renda média ou alta, porém não chegou nem a

25% em muitas localidades pobres, que permaneceram fiéis a Haddad, o candidato petista. É inédita uma polarização tão abissal entre os eleitores. Bolsonaro foi o mais votado em 94% dos municípios mais ricos (aqueles com renda per capita acima de 350 reais por mês), ao passo que Haddad prevaleceu em nove de cada dez municípios mais pobres (aqueles com renda per capita inferior a duzentos reais). Se fosse para dividir o Brasil em duas metades, uma com os municípios com mais pobreza e outra com os municípios com menos, Bolsonaro ganharia em 87% dos municípios do Brasil rico e Haddad faria o mesmo em 83% dos do Brasil pobre. Proporcionalmente, o capitão reformado teve mais votos entre as pessoas de renda média ou alta, mas ficou atrás do candidato petista entre as de renda mais baixas.

As divisões raciais também ficaram flagrantes nas votações do segundo turno: Bolsonaro venceu em 85% dos municípios de maioria branca, grande parte deles localizado no Sul do país, enquanto Haddad se impôs em 75% dos de maioria não branca. Em Nova Hamburgo (RS), por exemplo, onde 90% das pessoas têm origem alemã, Bolsonaro conseguiu três de cada quatro votos. O candidato petista teve resultados pífios nessas cidades. Em contrapartida, ganhou em todos os municípios nos quais os brancos representam menos de 20% da população.

Em muitos municípios, as variáveis de renda e raça andam de mãos dadas, porque os brancos frequentemente compõem as classes mais abastadas do país. No entanto, o jornal *El País* constatou que ambas as variáveis tiveram um efeito independente nessas eleições. Ou seja, quando se comparam dois municípios com renda semelhante, os resultados de Bolsonaro tenderam a ser melhores naqueles em que havia mais eleitores brancos. A relação entre raça e voto também já havia sido observada na pesquisa do Datafolha, cuja indicação era de que Bolsonaro receberia duas vezes mais votos (68%) do que Haddad (32%) entre os brancos, ao passo que

Haddad seria o preferido pela população negra. O fosso racial se confirmou: proporcionalmente, Bolsonaro teve mais votos entre as pessoas brancas.

Não foi sem motivos que muitas pessoas negras não aderiram à candidatura do militar da reserva. Durante a campanha foram divulgados diversos episódios controvertidos a respeito de sua visão sobre a questão racial no Brasil. Em março de 2011, Bolsonaro concedeu uma entrevista ao programa *CQC*, da TV Bandeirantes. Perguntado por que era contra as cotas raciais, adotadas em várias universidades brasileiras, respondeu: "Porque todos nós somos iguais perante a lei. […] E não existe esse negócio de política afirmativa, não. Quem usa cota, no meu entender, está assinando embaixo que é incompetente. Eu não entraria num avião pilotado por um cotista. Nem aceitaria ser operado por um médico cotista". No quadro "O povo quer saber", do mesmo programa, a cantora Preta Gil lhe fez uma pergunta previamente gravada: "Se seu filho se apaixonasse por uma negra, o que você faria?", ao que Bolsonaro respondeu: "Preta, não vou discutir promiscuidade com quem quer que seja. Eu não corro esse risco, e meus filhos foram muito bem-educados e não viveram em um ambiente como, lamentavelmente, é o teu".

Em abril de 2017, já em clima de campanha eleitoral, Bolsonaro desferiu diatribes contra quilombolas e indígenas durante uma palestra no auditório do Clube Hebraica, no Rio de Janeiro. Para uma plateia de cerca de trezentas pessoas, afirmou que, se eleito presidente da República, iria acabar com as reservas indígenas e quilombolas. Na ocasião, disse ter ido a uma comunidade remanescente de quilombo em Eldorado Paulista: "Olha, o afrodescendente mais leve lá pesava sete arrobas [unidade de medida para peso de gado]. Não fazem nada. Eu acho que nem para procriador ele serve mais", o que gerou risos da plateia. As declarações levaram a procuradora-geral da República, Raquel

Dodge, a lhe denunciar por crime de racismo no Supremo Tribunal Federal.

No dia 30 de julho de 2018, o programa *Roda Vida*, da tv Cultura de São Paulo, entrevistou Bolsonaro, então candidato à Presidência da República, que falou sobre seus planos de governo, caso fosse eleito. Quando questionado sobre a política de cotas nas universidades públicas reservada a negros, respondeu que não via justiça em tal política, por entender que a ascensão às universidades e aos concursos públicos devia se dar por merecimento. Indagado se a política de cotas não seria uma resposta à dívida histórica do Brasil aos afrodescendentes, derivada do tempo da escravidão, o capitão da reserva negou: "Que dívida? Eu nunca escravizei ninguém em minha vida". Em outro momento da entrevista, ponderou: "Se for ver a história realmente, os portugueses nem pisavam na África, eram os próprios negros que entregavam os escravos". O capitão da reserva disse ainda que, se fosse eleito, iria propor ao Congresso Nacional que reduzisse o percentual das cotas de vagas nas universidades públicas reservada a negros: "Eu não posso falar que vou terminar porque depende do Parlamento. Vou propor, quem sabe, a diminuição do percentual".

No dia 23 de outubro de 2018, em plena reta final da campanha no segundo turno das eleições, Bolsonaro voltou a tratar do assunto. Em entrevista à tv Cidade Verde, afiliada do sbt no Piauí, foi interpelado sobre suas propostas para combater o crime de racismo, ao que respondeu concordar com a ideia de que, para combater o racismo, é preciso não tocar no assunto. Afirmou que iria acabar com a política de "coitadismo" de negro, mulher, gay e nordestino. Segundo o então candidato da extrema direita, "não há a menor dúvida" de que as políticas de ações afirmativas "reforçam o preconceito". As cotas raciais seriam um equívoco. "Isso não pode continuar existindo. Tudo é coitadismo. Coitado do negro, coitada da mulher, coitado do gay, coitado do nordestino, coitado do piauiense. Tudo é coitadismo no Brasil. Vamos acabar com isso", vociferou. Quem se empenhou pelo mérito, "logicamente vai ter uma vida mais tranquila de quem não se dedicou", afirmou ainda.

Portanto, ao longo da campanha eleitoral, Bolsonaro acionou a raça como um espantalho para mobilizar mentes e corações. Declarou que pretende rever as políticas públicas de combate às desigualdades raciais, seja acabando ou mesmo reformulando programas de ações afirmativas, políticas redistributivas e de reconhecimento, atacando especialmente as cotas raciais. Como se trata de promessa de campanha, seus eleitores poderão cobrar que o novo presidente implemente essa agenda regressista. Isso significa que sua chegada ao Palácio do Planalto põe em risco conquistas democráticas importantes no campo dos direitos e da cidadania da população negra.

Tais conquistas foram, em boa parte, resultado do ativismo negro, cujas denúncias e lutas contra a opressão racial fazem parte da história do Brasil. Desde pelo menos a década de 1920, os ativistas negros procuraram chamar a atenção pública para a dimensão racial da desigualdade brasileira, argumentando não ser possível haver uma autêntica democracia política ou racial no país enquanto as pessoas negras não participassem da economia, da política e da vida social nacional em igualdade de condições com as pessoas brancas.[2] Esses argumentos começaram a ser levados a sério por alguns intelectuais e acadêmicos durante as décadas de 1950, 1960 e 1970. Em suas pesquisas, constataram que ser negro diminuía as chances de mobilidade social e de realização educacional e limitava seus rendimentos, independentemente da origem social. Mesmo quando as pessoas negras quebravam as barreiras educacionais e se inseriam no mercado de trabalho formal, recebiam salários inferiores.

Outra conclusão daqueles estudos dizia respeito à consciência sobre categorias raciais no Brasil. Ainda que o espectro da cor não fosse nitidamente demarcado e que não houvesse segregação, a raça era — apesar de todas as controvérsias e sutilezas em torno de sua definição — um marcador importante na vida cotidiana dos brasileiros. A escravidão no Novo Mundo (a Abolição no país, em 1888, foi a última das Américas) deixou um legado de desigualdades raciais.

Aqueles estudiosos, que procuraram entender os entraves enfrentados pela população negra no processo de realização socioeconômica, assumiram a questão da raça como parte de uma crítica mais ampla da desigualdade na sociedade brasileira e nos modos pelos quais essa desigualdade representava obstáculos fundamentais para a construção de normas e instituições democráticas. Desse modo, eles tornaram cada vez mais cristalina a conexão entre democracia política e democracia racial, postulando que, em uma sociedade altamente desigual, racialmente estratificada como o Brasil, uma não pode existir na ausência da outra.[3]

Não foi por acaso que os avanços no debate da questão racial ocorreram em períodos de "abertura democrática". Tendo por base a trajetória do ativismo negro no Brasil pós-1930, com suas narrativas, articulações, demandas e projetos de inclusão, verifica-se que a sua ascensão se relacionou com o caráter e a estrutura institucional do regime no poder. Sob governos liberais, o ativismo negro se estruturou, chegou a ganhar musculatura e procurou se afirmar como ator político; já sob governos autoritários ou conservadores, o ativismo negro sofreu retração, perdeu influência e peso políticos. A trajetória da Frente Negra Brasileira se inscreveu nos marcos do governo provisório de Getúlio Vargas (1930-7), tendo sido extinta logo após a instalação da ditadura do Estado Novo; as organizações de recorte racial, como a União dos Homens de Cor, o Teatro Experimental do Negro e a Associação Cultural do Negro, fizeram parte do cenário da Segunda República — da redemocratização de 1945 ao golpe civil-militar de 1964; o Movimento Negro Unificado, que inaugura a fase contemporânea da luta antirracista no Brasil, foi gestado no momento de abertura política (1978), fortalecendo-se, com suas plataformas, ações coletivas e reivindicações, no bojo do processo de redemocratização do Brasil.[4]

Na fase institucional contemporânea, cujo marco é a promulgação da Constituição de 1988, o ativismo negro multiplicou seus quadros, ampliou suas ações, redes e articulações, expandiu sua capilaridade pelo território nacional, adquiriu mais reconhecimento por parte do Estado e da sociedade civil brasileira e ganhou destaque no processo de construção e consolidação da Nova República — termo utilizado para designar ao pacto de governabilidade que se seguiu ao fim da ditadura.

Já na Assembleia Nacional Constituinte, o ativismo negro funcionou como um ator político importante[5] ao levar suas demandas e sua agenda de reivindicações, o que lhe permitiu assegurar algumas conquistas na Carta Magna: os artigos 215 e 216, que mencionam a proteção às manifestações culturais afro-brasileiras, considerando-as um patrimônio cultural nacional; o artigo 68 das disposições transitórias, que reconhece o direito à terra dos "remanescentes das comunidades dos quilombos"; e o artigo 5 (inciso XLII), que tornou a prática do racismo crime sujeito a pena de prisão, inafiançável e imprescritível.

A partir da chamada "constituição cidadã", os avanços institucionais das questões da população negra, no âmbito do Estado, foram significativos. Em alguns estados e municípios foram criados órgãos e programas específicos direcionados à promoção da igualdade racial e do reconhecimento da cultura afro-brasileira, culminando com a criação, pelo governo federal, da Fundação Cultural Palmares, em pleno Centenário da Abolição da Escravidão, em 1988. Vinculada ao Ministério da Cultura, a Fundação

Palmares nasceu com o papel de ser a interlocutora entre a comunidade afro-brasileira e o poder público. Em 1996, houve o reconhecimento oficial de Zumbi, liderança legendária do quilombo dos Palmares, como herói da nação. Seu nome foi inscrito no livro dos Heróis da Pátria, que se encontra no panteão da liberdade e da democracia (lei nº 9315, de 20 de novembro de 1996).

Na década de 1990, instalou-se o debate público sobre as ações afirmativas. Fato importante, nesse sentido, foi a participação brasileira na Terceira Conferência Mundial contra o Racismo, Discriminação Racial, Xenofobia e Outras Formas de Intolerância, que se realizou em Durban, na África do Sul, em 2001. No ano seguinte, o presidente Fernando Henrique Cardoso lançou o II Programa Nacional de Direitos Humanos, que previa medidas específicas em favor dos "afrodescendentes". Pela primeira vez, o Estado brasileiro reconhecia a existência do racismo e apontava iniciativa visando fomentar políticas compensatórias com o propósito de eliminar a discriminação racial e promover a igualdade de oportunidades. Mais do que isso: o Estado brasileiro implementou pela primeira vez políticas públicas em benefício — e não em prejuízo — da população negra, o que representou um marco na história da nação, pois refletiu o "reconhecimento do governo da existência de racismo no Brasil e o fim do conceito da democracia racial".[6]

Percebendo o ciclo de oportunidades, o ativismo negro aumentou a pressão em termos de defender políticas de ações afirmativas. À luz desse princípio, o governo do estado do Rio de Janeiro, em 2001, sancionou uma lei determinando que 40% das vagas das universidades públicas estaduais deviam ser reservadas para negros. No mesmo período, o Ministério do Desenvolvimento Agrário adotou uma política de cotas raciais de 20% para a participação de homens e mulheres negros em posições administrativas e em concursos públicos — política, aliás, que o governo federal estendeu para outros ministérios e, posteriormente, para o funcionalismo público em geral.

As ações afirmativas em favor da população negra, entre elas o reconhecimento oficial da legitimidade das cotas raciais nas universidades públicas, ganharam um novo impulso no governo de Luiz Inácio "Lula" da Silva.[7] Quando começou o seu mandato como presidente da República em 2003, Lula criou a Secretaria Especial de Promoção da Igualdade Racial (SEPPIR), órgão que, com status de Ministério, visava garantir a proteção dos direitos de indivíduos e grupos étnico-raciais afetados pela discriminação e demais formas de intolerância, com ênfase na população negra. Antes da SEPPIR, porém, Lula sancionou, em 9 de janeiro de 2003, a lei nº 10.639, que alterava a Lei de Diretrizes e Bases da Educação Nacional, incluindo no currículo oficial da rede de ensino a obrigatoriedade da temática "História e Cultura Afro-Brasileira e Africana".[8]

O ensino dessa temática tem por finalidade o reconhecimento e a valorização da identidade, da história e da cultura dos afro-brasileiros, assim como a garantia de reconhecimento e igualdade de valorização das raízes africanas da nação brasileira, ao lado das indígenas, europeias e asiáticas. O dispositivo legal previa a elaboração de materiais didáticos de história que incluam narrativas cujas referências positivas aos afrodescendentes, por exemplo, redefinam seu protagonismo, salientando sua ancestralidade cultural, étnica e racial. Consistiu numa importante medida no sentido de fomentar o muticulturalismo em vista de problematizar e, quem sabe, superar o aspecto eurocêntrico ainda presente no ensino de história e das outras disciplinas nas escolas brasileiras.

Em junho de 2010, o Estatuto da Igualdade Racial, que tramitava no Congresso Nacional desde 2000, foi aprovado, com a meta de fixar direitos para os afro-brasileiros em várias estâncias da vida social, econômica e cultural. No dia 25 de abril de 2012, o Supremo Tribunal Federal julgou constitucionais as cotas raciais na Universidade de Brasília (UnB). Por unanimidade, os ministros seguiram o voto do relator do caso, o ministro Ricardo Lewandowski, para quem as políticas de ação afirmativa adotadas pela UnB estabeleciam um ambiente acadêmico plural e diversificado, e tinham o objetivo de superar distorções sociais historicamente consolidadas. Em 29 de agosto daquele ano, a presidente Dilma Rousseff sancionou a lei nº 12 711, estabelecendo cotas de no mínimo 50% das vagas das instituições federais para estudantes que tenham cursado integralmente o ensino médio em escolas públicas. O segundo artigo da lei indicava o preenchimento das vagas para os candidatos autodeclarados pretos, pardos e indígenas, em proporção igual à sua distribuição nas unidades da Federação onde estão localizadas as instituições do ensino superior, e de acordo com o último censo do Instituto Brasileiro de Geografia e Estatística (IBGE).

Verifica-se, assim, que os negros no Brasil se tornaram sujeitos de direitos,[9] o que levou alguns estudiosos a sugerirem que o país entabulou um inédito cenário político-institucional, de pós-democracia racial.[10] Certo é que o Estado brasileiro negligenciou, durante muito tempo, a existência do racismo como um problema nacional. Apesar de todas as limitações, a incorporação dessa questão na pauta estatal implicou em mudanças significativas no quadro das desigualdades raciais do país. Basta dizer que, em cerca de dez a quinze anos de vigência das ações afirmativas, quadruplicou a presença de negros no sistema de ensino superior, foram revistos os materiais didáticos sobre a história do negro no Brasil e houve o reconhecimento de centenas de comunidades quilombolas.[11]

"A DOMINAÇÃO E A ARTE DA RESISTÊNCIA"

Na história do Brasil República, a mobilização negra, com suas pautas, aspirações e ações coletivas no campo dos direitos e da cidadania, esteve intimamente ligada aos esforços de promoção da democracia de modo mais geral; e os ativistas negros tenderam a conceber tal mobilização em termos de luta em prol da construção de um projeto de nação mais justa, inclusiva e igualitária, o que passa, atualmente, pela implementação combinada de políticas públicas universalistas e específicas, baseadas em pertença identitária, em vista de promover maior participação na vida política, social e econômica nacional de um grupo que foi historicamente subalternizado. A democracia é um pré-requisito, tanto para a discussão e elaboração de uma agenda que reconheça e valorize a diversidade étnico-racial, quanto para a adoção de medidas capazes de ampliar as oportunidades econômicas, educacionais, de saúde e de qualidade de vida para o conjunto da população negra. Em outras palavras, a democracia é condição sine qua non para a construção de uma nação empenhada com o combate à discriminação e à desigualdade racial.

Caso Bolsonaro leve adiante suas promessas de campanha, no sentido de revogar ou mitigar conquistas de direitos civis significativos na promoção da igualdade racial, quem vai perder não é apenas a população negra, mas antes a democracia brasileira e o pacto nacional que foi forjado no advento da Nova República. A questão racial deve continuar fazendo parte dos desafios, debates e embates contra as iniquidades no Brasil moderno. Que o novo presidente não queira recauchutar a velha narrativa (e ideologia) de que há democracia racial no país, buscando deslegitimar o ativismo negro e encapsular o debate público sobre racismo e antirracismo.

Se a Nova República procurou integrar os afro-brasileiros a suas instituições, constituindo um campo de possibilidades e conferindo abertura para as mobilizações e demandas segundo linhas raciais, foi nos estertores da ditadura, quando os ventos da abertura sopraram, que o ativismo negro atingiu novos patamares, em um período que as elites ainda defendiam tenazmente a imagem do Brasil como uma democracia racial, rotulando de "não brasileiros", "divisionistas" ou "impatrióticos" quem quer que problematizasse questões sobre relações raciais no Brasil. Essa postura era comum entre políticos, "luminares culturais" e detentores dos meios de comunicação, para os quais os únicos problemas raciais no Brasil provinham da agitação daqueles que afirmavam haver problemas.[12]

Apesar dessas barreiras, uma nova geração de afro-brasileiros surgiu para contestar o chamado "mito da democracia racial", de uma maneira sem precedentes.[13] Esse ativismo foi uma resposta às condições de exclusão racial e autoritarismo e fez parte de uma insurgência mais ampla, abrangendo a sociedade civil, contra o regime militar. O Movimento Negro Unificado e as organizações congêneres auferiram, com o apoio de intelectuais e acadêmicos, inscrever as questões da discriminação e das desigualdades raciais na agenda política nacional e provocaram um amplo debate na sociedade sobre o modo como enfrentá-las. Diversos governos estaduais e, posteriormente, o governo federal, comprometeram-se formalmente a combater a desigualdade racial.[14]

Hoje o Brasil atravessa um momento ímpar de sua história, de indefinições periclitantes. Há um ovo da serpente sendo chocado, ou já eclodindo? Um projeto autoritário grela nas entranhas da "comunidade imaginada". O pacto nacional da constituição "cidadã" vem sendo minado.[15] Um sistema político cada vez mais híbrido, de viés antidemocrático, se manifesta por dentro das instituições do Estado. Bolsonaro talvez seja a pá de cal que faltava para enterrar a Nova República.

Essa atual onda conservadora, obscurantista e de intolerância, catalisada pelo novo presidente, pode desembocar em sérios cerceamentos às liberdades democráticas e em retrocessos no campo dos direitos e da cidadania da população negra. Com efeito, como sinalizam as experiências históricas aqui abarcadas, o fim de um ciclo de ascensão do protesto negro sempre se fez seguir, mesmo que depois de um refluxo, do início de outro. Embora nos regimes autoritários ou conservadores tendam a florescer menor mobilização racial, é importante enfatizar que foi graças sobretudo ao ativismo negro contemporâneo, impulsionado no seio de um estado ainda de exceção na década de 1970, que se alterou profundamente o discurso nacional sobre raça, tornando-a um tema notadamente político de uma maneira nunca antes vista na história brasileira.[16]

Se a raça emergirá como uma arena precípua de lutas e disputas no governo Bolsonaro, é algo a conferir, mas não se pode duvidar de que as invectivas do novo presidente — quer contra políticas públicas voltadas à população negra, quer contra ações afirmativas, especialmente aos programas de cotas raciais — sofrerão resistência por parte de grupos de direitos humanos e segmentos democráticos da sociedade civil brasileira. Resistência, aliás, que se traduzirá em uma luta de posições na esfera do "discurso oculto", do "discurso público" e da "infrapolítica", para pegar de empréstimo o repertório de James Scott.[17] Não "há vitórias definitivas nesse terreno de batalha: a poeira ainda não assentou e as incursões para reconquistar o terreno perdido já recomeçam. A naturalização da dominação está sempre a ser posta à prova em termos limitados mas significativos, particularmente nos pontos em que o poder é exercido".[18]

Seja como for, cabe uma última advertência. Os esforços em prol da igualdade racial devem ser meta de qualquer governo comprometido com o futuro e a prosperidade de uma nação que tem 54% de negros ("pretos" e "pardos", segundo o IBGE) na sua população. Não é "mimimi" e tampouco "coitadismo". Trata-se de justiça. Consiste em fazer valer os princípios das democracias modernas, fundadas no ideal de direitos civis, sociais e políticos plenos, para todos os cidadãos.

PETRÔNIO DOMINGUES é doutor em história pela USP, professor da Universidade Federal de Sergipe (UFS) e Bolsista Produtividade em Pesquisa (CNPq). Autor de várias publicações, entre as quais o livro *Estilo avatar: Nestor Macedo e o populismo no meio afro-brasileiro* (São Paulo: Alameda, 2018).

NOTAS

1. "Bolsonaro divide o Brasil: Arrasa nas cidades mais brancas e mais ricas". Disponível em: <https://brasil.elpais.com/brasil/2018/10/29/actualidad/1540828734_083649.html>. Acesso em: 16 dez. 2018.

2. Petrônio Domingues, "Movimento negro brasileiro: Alguns apontamentos históricos". *Tempo*, Universidade Federal Fluminense, Niterói, v. 23, pp. 113-36, 2007. Paulina L. Alberto, *Terms of Inclusion: Black Intellectuals in Twentieth-Century Brazil*. Chapel Hill, NC: The University of North Carolina Press, 2011.

3. George R. Andrews, "Black Political Mobilization in Brazil, 1975--1990". George R. Andrews e Herrick Chapman (Orgs.). *The Social Construction of Democracy, 1870-1990*. Nova York: New York University Press, 1995, pp. 218-40. Edward Telles, *Racismo à brasileira: Uma nova perspectiva sociológica*. Rio de Janeiro: Relume Dumará; Fundação Ford, 2003.

4. George R. Andrews, op. cit.

5. Amilcar Araujo Pereira, *O mundo negro: Relações raciais e a constituição do movimento negro contemporâneo no Brasil*. Rio de Janeiro: Pallas, 2013.

6. Edward Telles, op. cit., pp. 75-6.

7. Márcia Lima, "Desigualdades raciais e políticas públicas: Ações afirmativas no governo Lula". *Novos Estudos CEBRAP*, São Paulo, n. 87, pp. 77-95, 2010.

8. Matilde Ribeiro, *Políticas de promoção da igualdade racial no Brasil (1986-2010)*. Rio de Janeiro: Garamond, 2014.

9. Tianna S. Paschel, *Becoming Black Political Subjects: Movements and Ethno-Racial Rights in Colombia and Brazil*. Nova Jersey: Princeton University Press, 2016.

10. Antonio Sérgio Alfredo Guimarães, "Depois da democracia racial". *Tempo Social*, Universidade de São Paulo, São Paulo, v. 18, n. 2, pp. 269-87, 2006. Marshall C. Eakin, *Becoming Brazilians: Race and National Identity in Twentieth-Century Brazil*. Nova York: Cambridge University Press, 2017.

11. Monica Grin, *"Raça": Debate público no Brasil (1997-2007)*. Rio de Janeiro: Mauad, 2010. Jocélio Teles dos Santos (Org.), *O impacto das cotas nas universidades brasileiras (2004-2012)*. Salvador: Ceao, 2013.

12. Thomas E. Skidmore, *O Brasil visto de fora*. Rio de Janeiro: Paz e Terra, 1994, p. 137. Karin Sant'Anna Kössling, "Vigilância e repressão aos movimentos negros (1964-1983)". Flávio Gomes e Petrônio Domingues, *Experiências da emancipação: Biografias, instituições e movimentos sociais no pós-abolição (1890-1980)*. São Paulo: Selo Negro, 2011, pp. 287-307.

13. Michael George Hanchard, *Orfeu e o poder: Movimento negro no Rio de Janeiro e São Paulo*. Rio de Janeiro: Eduerj, 2001.

14. David Covin, *The Unified Black Movement in Brazil (1978--2002)*. Jefferson, NC: McFarland & Company, 2006.

15. A Constituição de 1988, que consolidou avanços sociais e políticos importantes, tem sido desrespeitada em vários momentos, como quando os ministros do Supremo Tribunal Federal relativizam o princípio da presunção da inocência e o conceito do transitado e julgado; quando juízes decidem unicamente por sua vontade e ideologia, ou quando determinações dos Comitês de Direitos Humanos da Organiza-

ção dos Estados Americanos (OEA) e da ONU, às quais o Brasil fica subordinado por adesão voluntária e vinculante, têm sido desobedecidas justamente por autoridades que, anteriormente, haviam se pronunciado pela obrigatoriedade de seu cumprimento.

16. George R. Andrews, "O protesto político negro em São Paulo (1888-1988)". *Estudos Afro-Asiáticos*, Rio de Janeiro, n. 21, pp. 27-48, 1991. Petrônio Domingues e Flávio Gomes (Orgs.), *Políticas da raça: Experiências e legados da Abolição e da pós-emancipação no Brasil*. São Paulo: Selo Negro, 2014.

17. James Scott, *A dominação e a arte da resistência: Discursos ocultos*. Lisboa: Letra Livre, 2013.

18. James Scott, op. cit., p. 271.

REFERÊNCIAS BIBLIOGRÁFICAS

ALBERTO, Paulina L. *Terms of Inclusion: Black Intellectuals in Twentieth-Century Brazil*. Chapel Hill, NC: The University of North Carolina Press, 2011.

ANDREWS, George R. "Black Political Mobilization in Brazil, 1975-1990". In: _____; CHAPMAN, Herrick (Orgs.). *The Social Construction of Democracy, 1870-1990*. Nova York: New York University Press, 1995, pp. 218-40.

_____. "O protesto político negro em São Paulo (1888-1988)". *Estudos Afro-Asiáticos*, Rio de Janeiro, n. 21, pp. 27-48, 1991.

COVIN, David. *The Unified Black Movement in Brazi (1978-2002)*. Jefferson, NC: McFarland & Company, 2006.

DOMINGUES, Petrônio. "Movimento negro brasileiro: Alguns apontamentos históricos". *Tempo*, Universidade Federal Fluminense, Niterói, v. 23, pp. 113-36, 2007.

_____; GOMES, Flávio (Orgs.). *Políticas da raça: Experiências e legados da*

Abolição e da pós-emancipação no Brasil. São Paulo: Selo Negro, 2014.

EAKIN, Marshall C. *Becoming Brazilians: Race and National Identity in Twentieth-Century Brazil*. Nova York: Cambridge University Press, 2017.

FANON, Frantz. *Pele negra, máscaras brancas*. Porto: Paisagem, 1975.

GRIN, Monica. *"Raça": Debate público no Brasil (1997-2007)*. Rio de Janeiro: Mauad, 2010.

GUIMARÃES, Antonio Sérgio Alfredo. "Depois da democracia racial". *Tempo Social*, Universidade de São Paulo, São Paulo, v. 18, n. 2, pp. 269--87, 2006.

HANCHARD, Michael George. *Orfeu e o poder: Movimento negro no Rio de Janeiro e São Paulo*. Rio de Janeiro: Eduerj, 2001.

KÖSSLING, Karin Sant'Anna. "Vigilância e repressão aos movimentos negros (1964-1983)". GOMES, Flávio; DOMINGUES, Petrônio. *Experiências da emancipação: Biografias, instituições e movimentos sociais no pós-abolição (1890-1980)*. São Paulo: Selo Negro, 2011, pp. 287-307.

LIMA, Márcia. "Desigualdades raciais e políticas públicas: Ações afirmativas no governo Lula". *Novos Estudos CEBRAP*, São Paulo, n. 87, pp. 77-95, 2010.

PASCHEL, Tianna S. *Becoming Black Political Subjects: Movements and Ethno-Racial Rights in Colombia and Brazil*. Nova Jersey: Princeton University Press, 2016.

PEREIRA, Amilcar Araujo. *O mundo negro: Relações raciais e a constituição do movimento negro contemporâneo no Brasil*. Rio de Janeiro: Pallas, 2013.

RIBEIRO, Matilde. *Políticas de promoção da igualdade racial no Brasil (1986--2010)*. Rio de Janeiro: Garamond, 2014.

SANTOS, Jocélio Teles dos (Org.). *O impacto das cotas nas universidades brasileiras (2004-2012)*. Salvador: Ceao, 2013.

SCOTT, James. *A dominação e a arte da resistência: Discursos ocultos*. Lisboa: Letra Livre, 2013.

SKIDMORE, Thomas E. *O Brasil visto de fora*. Rio de Janeiro: Paz e Terra, 1994.

TELLES, Edward. *Racismo à brasileira: Uma nova perspectiva sociológica*. Rio de Janeiro: Relume Dumará; Fundação Ford, 2003.

Psicologia das massas digitais e análise do sujeito democrático

Christian Ingo Lenz Dunker

INTRODUÇÃO

Dentro da experiência política, conservadora ou progressista, há situações nas quais as condições para a sustentação do sujeito democrático se encontram ameaçadas. Essas condições compreendem correlatos psíquicos de certas disposições políticas, por exemplo, a capacidade de empregar a razão livremente em espaço público, o reconhecimento da palavra como meio para tratar conflitos e a ideia de que aqueles que não pensam como você ainda assim são sujeitos, capazes de liberdade e equidade diante da lei.

Há situações psíquicas, no interior das quais deixamos de adquirir ou perdemos nossa capacidade de uso autônomo da razão, por exemplo, quando estamos apaixonados, hipnotizados ou sob funcionamento de massa. Nesses casos, suspendemos nossa crença na palavra como instância de mediação de conflitos, resistimos a escutar o outro e podemos nos lançar em atividades impulsivas, cujo objetivo é suspender o trabalho da lembrança e do pensamento (*acting out*). Tendemos a esquecer ou a evitar lembrar aspectos dolorosos de nós mesmos e de nossa própria história. A descrição clássica do estado de massa envolve o contágio de afetos, como os que se observa em uma multidão enfurecida, um Exército em pânico ou uma assembleia de religiosos em comoção. No estado de massa somos tomados por uma espécie de amnésia e de falsa coragem, e dizemos e fazemos coisas que nunca nos autorizaríamos se estivéssemos sozinhos, com nossa consciência. Suspendemos a hipótese de que os outros são sujeitos como nós e os tratamos como objetos ou instrumentos de nossas crenças e interesses, destituindo-lhes a inclusão em nosso paradigma de humanidade. Dessa forma, transformam-se em estrangeiros que não falam nossa língua, em monstros que não seguem nossas leis e animais destituídos de nossa racionalidade.

O conceito de democracia, dos gregos até a modernidade, não envolve apenas o uso livre da palavra, a justiça na distribuição de cargos públicos e a igualdade diante da lei. Não é apenas eleição de representantes e instituições que realizam as leis coletiva e consensualmente firmadas, mas também uma perspectiva sobre o futuro. Há democracia quando reconhecemos que nem toda lei já está escrita e decidimos, portanto, o caminho que devemos tomar. Nesse devir do conceito de democracia há uma regularidade histórica importante. Com recuos e progressos, reconhecemos que a história da democracia é a história da inclusão de mais sujeitos, daí que o ideal seja a realização da universalidade concreta dos projetos de emancipação.

Essas três condições negativas de risco para a democracia — a perda da liberdade da palavra, a restrição do outro como sujeito e a regressão da razão — bem como a perspectiva positiva de realização do sujeito foram examinadas por Freud em seu texto "Psicologia das massas e análise do eu".[1] Esse trabalho serviu de inspiração para muitos estudos sobre a ascensão de políticas autoritárias e totalitárias em situações experimentais,[2] históricas[3] e cenários sociais específicos.[4] Para Freud, nossa dificuldade com a democracia poderia advir de três disposições psíquicas combinadas e favorecidas em situação de instabilidade política: a identificação de massa, a colocação de um líder como objeto de nosso ideal de eu e a emergência de formas regressivas e segregativas de amor. Se esses três fatores compreendem ameaças psicológicas às condições históricas constitutivas da democracia, deduz-se, além disso, a diferença entre uma *democracia inclusiva*, que pretende ampliar o escopo dos que dela participam, e uma *democracia exclusiva*, que se resigna a manter ou reduzir a extensão do sujeito democrático no contexto do horizonte político. Excluir ou incluir depende de como negociamos nossa condição de indivíduos diante de formações de grupo, de classe e de massa.

Argumento que a experiência democrática brasileira está sob risco em decorrência de certas transformações específicas pelas quais passamos, notadamente de 2013 a 2018, período no qual emergiram massas digitais com sua nova economia de identificações. Essas massas facultaram um novo tipo de idealização na política, uma nova mítica e um novo tipo de carisma, que permite ao líder político confrontar discursivamente a institucionalidade, no que se convencionou chamar de antipolítica, representada pelos candidatos antissistema. Quando nossos grupos de referência passam a funcionar ao modo de massas digitais e quando a idealização do líder torna cada um de nós um herói em potencial, os afetos assumem uma dinâmica segregativa. A ação conjunta desses movimentos redundou na explicitação de um programa político, eleitoralmente vencedor, baseado no ódio antipetista, que acena para um modelo de democracia exclusiva ou excludente e requer a consequente redução do sujeito democrático. Anuncia-se diante de nós que a democracia não é para todos, que é preciso reduzi-la para que ela funcione.

Funcionando como massa, como as que se formam artificialmente no Exército ou na igreja, o indivíduo comum se sente forte e poderoso. Seu discernimento cai, ele se torna crédulo, impulsivo e excitável. Quando contrariado, emerge a certeza reativa e incorrigível, a suspensão de inibições, a regressão cognitiva e o ódio. Freud afirma que "as massas não têm sede de verdade", uma vez que esta depende da circulação da palavra, por isso estão sempre propensas à violência.

Se a massa é anônima, o grupo[5] é composto por pessoas que se reconhecem. Se as massas impõem estados alterados de afeto e de consciência, o grupo demanda um trabalho de composição entre demandas de homogeneidade e ajustamento com esforços de diferenciação e singularidade. A economia de grupos, como a família ou a comunidade, envolve uma rivalidade, periódica ou permanente, com outros coletivos. A luta pelo reconhecimento é necessária para manter a coesão do grupo a que se pertence. Quando se enfraquece a adversidade com outros grupos surge o narcisismo das pequenas diferenças, ou seja, a tendência a dividir o grupo ao que se pertence de acordo com diferenças cada vez menores e mais insignificantes. De tal forma que aqueles que são mais semelhantes e contíguos — aqui Freud cita portugueses e espanhóis, alemães do Sul e do Norte — têm mais propensão a se manter em rivalidade constante por diferenças cada vez menores.

Não devemos confundir o funcionamento de massa, que é baseado na redução de si e do outro ao anonimato, com a perda e a anulação da individualidade decorrentes do funcionamento de grupo, por exemplo famílias e grupos de trabalho, nos quais a história e os traços de cada um são preservados e definidos pela sua relação com os outros. A tensão entre o funcionamento de massa ou de grupo se opõe ao que se poderia chamar de consciência de classe ou o engajamento livre e autônomo em um projeto coletivo, definido por interesses comuns. Muitos psicanalistas tentaram isolar as características de grupos que se orientam para o trabalho, para a tarefa ou para um fim comum, e não para a manutenção ou exageração de sua própria identidade. Indivíduos lutam ao mesmo tempo por reconhecimento dentro dos seus grupos de pertença, e como parte de grupos que lutam entre si. Massas, ao contrário, supõe a dissolução dos interesses individuais, que são reduzidos aos traços dos grupos aos quais pertencem.

Essa configuração foi alterada completamente pela introdução da linguagem digital, o que permitiu a formação e a aproximação de grupos separados espacialmente e, ao mesmo tempo, a manipulação do anonimato, como observamos no funcionamento de massa, por meio de recursos como avatares, perfis falsos e algoritmos.

Entre 2013 e 2018,[6] as redes sociais digitais se tornaram amplamente disponíveis para os brasileiros, introduzindo a experiência da massa digital para indivíduos não advertidos de suas peculiaridades. Isso não ocorreu apenas pelo transporte de grupos "naturais" para seu equivalente "digital", mas também pelo funcionamento, ascendente e acelerado, dos grupos e coletivos segundo o tipo de identificação típico das massas. Esse processo ocorre de forma concomitante com a expansão da cidadania e do consumo, nos anos do lulo-petismo, e está coligado ao aumento da mobilidade social e a consequente instabilidade identitária, com as novas exigências simbólicas de pertencimento de classe e seus respectivos signos de legitimação.

Entre 1992 e 2015, a expansão da democracia brasileira e do suporte discursivo digital redefiniu a gramática de reconhecimento entre indivíduos, grupos e massas. Nesse mesmo período, 42 milhões de pessoas passaram da miséria para a pobreza e da pobreza para a classe média.[7] Em 2018, 64,7% dos brasileiros tinham algum acesso à internet,[8] com alto uso de redes sociais e suportes de conversação, majoritariamente por telefones celulares. Planos populares e bandas largas colocaram nosso uso de redes sociais, como Facebook e WhatsApp, entre os mais altos do mundo.[9] O mercado do saber e das notícias se tornou acessível e indiferente a antigas hierarquias e regras reguladoras. Vários efeitos imprevisíveis foram produzidos desde que a primeira geração de nativos digitais, nascida depois de 1995, emergiu como ator político. Novas comunidades, redes de apoio, de amizade, de solidariedade e de cooperatividade se reuniram em torno de plataformas, comunidades e influenciadores digitais. Surge, então, um novo sistema de reconhecimento, de hierarquia simbólica e de autoridade.

Se as novas massas e coletivos digitais prescindem de ideais bem formados e imagens representativas, elas podem envolver traços de estilo, de apresentação ou de consumo ligados pelo contágio afetivo por efusão ou como defesa coletiva contra a angústia. Coletivos agrupados em torno de teorias da conspiração e grupos reunidos contra um inimigo comum se tornaram tão frequentes como pequenas sociedades que gravitam em torno de uma personalidade famosa ou subcelebridade especificamente criada pela sua capacidade de reunir seguidores.

Muitos atribuem a vitória eleitoral de Jair Bolsonaro ao uso das redes sociais como o WhatsApp, parasitadas por postagens anônimas e compradas por grupos privados. Independente da veracidade e da extensão desse fator, não se pode negar que sua campanha obteve sucesso graças ao universo digital. Isso parece se prolongar em um estilo de governança no qual postagens em redes sociais substituem lentamente assessorias de imprensa e demais mediações institucionais.

Poucos notaram, entretanto, que junto com isso triunfou uma nova estrutura de grupos familiares em aplicativos de mensagens, submetidos a um funcionamento discursivo de massa, no qual as dimensões pública e privada parecem estar em permanente oscilação. O fenômeno mais típico dessa regressão ao estado de massa é a impossibilidade de se fazer escutar por argumentos ou fatos, além da irrelevância relativa das fontes. No interior de uma batalha discursiva, o uso de fake news, de forma intencional ou ingênua, é bastante facilitado. Os interlocutores repetem monólogos com crescente agressividade. A regressão ao funcionamento de massa, com sua estereotipia e certeza dogmática, produziu um extenso sentimento de divisão social, rompendo laços e dissociando relações.

IDEAIS E SEUS OBJETOS

Mobilidade social, expansão do consumo e linguagem digital trazem consigo a redefinição de ideais. Cada vez que nos aproximamos de nossos ideais, seja porque nossos filhos ingressam em uma universidade, seja porque a família pode viajar nas férias, seja ainda porque podemos dedicar parte do orçamento doméstico aos cuidados com higiene e beleza, é preciso vivenciar o luto e deixar para trás uma forma de vida que foi superada, mas também acomodar nossas aspirações de desejo a um novo cenário. A distância entre os ideais e os objetos é essencial para que os primeiros mantenham sua função simbólica organizativa para o desejo. Contudo, a experiência digital parece reduzir a distância entre eles, estimulando a ilusão subjetiva de que imagem e objeto se acasalam perfeitamente em ideais realizados de sucesso, felicidade ou beleza. Essa ilusão de adequação induz dolorosos efeitos de descompressão narcísica. Quando passamos abruptamente da experiência digital, com sua velocidade e aceleração típica, para a vida real, o choque com camadas sobrepostas de preconceito, com dificuldades inesperadas e injustiças comparativas se torna muito mais doloroso e eventualmente traumático.

É possível que a descoberta da distância entre democracia ideal e real tenha sido experimentada como traição e violação brutal de expectativas e de promessas. Sobre o fundo dessa decepção estão casos de corrupção, desgoverno e inépcia administrativa, que justificaram uma descontinuidade institucional que afetou a Presidência do país em 2016. O processo foi percebido pela esquerda como aplicação seletiva da lei, e pela direita como uma espécie de retomada legítima do poder. Do ponto de vista do progresso da democracia, estávamos diante de um momento agudo de reformulação das regras do poder vigentes desde a redemocratização. Porém, do ponto de vista social, corria o conflito agudo de reformulação de ideais e de reconhecimento de novos sujeitos políticos, não mais definidos pela hierarquia representativa, mas por gênero, raça, idade, afinidade estética ou moral, particularmente de natureza religiosa.

O sentimento social de igualdade e diversidade, próprio dos momentos cosmopolitas de expansão da experiência democrática, tem um efeito colateral que Lacan chamou de paixão crescente "pela posse e pelo prestígio nos ideais sociais".[10] A democracia periodicamente instabiliza e recria o valor dos signos sociais de prestígio pelos quais somos reconhecidos como indivíduos pertencentes a um grupo específico. A história da individualização na modernidade poderia ser recontada a partir da luta por reconhecimento, ou seja, pela deriva e substituição de ideais que se realizam nos verdadeiros indivíduos.

A cada novo patamar da democracia é preciso redefinir, não sem conflito, qual é a lei geral de reconhecimento e sua abrangência para quem atribuímos a condição de sujeito. É por isso que essa definição se faz acompanhar, sistematicamente, de tentativas de generalização de tais critérios a nações e culturas vizinhas. Em momentos como esses, emergem certos tipos sociais que encarnam e representam a diferença de individualização que está em disputa. O paradoxo do individualismo democrático está no descompasso entre seu processo e seus fins. Em outras palavras, os meios democráticos de simbolização, representados por instituições, regras sociais, recursos de linguagem e conceito, parecem sempre muito atrasados em relação a nossas expectativas de realização de desejo, liberdade, igualdade e universalidade.

Forma-se assim uma espécie de disputa em torno das exceções, pois há indivíduos que parecem mais indivíduos do que outros. Lacan menciona alguns exemplos disso: o recordista, que mede sua produtividade como o empresário ou o esportista fora de série; o filantropo, que representa a excepcionalidade moral; e a estrela, que é o caso ímpar na experiência estética, cujo talento singular é insubstituível.[11] Esses tipos são a expressão do mito do indivíduo realizado. Ele é o ponto simbólico que separa a lei que vale para todos e a que vale para alguns. Os que não realizam esse ideal estão restritos a serem "mais uns" em sua *servidão no trabalho*. São figuras sem qualidade, indivíduos definidos por sua função. São pessoas sem distinção. Esse conflito imaginário entre heróis e "ninguéns", entre a elite corrupta e as pessoas comuns, parece ter encontrado seu apogeu na eleição de 2018.

A expansão da democracia cria um empuxo ao herói, como lugar de excepcionalidade, induzindo a idealização de líderes de um lado e o sentimento de inadequação e fracasso, de outro. Isso traz efeitos de aumento da tensão agressiva entre indivíduos e força uma reorganização geral das identificações.[12] O impulso para a luta de prestígio e de distinção cria uma espécie de negação da democracia recém-alcançada. Por isso o bolsonarismo captou ao mesmo tempo o sentimento social contra intelectuais, artistas e políticos, e o desejo de retorno a uma elite mais antiga, como o

Exército, combinada com uma nova elite moral formada por pastores neopentecostais.

É esse processo que alguns autores chamam de cansaço[13] ou de morte da democracia. Tocqueville já tinha observado, no contexto da revolução americana de 1776, que o progresso da democracia deixa a comunidade e as tradições que a tornaram possível para trás, produzindo um efeito de individualismo, egoísmo e indiferença.[14] No sistema democrático nos tornamos cada vez mais estranhos às nossas comunidades de origem. Por isso, os discursos de natureza teológica ou religiosa, que enfatizam a importância de nossa comunidade de origem são, tendencialmente, antidemocráticos. Eles afiram uma espécie de lealdade primária e natural que a verdadeira democracia coloca sempre à prova.

A promissora democracia digital, com seus milhões de novos participantes, sofreu um duro golpe quando as instâncias que detêm a mediação simbólica, ou seja, aqueles que cuidam da palavra e do conflito, como imprensa, Judiciário, artistas e intelectuais, sofreram abalos consideráveis em termos do seu autofinanciamento e de sua reputabilidade social. Isso parece ter alterado a representação da ciência e do sistema de distribuição dos saberes instituídos. Por exemplo, descobrir que a ciência tem diferentes posições, igualmente válidas, sobre um determinado problema, desfaz a aura de sua autoridade vertical e os fundamentos de seu poder. Isso leva à tentação de considerar que outras ideias, ligadas a crenças seculares, também poderiam ser elevadas à condição de participante legítima do jogo do conhecimento. Se há aspectos ainda não concluídos na teoria darwiniana da evolução, não haveria também algum espaço para o criacionismo? Não se trata da ciência, ela mesma, mas da sua representação social. A internet aproximou as pessoas comuns do funcionamento da ciência, desfazendo o mito da unidade e consenso da ciência, bem como da autoridade do cientista.

A tensão agressiva e imaginária não tardou a responder em espelho regressivo, altamente sensível ao discurso demagógico: "Se você pode ser feminista, eu posso ser machista; se você pode defender a causa dos negros, eu defenderei a branquitude; se pode haver passeata LGBT, por que não uma dedicada ao orgulho hétero?". O que se ignora nesse procedimento de equivalência é justamente que a causa feminista ou antirracista visa incluir pessoas que estão de fato ou de direito excluídas da democracia, ao passo que os argumentos reversos defendem uma democracia exclusiva. Ou seja, uma democracia definida por seu passado se confronta com uma democracia definida pelo seu sujeito futuro.

AFETOS SEGREGATIVOS

Se para Freud a tendência ao funcionamento de massa é um obstáculo para a democracia, como regime de livre uso da palavra e da razão, Lacan acrescenta a esse cenário o problema da luta por distinção e reconhecimento. A expansão da democracia é interpretada de modo ambivalente, como perda de privilégios, para alguns, e como conquista de novos direitos, para outros. Surge assim uma disputa pela excepcionalidade, que separa alguém da massa, por seus dotes e méritos individuais, mas também pelo pertencimento a um grupo particular: a estrela, o recordista, o filantropo e o criminoso. Percebe-se que o exemplo do criminoso como figura de excepcionalidade se ajusta ao caso brasileiro, em particular à condição do ex-presidente Lula, preso e aparentemente derrotado por outra figura de excepcionalidade, o juiz Sergio Moro.

A situação de aumento da percepção social de igualdade, de acesso de novos sujeitos à expressão política e de reconhecimento institucional de excluídos torna tentadora a hipótese de remeter decepções e infortúnios ao "outro", entendido como excepcionalidade ilegítima. Surge assim o ódio contra aquele que teria "roubado" uma parte de meus direitos.

Sabe-se que, em situações traumáticas ou de alta complexidade, nas quais o aparelho psíquico não dispõe de recursos para simbolizar as experiências que tem diante de si, duas atitudes são mobilizadas: a negação da diferença e a afirmação repetitiva de um único ponto representativo. A negação nos incita a reconfirmar nossas crenças e a agir dissociativamente em relação ao que sabemos, segundo a fórmula "sei muito bem algo, mas continuo a agir como se não soubesse", o que torna o sujeito eclético ou refratário à contradição. A reafirmação de um ponto dogmático de certeza opera de forma complementar. O procedimento consiste em fazer crescer o número de concordantes, aumentando com isso o sentimento de verdade, o que reassegura a identificação do sujeito com o grupo. Nesse ponto, o processo democrático brasileiro confrontou três afetos distintos no campo conservador: a indiferença, o ódio ambivalente e o ódio segregativo.

Aqueles que defenderam genuinamente uma democracia conservadora são, por tradição, indiferentes aos costumes alheios. Preocupados com a sua própria comunidade de origem, advogam a indiferença como afeto político fundamental. Isso por um lado aumenta a tolerância com a diversidade dos costumes e, por outro, torna menos perceptível ou urgente a diminuição das desigualdades sociais.

Já os pseudoconservadores[15] experimentam ódio instrumental diante da diversidade. Neles convive uma ambivalência entre a identificação de grupo e de massa. Amam a lei que os protege, mas odeiam a que os restringe e limita. Líderes populistas, sejam eles de esquerda ou direita, frequentemente se aproveitam desse sentimento para se apresentar como representantes da lei pessoalizada. Surge então uma figura paterna, a quem devemos incondicionalmente obedecer em troca de segurança; caso contrário, a lei se inverterá de modo punitivo ou persecutório. Quanto mais idealização houver da mítica parental familiar, maior a necessidade de destinar o ódio para grupos e comunidades não semelhantes à nossa família ou aos valores de nossa comunidade. O pseudoconservador oscila entre uma identificação de grupo, com os amigos, e uma identificação de massa, com os inimigos.

O risco maior para a democracia brasileira reside na emergência de discursos que se ajustam ao que Adorno chamou de *síndrome fascista*,[16] cujo afeto dominante é o ódio segregativo. Aqui, a mera existência do outro, que não experimenta os mesmos valores e não goza da mesma maneira que "nós", torna-se uma ofensa perturbadora. É assim que ele deixa de ser um indivíduo singular e passa a valer pelo grupo ao qual pertence e, finalmente, se desumaniza na massa informe. Venerar, supersticiosamente, um líder, em atitude de submissão acrítica e estereotipada, é a contrapartida desse processo. Dessa forma, a excepcionalidade legítima se posiciona do lado do sujeito, autorizando a emergência de afetos segregativos contra a massa inimiga. Há uma redução dualista das pessoas, como líder-seguidor ou vencedor-fracassado, bem como uma projeção essencialista do inimigo.[17] Aqui, predomina a identificação de massa e uma espécie de reação hipnótica de ódio que age por contaminação. Por exemplo, se o PT tem casos de corrupção, as pessoas que simpatizam com ele são automaticamente defensoras da corrupção ou, até, corruptas elas mesmas. A contiguidade do ódio passa do PT para o comunismo, daí para o esquerdismo, gênero, ideologia e disso para qualquer sintagma que contenha a expressão "social" (por isso o Partido Nacional Socialista de Hitler se torna automaticamente de esquerda).

O golpe é perfeito, pois cria animosidade contra o pouco de estado de bem-estar social e de redução da desigualdade que se obteve até então, vestindo-o com o manto do inimigo comunista.

Expressões como "esquerdopatia" deixam de ser uma alegoria, metáfora ou exagero retórico, tornando-se parte da crença delirante de que as pessoas que pensam e votam à esquerda estão realmente sancionando e endossando as milhões de mortes ocasionadas por ditadores cubanos, chineses, soviéticos ou cambojanos. Uma vez percorrido esse circuito de ilações, eles merecem ser odiados e punidos.

O desejo de retornar ao tempo da ditadura militar, elogiando o capitão torturador Ustra e toda a parafernália de precariedades antidemocráticas que caracterizam o discurso de Bolsonaro,[18] adquire assim uma funcionalidade para o pensamento de massa e para a gramática segregativa de afetos. A troca infantilizadora, que transfere ao pai todos os poderes e a ele se submete em troca de segurança, ajusta-se ao figurino antidemocrático ao convencer o eleitor de que suas convicções morais em "bons valores" e tudo o que caracteriza as "pessoas de bem" constituem um elemento protetivo natural contra as mazelas da pobreza e da violência social. A crueldade e a violência serão aplicadas aos outros.

O SUJEITO DEMOCRÁTICO

O risco antidemocrático depende de um molde específico que liga o pior, sempre disponível em nosso modo de funcionamento normalopático, com as condições sociais precárias de nossa institucionalidade. No Brasil da aurora bolsonariana isso se realizou por meio de um judicialismo pedagógico baseado na redução do escopo daqueles considerados sujeitos. O judicialismo reduz a democracia a um conjunto de regras formais que submetem a ética e a política. Ele catalisa o sentimento de impunidade e desigualdade diante da lei em uma caça às exceções e aos privilégios. É um judicialismo pedagógico, porque serve de modelo para as demais relações de autoridade: o professor, o médico, o líder religioso. Com isso, a aplicação da lei é paradigmaticamente criminal, deixando de lado as que agem fora dessa excepcionalidade, como leis trabalhistas e de direitos sociais.

Encorajando a intolerância e a violência, manifestadas pela retórica do armamento, do policiamento ostensivo e do Exército no poder, esse discurso possui um efeito capilar e imediato que autoriza a opressão às populações vulneráveis por grupos majoritários. Provavelmente isso não ocorrerá por meio de atos institucionais de arbitrariedade, mas pela terceirização da violência, particularmente de ações agressivas praticadas por seus partidários. Nesse sentido, a expressão "excludente de ilicitude"[19] parece ser uma palavra-chave, na qual o próprio presidente libera a violência para seus eleitores e apoiadores.

A propensão a atacar as liberdades civis, intelectuais, artísticas e da imprensa crítica, e a tendência a limitar o uso da palavra e do corpo, seja pela judicialização, seja pela degradação moral, completam o quadro da passagem antidemocrática que o Brasil poderá enfrentar. A redução do sujeito democrático pode nos levar a uma espécie de democracia tutelada, que poderá ser praticada pelo Judiciário, pelo Exército ou, ainda, diretamente por grupos econômicos. Por exemplo, caso haja acentuado déficit fiscal, o governo pode depender do sistema bancário privado para adquirir recursos financeiros; ou, ainda, reformas no sistema financeiro estatal podem ocorrer sob tutela de empresários e bancos, sem que haja uma ocupação formal de cargos no governo. Esse é o modelo em curso na Hungria e na Turquia, onde uma democracia formal, com eleições e participação popular, foi combinada com austeridade econômica, ataque à liberdade de expressão e segregação de estrangeiros e minorias.

Muitos argumentam que o conceito de fascismo traz mais dificuldades do que nos ajuda a entender os riscos que a democracia enfrenta, não só no Brasil. É correto dizer que muitos dos traços do fascismo histórico, associados com os totalitarismos dos anos 1930, encontram-se ausentes em nosso cenário. Mas, se quisermos pensar a história da democracia como um progresso não linear e contínuo, é preciso incluir também o seu antípoda mais claro, sem que isso carregue uma exageração que nos impeça de ver de suas formas atualizadas.

Em trabalhos anteriores, caracterizei a democracia brasileira como uma democracia de condomínios, ou seja, uma experiência institucional e comunitária baseada na demissão tácita ou explícita do Estado em relação a certas formas de vida.[20] Esse estado de democracia reduzida, acessível apenas aos que se protegem entre muros, convive com a massa excluída e segregada de maneira resignada, apesar dos efeitos progressivos de violência e da anomia social. Esse modelo lida com a lei administrando seletivamente, por meio de síndicos ou gestores, certos favores e reprimendas. O condomínio é, sobretudo, um funcionamento de grupo que relega a massa à condição indiferenciada de "quase pessoas", aqueles que vivem do outro lado do muro da democracia e da cidadania.

A ascensão de discursos e práticas antidemocráticas no Brasil deve muito à desmontagem do pacto condominial, pelo qual ilhas de cidadania artificial mantinham massas segregadas atrás de muros simbólicos e síndicos administrando interesses públicos em benefícios privados, sob a sombra da imagem de um Brasil da cordialidade e da democracia racial. O avanço de direitos civis e a ampliação da cidadania, configurada pela implantação da Constituição de 1988, a revelação do mutualismo entre Estado e empreiteiras e as novas demandas de ocupação do espaço público forçaram os muros do condomínio para um novo tipo de autoridade e para um novo pacto social. No entanto, o sistema manteve um regime de controle liberal da economia, com ocupação do Estado por grupos historicamente patrimonialistas. A pauta comportamental ou identitária passou a representar cada vez mais a esquerda como "defensora do social", enquanto a direita permanecia confinada nos espaços econômicos e em seus embaraços trabalhistas, tributários e previdenciários. Formava-se, assim, um tipo de governabilidade baseada na pseudorrealização de interesses públicos: empreiteiras decidindo obras de infraestrutura, políticos negociando cargos em interesses privados, segregação de vasta parte da população atrás de muros.

Esse pacto condominial parece ter entrado em crise quando o funcionamento de massa se impôs ao dos grupos organizados no último processo eleitoral. A mudança da retórica defensiva para o discurso ofensivo, por parte da direita conservadora brasileira, indica que a colonização ideológica do outro se tornou objetivo estratégico. Não mais a indiferença e o medo, mas o ódio e a culpa comandam nossa economia de afetos políticos.

A democracia tutelada, cujo sujeito é exclusivo e não inclusivo, é para quem pode pagar. Ela não coloca em risco apenas a perda de direitos, mas advoga a implantação acelerada de uma nova política econômica. Nesse sentido, não é um acaso que Bolsonaro se eleja com uma agenda bífida, ostensivamente neoliberal na economia[21] e explicitamente conservadora com os costumes.

A encruzilhada que a democracia brasileira enfrenta coloca de um lado o retorno a um Estado que protege e reforça laços de condomínio, definidos por grupos investidos por poderes excepcionais, e de outro a recente ampliação da democracia, que alcançou um número considerável de sujeitos que agora terão parte de seus direitos reduzidos. Fica a pergunta se nos chocaremos contra muros mais duros e contra síndicos mais cínicos ou então se recobraremos a importância de processos institucionais de longo prazo, que se realizam por meio de políticas públicas. A partilha dos bens econômicos, culturais e sociais para todos ou para alguns será cada vez mais um desafio para o sujeito democrático.

CHRISTIAN INGO LENZ DUNKER é psicanalista, professor titular do Instituto de Psicologia da USP, analista membro de Escola dos Fóruns do Campo Lacaniano, autor de *Reinvenção da intimidade*, colunista do jornal *Zero Hora* e coordenador do Laboratório de Teorias Social, Filosofia e Psicanálise da USP.

NOTAS

1. Sigmund Freud, "Psicologia das massas e análise do eu". *Obras completas*. São Paulo: Companhia das Letras, 2017. v. 15.

2. Stanley Milgram, "Behavioral Study of Obedience". *Journal of Abnormal and Social Psychology*, v. 67, pp. 371-8, 1963; Philip Zimbardo. *Efeito Lúcifer: Como as pessoas boas tornam-se más*. Rio de Janeiro: Record, 2012.

3. Hannah Arendt, *Eichmann em Jerusalém: Um relato sobre a banalidade do mal*. São Paulo: Companhia das Letras, 1999; Daniel Goldhagen, *Os carrascos voluntários de Hitler: O povo alemão e o Holocausto*. São Paulo: Companhia da Letras, 1997.

4. Edson Teles e Vladimir Safatle, *O que resta da ditadura: A exceção brasileira*. São Paulo: Boitempo, 2010.

5. Em alemão, a expressão *Massenpsychologie* remete ao termo "massa" e acentua os estudos franceses sobre a mente coletiva e os afetos das multidões, com os de Le Bon. Freud empregava a noção de massas artificiais para designar massas ordenadas institucionalmente. O termo "grupo", em conformidade com a tradução inglesa por "*group psychology*", aparece nos trabalhos de Macdougal, na tradição psicanalítica da Group Analysis, dos grupos operativos de Pichon Rivière ou nos grupos de trabalho de Bion. Neste artigo, adotaremos uma distinção baseada na teoria do reconhecimento de Axel Honneth, de que os grupos possuem uma dialética baseada na família, na pessoa e na amizade, ao passo que as massas se comportam em referência à razão institucional, individual e

impessoal. A noção de comunidade, ou de comum, desenvolvida por C. Laval e P. Dardord (*O princípio do comum*. São Paulo: Boitempo, 2018), parece responder à função do sujeito, que aqui empregaremos, para abordar a relação entre o funcionamento de massa e o de grupos.

6. A internet começa a se popularizar como mídia de massa a partir de 2007, com o surgimento dos primeiros smartphones, mas somente em 2014 mais de 50% dos domicílios estão conectados à rede. Ver Marcelo Carvalho, *A trajetória da internet no Brasil: Do surgimento das redes de computadores à instituição dos mecanismos de governança*. Rio de Janeiro, UFRJ, 2006, dissertação de mestrado.

7. Disponível em: <http://www.brasildamudanca.com.br/empregos-e-salarios/42-milhoes-de-brasileiros-ascenderam-classe-c>. Acesso em: 18 dez. 2018.

8. Disponível em: <https://www.tecmundo.com.br/mercado/127430-brasil-116-milhoes-pessoas-acesso-internet-pesquisa-ibge.htm>. Acesso em: 18 dez. 2018.

9. Disponível em: <https://tecnoblog.net/252119/facebook-127-milhoes-usuarios-brasil/>. Acesso em: 18 dez. 2018.

10. Jacques Lacan, "Contribuições teóricas da psicanálise à criminologia". *Escritos*. Rio de Janeiro: Jorge Zahar, 1996, p. 147.

11. Ibid., p. 147, grifo nosso.

12. Lacan diz: "Estas estruturas, nas quais uma assimilação social do indivíduo, levada ao extremo, mostra sua correlação com uma tensão agressiva cuja relativa impunidade no Estado é muito perceptível para um sujeito de uma cultura diferente [...], aparecem invertidas quando, segundo um processo formal já descrito por Platão, a tirania sucede a democracia e efetua com os indivíduos, reduzidos a seu número ordinal, *o ato cardinal da adição*, prontamente seguido pelas outras três operações da aritmética". Jacques Lacan, op. cit., p. 147, grifo nosso.

13. Jacques Rancière, *Ódio à democracia*. São Paulo: Boitempo, 2014.

14. Alexis de Tocqueville, *A democracia na América*. 3. ed. São Paulo: Itatiaia, 1987.

15. Iray Carone. "A personalidade autoritária: Estudos frankfurtianos sobre o fascismo". *Revista Sociologia em Rede*, v. 2, n. 2, pp. 14-21, 2012.

16. Theodor W. Adorno, Else Frenkel-Brunswik, em: Daniel Levinson e Nevitt Sanford. *The Authoritarian Personality, Studies in Prejudice Series*. Nova York: Harper & Row, 1950. v.1

17. Douglas Garcia Alves Júnior, *Dialética da vertigem: Adorno e a filosofia moral*. São Paulo: Escuta, 2005.

18. C. Saint-Clair, *Bolsonaro: O homem que peitou o Exército e desafia a democracia*. Rio de Janeiro: Máquina de Livros, 2018.

19. "Excludente de ilicitude" é a exceção que permite que cidadãos e, inclusive, policiais possam recorrer a atos tipificados no Código Penal, como furtar, roubar ou matar, sem que seja considerado crime.

20. Christian Ingo Lenz Dunker, *Mal-estar, sofrimento e sintoma*. Boitempo: São Paulo, 2005.

21. A primeira aplicação historicamente conhecida do neoliberalismo deu-se em 1973 no Chile, depois que Pinochet depôs o presidente Allende e chamou para sua diretoria de orçamento o economista e professor universitário em Chicago, Jorge Selume Zaror. Isso ajuda a entender a força do anticomunismo no discurso neoliberal. Selume enriqueceu se aproveitando da reforma previdenciária que ele mesmo propôs. Entrou no "negócio" universitário e escolar chileno, que ele mesmo abriu ao "livre-mercado", tornando-se uma das pessoas mais ricas do país. Paulo Guedes, o superministro de Bolsonaro, estudou economia na mesma universidade, trabalhou com Selume nos anos 1980, voltando ao Brasil para se tornar proprietário de uma universidade. Ver: "O laço de Paulo Guedes com os 'Chicago boys' do Chile de Pinochet". *El País*, 31 out. 2018. Disponível em: <https://brasil.elpais.com/brasil/2018/10/30/politica/1540925012_110097.html>. Acesso em: 18 dez. 2018.

A queda do foguete

Boris Fausto

O Brasil tomou o rumo da direita. O que teria acontecido em nosso país, onde há pouco tempo os políticos se recusavam a se definir nessa posição, e afirmavam serem as divisões entre direita e esquerda relíquias empoeiradas do passado?

A guinada passa pela construção de correntes nas quais a organização em torno da hegemonia cultural e do comportamento ganhou nítida relevância. A vitória política veio depois, como um trunfo indispensável para que a ideologia se transformasse em poder.

Uma série de fatores explica esse retrocesso, cujo alcance é ainda difícil medir. Entre eles, a corrupção que provocou a prisão de grandes empresários e a queda de vários caciques políticos; a crise dos principais partidos que dominaram a cena após a redemocratização; a longa recessão econômica e seu correlato, isto é, o desemprego em níveis intoleráveis; o agravamento assustador da insegurança nas grandes e pequenas cidades; a profunda cisão social em torno de questões comportamentais.

Esse quadro levou à polarização de opiniões e atitudes, que por sua vez gerou o ódio, não por acaso as vozes do centro murcharam, e as supostas virtudes brasileiras de conciliação se transformaram no seu oposto.

Sabemos que a vitória de Bolsonaro não é um fato isolado, pois participa da onda de direita, ou de extrema direita, que se espraia pelo mundo ocidental. A veneração que o presidente e seus filhos demonstram com relação a Donald Trump afina-se com parceiros menos relevantes, empenhados na corrosão da democracia. Nítido exemplo é o presidente da Hungria, Victor Orbán, com quem o novo mandatário brasileiro tem estreitas afinidades.

Entretanto, a vitória de Bolsonaro não era inevitável. O êxito de sua candidatura — um outsider que, a princípio, pouca gente levava a sério — teve muito a ver com os rumos tomados pelo PT, a inconsistência do PSDB e a anemia que atingiu o outrora poderoso MDB. Desgastado pelas denúncias de corrupção, o PSDB não conseguiu se consolidar como força coerente de oposição, não obstante o apoio de amplos setores da classe média. Some-se a isso o comportamento errático diante do governo Temer e o abalo resultante de um estranho lance: a ascensão de João Doria nos quadros partidários, alicerçado em sua vitória em 2018 como governador de São Paulo. Se estou certo, daqui por diante o rótulo do partido poderá permanecer, mas seu conteúdo pouco ou nada terá a ver com os princípios e objetivos dos pais fundadores, gente como Fernando Henrique, Mario Covas, Franco Montoro e outros mais.

O caso do PT é ainda mais dramático. Criado a partir de bases populares de operários, assalariados de classe média e a ala à esquerda da Igreja católica, o PT logrou ser o único partido com "p" maiúsculo no Brasil, por ter quadros militantes e uma vida política além dos períodos eleitorais. Ao mesmo tempo, a figura de Lula cresceu com uma força incontrastável, a ponto de a figura do homem providencial sobrepujar a ideologia petista. O partido da "ética na política" mergulhou fundo nas águas turvas da corrupção e nas alianças sem princípios com quem quer que fosse, excluído o PSDB. A organização deu origem à divisão entre amigos e inimigos, e iniciou assim a polarização que viria a ser marca registrada da direita. Ao mesmo tempo, Lula e o PT trataram de garantir a hegemonia no campo da esquerda, cuja consequência mais recente foi recusar a aliança Ciro Gomes-Fernando Haddad.

Entretanto, nem tudo na ação dos governos petistas foi negativo. A política de transferência de renda teve méritos e explica muito da vitória de Haddad no Nordeste; as indicações para o preenchimento de vagas no STF foram quase sempre adequadas; a autonomia conferida ao Ministério Público e à Polícia Federal possibilitou as profundas investidas contra a corrupção. Se insisto nessas referências, é porque o PT foi um dos alvos preferidos da campanha de Bolsonaro. A demonização do partido, tratado como uma quadrilha de "bandidos vermelhos", alcançou repercussão numa ampla faixa do eleitorado que faz ressalvas ao ex-capitão, mas se agarrou a um lema: "PT nunca mais".

Com todos os problemas dos governos petistas, que chegaram ao paroxismo com a eleição de Dilma Rousseff, Lula manteve o prestígio e, se não houvesse sido alijado da disputa, teria tido possibilidades de chegar à Presidência da República. Se isso acontecesse, hoje estaríamos discutindo uma conjuntura cheia de riscos, mas por razões bem diversas das atuais. O PT saiu das eleições arranhado, mas não destruído, a ponto de eleger uma bancada de 56 deputados, por ora a mais numerosa da Câmara. Porém, com seu principal líder preso e incapaz de fazer a crítica de seus desvios, o partido vive uma séria crise, e seu futuro, em grande medida, depende do fracasso ou do êxito do atual governo.

Sem Lula, Bolsonaro começou a nadar de braçadas. Já antes, sua campanha começara a mostrar uma faceta ousada, ao se utilizar das redes sociais, não só porque era irrisório o tempo de que dispunha na televisão. A chuva de disparos e de falsas notícias, disseminada via WhatsApp e outros meios eletrônicos, cada vez mais parece ter a ver com o financiamento irregular por empresários e o apoio externo dos gurus da extrema direita. Seja como for, os partidos opositores terão de superar seu retardo tecnológico, sob pena de ficarem para trás numa competição feroz e desigual.

Por outro lado, pagando tributo ao providencialismo em voga, a luta entre o bem e o mal resultou em expressivo rendimento político para Bolsonaro. O mal resultante da estúpida agressão que sofreu foi superado, e seu estado de saúde lhe deu uma excelente escusa para deixar de participar dos debates da campanha, em que corria o risco de escorregar. Além disso, seus partidários puderam esgrimir um argumento falacioso, mas eficaz: ele, tão combatido por apregoar o uso da violência, acabara sendo sua vítima principal.

Entre as forças que sustentam o novo governo, aparece, em primeiro lugar, o Exército, seguido das igrejas evangélicas e dos ruralistas. Dada a natureza de seus objetivos, as Forças Armadas, em si, não constituem uma instituição ancorada em valores democráticos, como decorre de texto constitucional. Elas estão organizadas com base na hierarquia e na disciplina, sob a autoridade suprema do presidente da República, figurando entre seus objetivos a garantia dos poderes constitucionais. Em outras palavras, as Forças Armadas não se organizam nem poderiam se organizar com base em princípios democráticos mas, ao mesmo tempo, têm por missão constituir uma garantia do regime democrático vigente no país.

A volta dos militares aos postos de poder se dá numa situação peculiar. Os quadros superiores das Forças Armadas não instalaram um governo autoritário e, por algum tempo, nem mesmo viram com bons olhos a candidatura de Bolsonaro. Entretanto, se 2018 não reproduz 1964, há um ponto problemático na visão dos militares a respeito do passado, com implicações no presente, que convém ressaltar.

Ao contrário do ocorrido em outros países sul-americanos, especialmente na Argentina, eles não fizeram a revisão da ditadura e, para muitos, assim como para o presidente eleito, nem sequer houve ditadura e a sequela de violação dos direitos humanos. Essa atitude não representa mera controvérsia historiográfica, pois integra as preocupações da cúpula militar. Por exemplo, o general Ribeiro Souto, próximo ao presidente eleito, declarou que não é possível admitir nos livros didáticos a interpretação corrente da revolução de 1964, aludindo à censura de livros, se preciso for. Mais flexível, o comandante do Exército, general Edson Leal Pujol, voltou ao tema, dizendo que "há certo preconceito na análise do que aconteceu no Brasil nos últimos cinquenta, sessenta anos", mas que, com o tempo, "a história vai limpar essas diferenças de opinião e trazer equilíbrio entre as divergentes".

O episódio de 31 de março de 1964 foi um golpe, por razões óbvias: derrubou um presidente em exercício, prendeu opositores, cassou mandatos de congressistas, violou os direitos de expressão e, em sequência, torturou presos políticos sob a tutela do Estado. Ao mesmo tempo, o golpe teve condições favoráveis de êxito na conjuntura desastrosa do governo Goulart, contando também com o apoio ativo de uma parte considerável da classe média urbana e da classe dirigente. Além disso, se os anos 1964-82 foram sombrios, não foram de imobilismo na área da economia, da reorganização do aparelho do Estado, da tecnologia e mesmo das universidades, como pareceu, na época, aos defensores do nacional-desenvolvimentismo situados à esquerda.

Discutir de forma aberta o longo período 1964-84 permitiria aos militares ter um comportamento mais arejado e afirmativo na sustentação da democracia. Tanto mais que membros da cúpula do Exército vêm tendo papel destacado na contenção dos impulsos do presidente eleito e de seu círculo de íntimos.

Além de uma considerável representação na Câmara, os ruralistas, por seu turno, detêm os principais postos do Ministério da Agricultura. Para ficar em um só exemplo, a deputada Tereza Cristina, hoje ministra da pasta, coordenou a respectiva bancada temática e participou ativamente da aprovação da lei que afrouxou as restrições ao uso de agrotóxicos.

As porteiras estão abertas para as mortes de lideranças, para a invasão de terras indígenas pelas milícias armadas, para o desmatamento sem inibições. O recrudescimento de violências desse tipo decorre de uma leitura sinistra por parte de setores sociais que veem na vitória de Bolsonaro a concessão de um passe livre para lançar mão de práticas criminosas que atravessam os séculos.

Um aspecto gritante do governo que se inicia é sua recusa em reconhecer os problemas que afetam o destino da humanidade. Infelizmente, não se trata de uma frase de efeito. Na linha obscurantista liderada hoje pelo governo dos Estados Unidos, a causalidade do agravamento dos problemas climáticos é posta em dúvida. Depois de batalhar durante muitos anos em conferências internacionais pela defesa coletiva do meio ambiente, pelas mãos de Bolsonaro o Brasil se desinteressou de promover a próxima conferência da ONU sobre mudanças climáticas e abriu a oportunidade para que o Chile, governado pelo presidente Sebastião Piñera, situado à direita, assumisse tal missão. Em consonância com essa atitude, o novo governo ameaça também sair do Acordo de Paris, que visa pôr em prática um entendimento internacional para a redução dos gases de efeito estufa.

Enfim, as igrejas evangélicas. Estas ganham destaque como organizações agressivas, próximas a um modelo empresarial muito diverso das igrejas protestantes tradicionais. Elas vêm tendo inegável êxito no sentido de modelar as ideias conservadoras de seus fiéis, em defesa da família tradicional, supostamente ameaçada pela onda de "relaxamento dos costumes" vivida nos últimos tempos. Essas organizações conseguiram naturalizar sua intervenção na esfera política e contribuíram para acentuar a irracionalidade em curso, ao promoverem a irrupção de deus e do diabo na terra do sol. O episódio do veto ao nome do educador Mozart Neves pela bancada evangélica e a escolha do professor Ricardo Vélez Rodríguez para assumir o Ministério da Educação é um exemplo elucidativo do grau de influência política dessa corrente.

As razões gerais de sua popularidade, não só no Brasil como em toda a América Latina, são conhecidas. Em um mundo cada vez mais individualista, onde a violência constitui o pão nosso de cada dia, as igrejas evangélicas, mesmo valorizando o esforço individual, representam um porto seguro de proteção, sob as bênçãos do céu e de seus bispos e pastores. Essa proteção envolve a recusa à descida ao inferno das drogas, certa garantia de vida nas periferias das cidades e uma afirmação de dignidade, como demonstram, neste último caso, os crentes vestidos de terno e gravata, que percorrem as ruas esburacadas nas manhãs de domingo.

Afinal de contas, quem é Jair Bolsonaro, agora presidente da República? Não acredito que sua personalidade básica irá mudar. O homem impulsivo, preconceituoso, descrente das instituições democráticas continuará a existir, mas poderá não se expressar com tanta crueza, em face das responsabilidades do cargo. Mais hábil do que poderia parecer a seus adversários, ele, por um lado, vem compondo a figura de um populista de direita que se expressa em uma linguagem composta de palavras escassas, que não se importa com formalismos, e encena gestos do tipo descer ao gramado para vibrar com o título de campeão brasileiro, alcançado por seu time favorito. Não por acaso, uma parte dos votos destinados a Lula se dirigiram a Bolsonaro, como se o presidente eleito representasse a outra face da moeda populista.

Mas, por outro lado, o presidente eleito afasta-se do perfil do *uomo qualunque*, ao fazer surpreendentes declarações e sugerir medidas cuja impopularidade é notória. Não há dúvida de que as pequenas e médias empresas no Brasil sofrem os males de uma legislação burocrática feroz. Porém, daí a declarar que "ser patrão no Brasil é um tormento", diante de tormentos sociais bem maiores, vai uma longa distância. Mais ainda, investir contra direitos trabalhistas previstos na Constituição Federal, como o 13º salário — a "jabuticaba" do general Mourão —, as férias, o seguro-desemprego é um saco de maldades que não se harmoniza com a construção de uma figura carismática popular.

É cedo para se desenhar com clareza os rumos que o governo Bolsonaro irá tomar. Mas no âmbito educacional e no da cultura, assim como no trato de determinadas minorias, as tendências não deixam dúvidas. Todas elas constituem um retrocesso. No plano da educação, a incerteza e o medo vão se introduzindo nas salas de aula, em meio a um discurso carregado de ideologia, em nome de seu combate. Para grupos minoritários dos mais diversos — pobres do campo, indígenas, gays, lésbicas e outros —, dias ainda mais perigosos passam a fazer parte do calendário social.

Apesar de tudo, ao menos por ora, não há razões para ceder ao catastrofismo. A grande imprensa está atuante, mesmo quando certos órgãos são submetidos a flechadas. Os tribunais, bem ou mal, constituem uma garantia das liberdades democráticas, como se viu na medida cautelar concedida no Supremo Tribunal Federal pela ministra Cármen Lúcia, logo após a eleição de Bolsonaro, sustando o ingresso de força policial em várias universidades, a pretexto de apreender propaganda eleitoral ilícita. Além disso, uma parte da sociedade civil tem hoje consciência da importância vital da democracia, ao contrário do que ocorreu nos anos 1960, quando a vigência do regime democrático, tanto à direita quanto à esquerda, era vista como um expediente removível, para se alcançarem objetivos supostamente mais elevados, como a liquidação do comunismo (à direita) e a reforma agrária radical (à esquerda).

O êxito relativo ou o fracasso do governo depende muito da eficácia na luta contra o crime organizado e dos rumos da economia. No primeiro caso, muita esperança é posta na tarefa gigantesca que o ministro Sergio Moro terá à frente do Ministério da Justiça. Sua controversa nomeação gerou pontos a favor do governo, e credenciais não lhe faltam. O tempo dirá se surtirão efeito seus planos de combate à corrupção, de integração das forças policiais, de ataque às fontes de financiamento do crime organizado, de propostas de endurecimento da legislação em determinados casos, e outros mais.

Quanto à economia, há fatores que favorecem uma retomada, entre eles a conhecida lua de mel dos governos eleitos, em seus primeiros meses, a capacidade ociosa das empresas e a possibilidade de partir de um baixo nível de atividade, quando qualquer ganho parece expressivo. A delegação de poderes conferida por Bolsonaro ao ministro Paulo Guedes transforma-o numa figura sobre-humana, fiel seguidor da cartilha ultraliberal proveniente dos antigos alunos da Escola de Chicago, hoje em idade madura. Quem pode garantir que seu programa dará certo, entendendo-se como "dar certo", entre outras coisas, a retomada de um crescimento com efeitos sociais que permita a redução do desemprego?

As dificuldades não são poucas. Entre elas, é preciso enfrentar o déficit das contas públicas, que passa pela ampla reforma da Previdência. Neste início de mandato, Bolsonaro parece sentir as dificuldades no Congresso para sua aprovação, na esteira dos problemas já enfrentados por Michel Temer. "Fazer a reforma em fatias", "aceitar o possível" são falas que revelam ao mesmo tempo astúcia e cautela, dado o grau de resistência entre os parlamentares e na sociedade. De fato, a reforma não se reduz ao tudo ou nada, porém será sempre uma medida impopular, difícil de ser digerida.

Além disso — questão de primeira ordem aqui apenas enunciada — os rumos da economia e do país como um todo se condicionam ao plano externo, em que as incertezas aparecem no horizonte. Nesse terreno, para dizer o mínimo, estamos mal servidos. O que podemos esperar do ministro das Relações Exteriores Ernesto Araújo, cuja visão escatológica identifica em Donald Trump — não propriamente um modelo de virtudes cristãs — o profeta que salvará o Ocidente em crise? Antes mesmo da posse, o ministro já causou problemas ao país, com seus desafios à China e o endosso à proposta de transferir para Jerusalém a embaixada do Brasil em Israel, que repercutiu negativamente entre os parceiros comerciais do país no mundo islâmico.

Há um ponto sensível nos caminhos e descaminhos do governo em seus primeiros passos, acerca das relações com o Congresso. A princípio, o presidente tratou de evitar "o toma lá, dá cá", ao se recusar a negociar com os partidos, preferindo se entender com as bancadas temáticas. Mas estas só constituem um grupo homogêneo quando discutem e votam projetos de seu interesse específico. Bolsonaro parece ter percebido isso, ao passar aos contatos com representantes dos partidos, atitude que em si mesma não tem nada de condenável, a não ser que venha a se inclinar ao "toma lá, dá cá" de sempre.

É preciso dar tempo ao tempo para se verificar como caminhará a tentativa de costurar um novo modelo para substituir o presidencialismo de coalizão. Entretanto, os desentendimentos entre os eleitos do PSL — uma legenda há pouco irrelevante, inchada pela maré bolsonarista —, a falta de um intermediário experiente nas relações entre o Executivo e o Congresso, assim como a inapetência de um presidente que parece não se importar muito com as relações entre os Poderes e diz preferir a ligação direta com o povo, são sintomas de muitas dificuldades.

Enfim, o Brasil voltou às manchetes internacionais, desde os tempos não tão longínquos em que surgiu na capa da revista *The Economist* como um foguete em velocidade supersônica, a caminho do azul dos céus. O foguete começou a cair por causas diversas e completou sua queda. Mas como não chegou a explodir, há razões suficientes para se manter uma teimosa esperança.

BORIS FAUSTO foi professor do Departamento de Ciência Política da USP e é membro da Academia Brasileira de Ciências.

Depois do temporal

Ruy Fausto

I

Comecemos pelo que parece mais polêmico. Embora não se trate de fascismo propriamente dito, em sua configuração histórica, o que chega ao poder é um neofascismo ou a denominação não convém? Houve uma primeira onda autocrática (refiro-me sempre, aqui, ao autocratismo moderno de direita, pois houve também um de esquerda), dos anos 1920 a 1940 do século XX. Esta mostrava uma gama de tons, que iam desde o nazismo, com seus milhões de mortos em campos de concentração, até os autocratismos ibéricos (o espanhol foi muito sanguinário, no início, mas foi se tornando menos, à medida que se passavam os anos desde a Guerra Civil). Digamos que, nessa primeira onda, a forma dominante foi a totalitária, o nazismo em particular, mas também o fascismo italiano. Além de ter o sentido particular indicado, "fascismo", ou "nazifascismo", é o termo que frequentemente exprime também a primeira onda em geral.

O bolsonarismo faz parte da segunda onda autocrática que

assola o mundo moderno, a do século XXI, e que também vai exibindo espécies, ou subespécies, diversas. A forma dominante não é, pelo menos até aqui, a de tipo nazista, como ocorreu nos anos 1930. Nem exatamente a fascista. É uma figura que, em alguma medida, se aproxima dos autocratismos mais "frouxos" da primeira onda. Na realidade, exibe características particulares. Falta-nos um termo para designar o conjunto da nova vaga e, eventualmente, outra expressão para a sua encarnação mais característica. Talvez, como no caso da primeira onda, uma espécie dominante ou específica forneça igualmente um termo geral. É muito difícil encontrar um nome para esse bicho novo. Uma denominação que não me parece ruim, embora tenha a relativa desvantagem de ser um neologismo, é *democratura*.

Em termos teóricos mais exigentes, os "totalitarismos" representam uma reação violenta ao que poderíamos chamar de "progresso social", essa tendência em direção a uma sociedade mais igual (e também mais livre), que filósofos da história, e não só os de esquerda, reconheceram como existente. Essa ruptura, precisemos, não é, estritamente, uma volta ao passado. Ela pode comportar essa dimensão como momento, e em geral comporta, mas se configura antes como um "novo regressivo" (revolução conservadora), uma novidade radical e brutal que garante a opressão e a exploração presentes, reativando, se for o caso, formas de opressão e exploração que já haviam sido ultrapassadas.

O que há de comum entre as duas ondas de totalitarismo de direita, a da primeira metade do século XX e a do século XXI? Uma coisa comum é certamente uma situação econômica mundial desfavorável, tendo no centro a alta taxa de desemprego. Foi assim na Alemanha dos anos 1920, é assim no Brasil dos anos 2010, é assim na Europa contemporânea, embora não seja o caso dos Estados Unidos de hoje (mas lá o subemprego é considerável). Somado a isso há um problema de identidade. Embora seja mítico em essência, ele existe em setores da população e é estimulado pelos dirigentes, em alguns casos até a loucura genocida. Hoje, na Europa e nos Estados Unidos, a figura do judeu e do perigo judaico é substituída pela do muçulmano, em particular do árabe, e em geral pela do imigrante. Além disso, nos Estados Unidos há a revanche racista dos brancos, principalmente dos "pequenos brancos", contra os progressos conquistados pelos negros na luta emancipatória. O espantalho pode ser, de forma mais geral, o estrangeiro, denunciado pelo nacionalismo fundamentalista que esses movimentos professam. No caso do Brasil, ficou-se, até aqui, na pregação desse tipo de nacionalismo, mas se pode imaginar as consequências. No plano econômico, há diferenças. Se nos dois casos o movimento não só é compatível mas impulsiona o capitalismo, no século XX os poderes totalitários tinham alguma inclinação estatizante. No século XXI, em contrapartida, mesmo se os programas divergem, pode-se falar de uma hegemonia da ortodoxia econômica liberal ou ultraliberal. A tal ponto que muitos querem ver no fenômeno neofascista um avatar da política neoliberal. Mas há que dar ao político o peso que lhe cabe, como veremos mais adiante.

Há outros pontos de convergência. Por exemplo, o anti-intelectualismo. "Quando ouço falar em cultura, ponho a mão no coldre": o famoso adágio, de origem discutida, mas de teor reconhecidamente nazista, vale para quase toda essa gente. Outro elemento comum é a presença de um grande trauma ou um surto de violência que a banaliza e a torna aceitável por amplas camadas da população. No caso do totalitarismo do século XX, foi a Primeira Guerra Mundial. No século XXI, as violências são outras. Guardadas as proporções, a violência urbana (e também a não urbana), tão importante para a eleição de Bolsonaro, teve um papel em certa medida análogo ao que foi a experiência traumática da Primeira Guerra, elemento decisivo para a geração do primeiro surto totalitário.

No plano dos costumes, há diferenças. Pelo menos nas suas origens o nazismo não era conservador em matéria de costumes. Aliás, era e continuou sendo um movimento ateu, combatido no início por parte das igrejas cristãs, até que essa atitude inicial de resistência viesse a dar lugar, com exceções, à submissão ao regime e à colaboração com ele. O neototalitarismo ocidental do século XXI é, em geral, religioso: cristão — católico ou protestante. E por isso mesmo sua política em matéria de costumes é literalmente "reacionária" (antiaborto, homófoba etc.).

II

Como chegamos à catástrofe do 28 de outubro?

O bombardeio ilegal de fake news via WhatsApp, revelado pela *Folha de S.Paulo*, parece ser apenas uma parte da história.[1]

Falou-se pouco da invasão do espaço virtual comum. O discurso da extrema direita dominou e ainda domina, no Brasil, esse espaço (e logo o fará com a ajuda do Estado). Por outro lado, o aparelhinho que cada um traz no bolso, o smartphone, é um verdadeiro totem moderno. Nesse ponto, como em outros, o paralelo com o nazifascismo é fecundo. Hitler utilizava os meios tecnicamente mais modernos de comunicação, e também soluções de propaganda muito elaboradas. Os meios modernos eram então o rádio e o cinema. Depois da tomada do poder, Hitler descia em um pequeno avião — outra invenção recente — num estádio onde se reuniam milhões de jovens. Se os meios dos nossos neototalitários são também os mais modernos, a sua estética não tem, é claro, a sofisticação dos hitlerianos.

Independentemente do que ocorrerá nos próximos meses, a esquerda tem que enfrentar um grande problema técnico-político. Tem que formar equipes profissionais eficazes e suficientemente amplas para enfrentar o desafio da extrema direita no plano virtual, neutralizando a propaganda neofascista no WhatsApp e na internet.

III

Em que medida o chamado "neoliberalismo" tem a ver com o resultado da eleição de 28 de outubro? De fato, para vários analistas, o fenômeno "neoliberalismo" é a chave explicativa não só do que aconteceu no Brasil, mas também nos casos aparentemente análogos, como as vitórias de Trump (Estados Unidos), Salviani (Itália), Duterte (Filipinas) e Orbán (Hungria). Embora isso possa parecer uma solução fácil, penso que é preciso ter em mente as duas tendências, porém num contexto explicativo que se volte mais para a descontinuidade.

A democratura não provém do neoliberalismo, e o neoliberalismo é ainda menos um produto da democratura. Tudo se passa como se os adeptos desta última, com frequência depois de alguma hesitação, e às vezes de forma imperfeita, adotassem a pauta neoliberal. O vetor que conduz de uma posição à outra, operando eventualmente uma confluência, ou pelo menos uma frente comum entre elas, deve ser a "opressão". Os adeptos da democratura rezam por um governo forte. Em matéria econômica, na origem, não têm muito o que dizer, embora aceitem a sociedade capitalista-burguesa em cujo seio eles se desenvolvem. Mas em seguida, é como se fossem atraídos por tudo aquilo que o capitalismo tem de opressivo, pelo que ele tem de mais brutal. A agenda ultraliberal também lhes dá certa legitimidade. Porém há o movimento inverso. Os neoliberais, em princípio, não são especialmente receptivos ao fanatismo neoautocrático, embora já entre os clássicos do neoliberalismo aparecessem tendências autocráticas:

a democracia como obstáculo ao mercado. Só que surgiram crises, as quais a ideologia corrente da direita tout court tem dificuldade em resolver. Setores privilegiados da população abandonam os partidos de direita, em proveito dos de extrema direita. Por fim, houve uma espécie de casamento de razão, que, por motivos diferentes, interessa às duas partes. De qualquer forma, não creio que se possa dizer que Bolsonaro seja como que um "produto" do neoliberalismo. No estado atual das coisas, não diria nem mesmo que ele é um neoliberal. É um neoautoritário, um fundamentalista cristão com um projeto autocrático sui generis, que fez um acordo com os neoliberais.

IV

Houve três pontos que a extrema direita explorou a fundo na campanha: a corrupção, a violência e as questões de costumes. E houve os erros da esquerda, em particular do PT. A análise da política petista nos remete à questão da corrupção, mas introduz também novos problemas.

O PT pôs em prática uma política moderada de redistribuição da riqueza em proveito dos mais pobres. Mas uma grande promiscuidade entre certo número de grandes firmas e o partido acompanhou a implementação daquelas medidas. O primeiro escândalo, o mensalão, estourou em 2005, no final do primeiro mandato de Lula. Na época, não fomos poucos a alertar a direção do PT sobre a necessidade de uma séria autocrítica e de uma limpeza interna, sem o que a "gangrena" seria inevitável. A direção petista não levou a sério as advertências. O resto se conhece. Aos governos Lula se seguiram os dois mandatos de Dilma, um impeachment ilegítimo, a destituição da presidente, o governo Temer.

Bem ou mal, chegamos às eleições de 2018. O PT parece ter

hesitado antes de lançar a candidatura de Lula, que, a meu ver, foi um erro. Sem dúvida, o prestígio de Lula era grande, mas não se levou em conta o reverso da moeda: a grande rejeição de Lula. Por outro lado, era muito pouco provável que Lula conseguisse o registro da sua candidatura, por causa da Lei da Ficha Limpa. Teria sido o caso de resistir? Era preciso primeiro calcular muito bem que possibilidades teria essa resistência. Lula — ou mais precisamente o PT e sua política de governo — estava bastante desgastado *no interior da própria esquerda*. E é esse divórcio que explica por que a própria resistência à prisão de Lula não foi muito expressiva. É que, se a opinião pública de esquerda sabia que o processo do apartamento do Guarujá era ilegítimo, sabia também que tinha havido muita corrupção durante as presidências petistas. Essa segunda convicção perturbou certamente a mobilização popular em torno da defesa de Lula. De resto, sua candidatura se fazia no espírito da continuidade, isto é, no da recusa de qualquer autocrítica.

O conjunto desses elementos recomendava um caminho diferente. Uma possibilidade teria sido lançar outro candidato do partido — e o melhor deles era, certamente, Fernando Haddad — com um discurso autocrítico e *de verdade* (só que verdade e autocrítica nunca foram o forte das direções do PT). Caso fosse derrotado, provavelmente o seria, naquelas condições, por um candidato da direita dita republicana, o que não seria uma catástrofe. (Havia ainda outra possibilidade: Ciro Gomes desejava ser candidato em chapa com Haddad, como vice-presidente. Mas o partido disse não — "Ciro? Nem com reza brava...", disparou Gleisi Hoffmann.)

Além do mais, a ideia de que o candidato de Lula tinha grandes chances de vencer as eleições é discutível. Sem dúvida, as pesquisas para o segundo turno davam a vitória a Lula, mas todo mundo sabe como são imprecisas as sondagens para o segundo turno realizadas antes do primeiro. Volto a observar: Lula era o candidato mais votado, mas ao mesmo tempo o mais rejeitado. Mesmo vitorioso no primeiro turno, poderia ser derrotado no segundo. Foi mais ou menos o que aconteceu com Haddad. Ele se fortaleceu, inicialmente, com o mote "Haddad = Lula", mas depois o mote lhe foi fatal. Muita gente que poderia ter votado em Haddad não o fez porque Haddad "era" Lula. Não hesito em dizer que Haddad, que conheço há 25 anos, era bem melhor do que a direção do PT. Nunca foi corrupto nem tem nenhuma simpatia pelos populismos do continente: numa das entrevistas, quando lhe perguntaram se preferia a Venezuela ou a Suécia, respondeu rindo: "Claro que a Suécia...". Isso não é conversa muito apreciada pela burocracia do partido, leniente em relação à corrupção e apaixonada por Chávez, por Maduro e, anteriormente, pelos Castro. Afinal o PT precisa alimentar o mito Lula (ele não é mito, mas a direção tenta construir essa imagem); se Lula perder a centralidade, a burocracia também perde.

A campanha de Haddad foi marcada pelas cascas de banana que as grandes figuras do seu partido jogavam em seu caminho. Já bem avançada a campanha, Dirceu deu um presente às direitas ao dizer que o PT logo "tomaria o poder". Gleisi queria retardar a substituição da candidatura de Lula pela de Haddad até 21 de setembro, o que punha em risco não só a campanha do professor, já tão encolhida em termos de tempo, como tornava incerta a própria possibilidade de obter o registro. Gleisi fez declarações pró-Maduro às vésperas das eleições. O PT apagou a declaração de seu site, mas era tarde demais. Enfim, o mote segundo o qual Haddad era igual a Lula foi uma verdadeira faca de dois gumes. A direção petista lidou com essa faca como se ela tivesse um gume só. E fez de Haddad um poste. Chegou um momento em que, finalmente, o partido se convenceu — ou o convenceram — de que era urgente dizer que Haddad era diferente de Lula. E houve um erro grave, entre todos: demoraram demais para atacar Bolsonaro, tomando-o como um candidato qualquer. Imperdoável.

Um último ponto é a hegemonia petista. Se o partido tem lá os seus méritos, a direção é de uma rara arrogância, e joga pesado. O fato de Ciro não ter apoiado Haddad no último minuto foi certamente um grande erro, que já está lhe custando caro, mas a maneira como o PT o tratou deve ter contribuído para sua decisão. Porém Ciro não poderia deixar de apoiar o candidato anti-Bolsonaro. Com o perdão do salto histórico e da hipérbole, o que pensar de um homem político na Alemanha, no início dos anos 1930, que se recusasse a apoiar um eventual adversário de Hitler, porque tinha fé, digamos, nas eleições de… 1938! Os bolsonarianos não são hitleristas, mas o seu timing não é o das sociedades democráticas.

Evidentemente, a responsabilidade do PT não apaga as jogadas funestas da direita, inclusive da centro-direita. Parece certo que não haveria triunfo de Bolsonaro sem o impeachment. O golpe legal, para cuja preparação e execução a centro-direita tem grave responsabilidade, abriu o caminho para a extrema direita.

v

A vitória da extrema direita no Brasil se inscreve num movimento mundial de forças antiemancipatórias. Seu segredo não é a liquidação direta e imediata da democracia, mas sua ocupação. O bloqueio da alternância é sua pedra filosofal. Esse movimento cruza um outro, que se inscreve no curso normal do processo político e econômico das sociedades capitalistas ocidentais. Da união da democratura e do neoliberalismo nasce um produto estranho, que se caracteriza por ser antiemancipatório em todos os planos: ele é pró-capitalista fanático, antidemocrático, contrário ao feminismo, racista e antiecológico. Um superbloco que enfrenta as forças de emancipação em todas as frentes.

Nessa linha de considerações, podem-se reconhecer três fenômenos que afetam o Estado e a sociedade civil e que representam a base mais remota do que ocorreu no Brasil.

O primeiro é o da difícil relação entre poder político e poder econômico, e a promiscuidade entre eles.

O segundo, que, em parte é também mundial, mas que no Brasil tem uma relevância particular, é o do aumento do peso relativo da criminalidade, permeando o jogo de interesses e oposições de classe, entre outras oposições.

A esses dois vetores se deveria acrescentar um terceiro, que tem a ver com os progressos da luta social nas sociedades contemporâneas e com a narrativa sobre a emergência das democraturas: a crescente liberação dos costumes. O problema é que pelo menos uma importante minoria silenciosa não aceitou os progressos. A coisa ficou nas conversas de sala de jantar, como disse um brasilianista inglês. Houve uma espécie de defasagem, um desenvolvimento notoriamente desigual, entre o estado de espírito de partes consideráveis da população, de um lado, e os progressos da Legislação, ou os avanços de fato, de outro.

VI

Como se situaram as principais forças políticas do Brasil, em relação a essas fraturas, duas das quais são problemas crônicos e a terceira tem a ver com o progresso social?

A esquerda, já vimos, se enredou no primeiro, revelou-se incapaz de dar uma resposta satisfatória ao segundo e manteve uma posição em geral progressista, com relação ao terceiro.

Com a direita ocorreu coisa semelhante, mas não idêntica.

Ela não conseguiu escapar dos processos de corrupção nem deu resposta satisfatória à questão da violência. Quanto ao tema dos costumes, em geral, se dividiu. A centro-direita, pelo menos em parte, apoiou os progressos, e a direita propriamente dita se opôs a eles, porém, muitas vezes de maneira mais ou menos discreta.

A extrema direita ganhou nos três campos estruturais em que se travava a batalha. Impulsionada pelos três motores — a mão que maneja o revólver, o ícone protetor das famílias e o pretenso incorrupto —, ela foi alçando voo.

A sucessão de golpes de uns e de outros foi uma espécie de jogo de enganos. Cada jogada ofensiva contra o adversário imediato, e que se supunha o mais importante, beneficiava o oponente oculto, e potencialmente muito mais perigoso.

Houve importantes deslocamentos de forças e de apoios. O mais relevante talvez tenha sido que o eleitorado da direita marchara em direção à extrema direita e se incorporado a ela. Os seus representantes (empresários, partidos e intelectuais) parecem ter seguido a base, mais do que o contrário.

O outro deslocamento decisivo foi o que fez parte do eleitorado petista. O partido perdeu muitos eleitores. Para onde foram eles? Houve um contingente — considerável? — que passou do petismo à extrema direita, mas uma parte deles seguramente votou em branco. Ademais, teve a facada... Foi o elemento contingente do processo. Ela ajudou a extrema direita em toda linha. Principalmente, parte do eleitorado votou num desconhecido.

VII

Como se reflete mais precisamente esse quadro geral no plano das forças que constituem o poder de Bolsonaro? E a que tipo de historicidade elas correspondem? Começo analisando em particular a sua historicidade, nacional ou internacional (ou ambas).

Há, em primeiro lugar, algo — que ninguém viu — que se relaciona com a história universal, mais especificamente com a história política: Bolsonaro estava ligado a um novo movimento autocrático mundial. O contato se fez de várias maneiras. Mesmo se paradoxalmente a relação tenha sido sobretudo indireta, a figura principal desse esquema, pelo menos no plano ideológico, foi e é Olavo de Carvalho.

Em segundo lugar — não em ordem de importância — vêm as mudanças que, em âmbito internacional e nacional, operaram no interior da história das religiões. O catolicismo perdeu adeptos, o protestantismo ganhou, mas na figura do novo protestantismo pentecostal ou neopentecostal.

Em terceiro lugar, temos o papel assumido por juízes na mencionada crise interna político-econômica que afeta as sociedades modernas. A operação Mãos Limpas, na Itália, acabou dando à luz o populista de direita Berlusconi. Entre nós, é um populismo de *extrema* direita que emerge do processo. No Brasil, o papel dos juízes é especial, porque participam diretamente da deriva política do processo. Há que chamar a atenção para o quanto se mitifica a Justiça no Brasil. Há muita confusão em torno da diferença entre o que é legal e o que é legítimo ("a Justiça decidiu assim, o projeto foi submetido a todas as instâncias jurídicas" ou "eu confio na Justiça do meu país"). Trata-se quase de uma (contra)revolução de "juízes". O episódio dos cem procuradores e promotores que fizeram um abaixo-assinado em favor do projeto Escola Sem Partido é simplesmente assustador. E, dado o caráter daquele projeto, é sem dúvida inédito. Há também o caso bem suspeito da destruição dos cartazes antifascistas nas universidades, determinada pelo Tribunal Superior Eleitoral e brecada pelo Supremo Tribunal Federal. Este último começa a reagir, apesar de estar ele próprio dividido. Reage tarde.

Entendamos que o sistema funciona mais ou menos assim: todo mundo que assumiu algum posto de importância no Executivo, em qualquer nível, seja municipal, estadual ou nacional, está em posição vulnerável. Corrupção ou irresponsabilidade são a regra na administração do Brasil, e o chefe do Executivo é tido como responsável pelas irregularidades, mesmo que não tenha tido ciência delas. A partir daí, com um Judiciário incorporado ao sistema, é fácil organizar a denúncia, obter a sua aceitação e, depois, a condenação do réu. As violências de ordem jurídica já se acumulam. Depoições coercitivas injustificadas, divulgação ilegal de conversas gravadas em escutas telefônicas, denúncias judiciais arbitrárias. E se Bolsonaro conseguir a promulgação da lei celerada sobre os professores, não será difícil julgar e condenar transgressores. Filmados por alunos, denunciados e julgados por algumas palavras a mais ou a menos, professores de escolas e universidades serão, no mínimo, condenados ao afastamento; no limite — e observe-se que há diversos projetos de Escola Sem Partido —, poderão ser procurados pela Polícia Federal e conduzidos à prisão. A Polícia Federal pode se transformar, em pouco tempo, e sem mudança das instituições, em Polícia Política. Este é o terceiro elemento do novo poder que se instaura no Brasil.

O quarto elemento é representado não pelas Forças Armadas em geral, mas por aquela parcela originária principalmente do Exército, que se solidarizou com o poder, ou antes, que atuou como participante da longa marcha triunfante da extrema direita (ver a respeito a entrevista que deu à *Folha de S. Paulo* a historiadora francesa Maud Chirio, especialista no assunto).[2] Esse último elemento remete essencialmente à história brasileira, mesmo se a história mundial o atravessa de algum modo (por exemplo, na contaminação de setores do Exército pelo movimento integralista, herdeiro do fascismo europeu).

VIII

Teríamos, assim, uma espécie de quadrilátero: um losango disposto na vertical. No vértice superior, Bolsonaro, seus filhos e o mestre de todos eles, Olavo de Carvalho. No inferior, a fração das Forças Armadas que os segue. Nos dois vértices laterais, a base religiosa, com seus líderes e fiéis, e, no outro, certas figuras do Judiciário, que se dispõem a colaborar com o regime. Essa seria a ilustração da estrutura de poder de uma eventual democratura no Brasil. Ali há grosso modo duas tendências. Uma, mais radical, como a descrita, e outra mais moderada.

E a economia? Ela está presente de muitas maneiras, mas não pode ser hipostasiada de modo a ocultar o político. Já vimos seu papel na gênese do processo. Hoje, no entanto, vamos encontrar, mais uma vez e de duas formas, o neoliberalismo. A meu ver, seria preciso distinguir dois níveis de significação desse conceito. O primeiro nível, que se poderia chamar de "objetivo", tem por sua vez duas subdimensões: uma objetiva no nível objetivo, outra subjetiva no nível objetivo. O segundo nível seria "subjetivo".

O neoliberalismo designa, por um lado, um conjunto de traços que dominam, de forma mais ou menos universal, o capitalismo tal como ele se apresenta hoje: preponderância do capital financeiro, austeridade fiscal ao menos relativa, prevalência do combate à inflação sobre a luta contra o desemprego etc. Essa constelação vem acompanhada de uma ideologia também universal que opera, tendencialmente, uma mercantilização de todas as relações humanas. Penso que se deveria distinguir esse "éter" global ("objetivo", mas contendo, ele mesmo, um momento objetivo e um subjetivo) que envolve todo o processo político mundial do neoliberalismo como tendência política (ou político-econômica), encarnado por certos partidos ou figuras como Margaret Thatcher — ou, no caso brasileiro, Guedes e cia. É esse segundo nível que eu chamo de "subjetivo". Neoliberais, nesse sentido, são aqueles que querem através de um projeto político radicalizar o caminho neoliberal, levá-lo às últimas consequências.

Digamos que o losango bolsonariano evolui sobre o fundo de um éter neoliberal ("objetivo") nacional e internacional. Porém, o que interessa mais aqui é a posição do dispositivo neoliberal em sentido estrito ("subjetivo"), o papel eventual que terão no governo Bolsonaro e a equipe neoliberal. A equipe econômica aparece até aqui como uma peça anexa ao novo poder, não como parte constitutiva ou propriamente intrínseca (por isso, falei em losango, que é um quadrilátero, e não num pentágono). A impressão que se tem é a de que se a posição de Bolsonaro se enfraquecer, quem entrará em cena não serão os economistas, mas os militares, que aliás já fazem parte do núcleo do novo governo.

IX

E agora? O programa da "nova ordem" vai sendo posto em prática. Novas denúncias aparecem. Haddad é réu pela segunda vez. Um processo por formação de quadrilha visa de novo Lula e inclui, dessa vez, Dilma. Há hoje um *amálgama*, um pouco no estilo dos processos stalinistas, entre culpados e não culpados, processos jurídicos que têm alguma legitimidade e outros que não têm nenhuma.

Urge chegar a algum tipo de unidade, a uma frente de esquerda e também a outra mais ampla, em favor da democracia. Não custa insistir sobre os milhões de não organizados que votaram em Haddad ou em Ciro e nos candidatos de extrema esquerda, no primeiro turno. Outra massa a ser trabalhada são os 41 milhões que se abstiveram de uma forma ou de outra. Foi a eles que se dirigiram, com razão, os militantes que tentaram até a última hora impedir a vitória de Bolsonaro.

x

O quadro é de qualquer forma desolador. O formigão aparece e reaparece na internet, com a sua figura entre ridícula e sinistra, cachimbo na boca, palavrões e abraços de tamanduá. Para entendê-lo, vale a máxima infantil: "Quem fala é que é". De fato, ele denuncia uma conspiração, mas quem na realidade conspira é ele e o seu herói. Olavo, Bolsonaro e seus acólitos seriam os guardiães dos valores; seus adversários, aqueles que querem destruí-los. Mas que valores? (Sobre essa questão, ver o artigo pioneiro de Arthur Hussne Bernardo, "O bolsonarismo é um olavismo", a sair em breve.) Os valores dos democratas de esquerda são os das luzes, aperfeiçoados pelo melhor da tradição socialista (Rosa Luxemburgo, Jaurès, Martov, e muita coisa dos clássicos). Os dos democratas simplesmente, o melhor do liberalismo político. Quanto aos valores da oligarquia que se instala agora no poder, resumindo muito, diria que eles representam uma triste ideia, para o Brasil e para o mundo.

RUY FAUSTO é doutor em filosofia pela Universidade Paris I e professor emérito da USP. Ele agradece a Arthur Hussne Bernardo, pelas discussões e revisões deste texto.

NOTAS

1. Disponível em: <https://www1.folha.uol.com.br/poder/2018/10/empresarios-bancam-campanha-contra-o-pt-pelo-whatsapp.shtml>. Acesso em: 18 dez. 2018.

2. Disponível em: <https://www1.folha.uol.com.br/ilustrissima/2018/11/eleicao-de-bolsonaro-marca-fim-da-nova-republica-diz-historiadora.shtml>. Acesso em: 18 dez. 2018.

Savonarolas oficiais[1]

José Arthur Giannotti

Quando Joênia Wapichana, agora deputada federal por Roraima, iniciou sua intervenção no Supremo Tribunal Federal falando em sua língua indígena, dirigia-se, primeiramente, a seu povo e a seus deuses, para depois se voltar aos ministros que aí estavam representando todos os brasileiros enquanto pessoas jurídicas. Essa particularização de um discurso que desde logo deveria ser para todos é um dos fenômenos mais notáveis da nova vida cotidiana. Não estaria ligado à revolução promovida pelas novas tecnologias, principalmente pelas novas mídias, que nos permitem a qualquer momento nos comunicar com qualquer parte do mundo sem sair do lugar? O celular sofisticado modificou a sociabilidade e as técnicas de corpo. Lidamos com nossas particularidades de modo diferente e nos universalizamos tentando resguardar nossas peculiaridades. O mundo se apresenta nas televisões, mas cada um guarda para si mesmo a visão de suas alegrias e desgraças.

Como essa nova técnica de viver atinge a política? A resposta depende, antes de tudo, de como a conceituamos: se vem a ser a expressão globalizante de uma sociedade já existente, ou se advém a ela a partir de seus limites e conflitos externos e internos. Noutras palavras, o Estado é anterior ou posterior à política? Acolho a segunda posição. Não cabe discuti-la aqui, mas devo lembrá-la porque dá rumo às minhas hipóteses.

A partir do século XIX, as esquerdas, particularmente aquelas influenciadas pelo neo-hegelianismo, esperavam que a luta entre trabalho e capital haveria de se converter na contradição socialismo ou barbárie, quer superando a própria luta política, quer a luta de todos contra todos. Muitos ainda se lembram de que o hino da Internacional terminava invocando a liberação de todo o gênero humano. Em contrapartida, os conservadores priorizavam o Estado nacional, mas, embora pudessem estar regendo um império, o faziam em nome da civilização contra a barbárie.

Neste século XXI as demandas particulares deixam quase sempre de se vestir como projeto universal para buscar antes de tudo o reconhecimento de suas peculiaridades, numa afirmação de si contra os outros, de modo mais ou menos explícito. No entanto, esse reconhecimento está ligado à forma de sobreviver de cada um, em particular de sua renda pessoal ou familiar, o que obviamente depende da economia de cada país. Acontece que o novo capitalismo, transnacional, baseado no progresso tecnológico e no desenvolvimento das ciências, tende a destruir a categoria tradicional de emprego: trabalho para outrem em horas marcadas, sujeito a uma legislação e à sindicalização do trabalhador. Além do mais, essas empresas de alta tecnologia fazem fortunas num instante e podem estar neste ou naquele lugar. Internacionalizando-se, o capital tende a aumentar as disputas nacionais, reduz a população ativa e provoca ondas migratórias conforme aumenta a distância entre países muito ricos e outros muito pobres. A luta pelo emprego, pelo reconhecimento de um modo de vida particular, cria instabilidade, e o medo de rebaixamento do padrão de consumo transforma as classes médias num barril de pólvora que pode explodir a qualquer momento, mas logo se recolhe. Tudo isso não deve alterar o próprio modo de representação política? Lembremos que essa representação sempre liga os eleitores por semelhança de família: este é semelhante àquele e assim por diante, mas o primeiro pode não ser semelhante ao último. Isso desde já anula qualquer possibilidade de uma democracia direta, como se os problemas nacionais pudessem ser resolvidos por um Enem político, quando cada cidadão encontraria no seu computador perguntas que deveria responder. A opinião política se configura em manifestações nas quais os cidadãos se juntam, reivindicam e se *opõem*, e assim formam e escolhem seus líderes. A luta pelo reconhecimento das particularidades de um grupo tende assim a se politizar em torno de um projeto fundamental, como a retomada do poderio do Reino Unido com o Brexit, os nacionalismos que estão ameaçando a União Europeia e outros exemplos. O simples desprezo pelo bom funcionamento das formas de representação política, imaginar que suas tramas pudessem ser substituídas pelo jogo das notícias verdadeiras ou falsas que circulam pelas mídias, são passos em direção a uma ditadura.

As novas formas de viver e de formar lideranças políticas estão transfigurando os tradicionais procedimentos da democracia representativa. O governo de Donald Trump o evidencia desde logo. "*America first*" prioriza sobretudo o bem-estar daqueles americanos que se sentem ameaçados nas suas identidades regionais, para os quais o mercado de trabalho e os modos de viver minguaram graças às novas formas de produção intensivas em conhecimento. Isso se evidencia quando olhamos os estados que apoiam o presidente norte-americano, basicamente os do centro do país, atrasados tecnologicamente, enquanto as duas costas continuam democratas. Hoje democracias conservadoras ocidentais constroem muros para delimitar particularidades nacionais, evitar a invasão de imigrantes, enquanto as antigas autocracias, como a russa e a chinesa, se abrem para o mercado costurando em torno de si países semi-independentes, mas se fechando em si mesmas. A atual guerra comercial entre os Estados Unidos e a China prenuncia um mundo político atravessado por diversos polos de dominação. Foi-se o tempo em que a Inglaterra governava até as ondas do mar. Nas condições atuais, grupos políticos tendem a se identificar com o Estado de fato, deixando de lado as antigas missões civilizatórias. A oposição entre imperialismo e comunismo com pretensões internacionais cede lugar a grupos que, sem intermediação, almejam ser totais, os adversários sendo facilmente tomados como inimigos. Embora o novo chanceler Ernesto Araújo, libertador do Itamaraty, seja contra o globalismo e pretenda orientar a política externa brasileira no sentido de renovar os ideais do Ocidente, isso passa por uma aliança fraterna com os Estados Unidos em busca de seu isolamento. O novo Ocidente, inspirado em versos de Ésquilo, bate continência para Trump. Por sua vez, o deputado federal Eduardo Bolsonaro e seus amigos asseguram que nossa embaixada em Israel será transferida para Jerusalém a fim de selar a adesão brasileira à nova política americana, assim como para convencer os israelenses que nos transfiram tecnologia a ser usada no cerrado. Mas toda essa política é justificada, nos moldes evangélicos, citando um versículo de Samuel, deixando de lado o fato de que Jerusalém é cidade santa para cristãos e muçulmanos. A política passa a ter fundamentos religiosos, mas qual é nosso interesse nessa mudança? Por que fechar nossas trocas comerciais com os países árabes? O que percebemos é uma confusão entre universalismo e particularismo que nos leva a pensar que a política, tal como formulada pela família Bolsonaro, tem sempre uma tonalidade militar que, na medida em que é travada pela oposição entre amigo e inimigo, vai além da oposição aliado e adversário, marca da democracia.

É sintomático o apelo constante ao Deus cristão. Não é assim que o adversário tende a ser tratado como um incrédulo, por conseguinte um inimigo? Mas também não estaria isso ligado aos novos modos de lidarmos com o sagrado? Entre nós, as igrejas evangélicas têm crescido e reforçado sua luta contra a Igreja católica, aquela que é para todos, como diz seu nome de origem grega *kat'olou*. A Igreja evangélica é particularizante: Deus é fiel porque funciona como um banco que transforma a fé num investimento feito para trazer aos fiéis ganhos materiais e espirituais. Não é por isso que o crente, quando se julga injustiçado, muda de Igreja? O grupo de Bolsonaro é pentecostal pela raiz ao invocar Deus como último fundamento de suas ações. Não voltamos à situação da Europa antes do tratado de Westfália, quando o Deus do rei valia como o Deus do povo. O Deus invocado pelos bolsonaristas transforma as representações ligadas ao reconhecimento do particular numa representação igualizante mas valendo para todos os crentes. Além disso, confere um tom sagrado para aqueles que fazem carreira militar, solidamente hierarquizada, treinados para abater os inimigos da Pátria. Para um comportamento se tingir de sagrado não precisa estar ligado a Deus ou aos deuses. Isso não pode acontecer a partir da vivência da morte sem data prevista insinuando a possibilidade do que não pode ser visto nem ser contado — isto é, do sagrado?

Não é de estranhar, por isso, que o nascente governo Bolsonaro procure lidar com o Legislativo recorrendo primeiramente às bancadas, limitando, tanto quanto possível, o jogo partidário. Em princípio, consiste num jogo entre aliados e adversários, podendo haver redistribuição entre as partes — princípio que obviamente é violado quase sempre. A democracia é um ideal que costuma conviver com seu contrário, os aliados se alinham em vista de adversários que, mais tarde, tanto podem vir a ser aliados como inimigos. E nessa junção, cada representante trata de acumular meios que o reforcem junto às suas bases. O atual presidente eleito inicia suas conversas com os líderes partidários, mas não está ainda claro qual será a moeda de troca, o que os parlamentares levam para se reforçarem como representantes.

Em vista da ideologia do bolsonarismo, o PT sempre será tratado como inimigo. Aliás, o PT, desde seu nascimento, se, de um lado, participou da reconstrução da democracia depois da queda da ditadura instalada em 1964, de outro, nunca abandonou a esperança de implantar um socialismo em que as eleições fossem controladas pelo partido. Não se assenta aí o olhar religioso com que, muitas vezes, observa seus adversários? Como o partido se reformulará para enfrentar situações totalmente novas?

Notável é que Bolsonaro tenha delegado poder para dois superministérios, o da Fazenda e o da Justiça, grupos muito coesos incumbidos de desarmar duas bombas-relógios herdadas das administrações petistas. O primeiro tentará aplicar medidas liberais, que seus chefes aprenderam na Escola de Chicago, para enxugar um Estado obeso, gastão, reformar a Previdência, o sistema tributário e assim por diante, preparando o terreno para um desenvolvimento mais robusto. Tarefa difícil para muitos anos e muitas administrações. O superministério da Justiça, por sua vez, me parece uma aposta perigosa, pois será dirigido por alguém que o presidente dificilmente poderá demitir. No fundo, tem em mão o combate a toda espécie de violência organizada, aquela cotidiana, provocada pelo narcotráfico e pela corrupção política.

Por certo não há política sem corrupção, mas seus efeitos dependem de sua forma. No Brasil, grandes empresas passaram a legislar subornando sistematicamente grupos políticos, que se transformaram em quadrilhas. Conforme instituições estatais passaram a existir como focos de propina, alguns funcionários trataram de encontrar um meio de combater essa contradição que as enfraquecia. Inspirada na operação Mãos Limpas, na Itália, a Lava Jato nasce reagindo a procedimentos que enervavam o trabalho cotidiano de certos funcionários *públicos*: policiais, promotores, juízes etc. A operação cresce conforme puxa o fio desse tipo de corrupção. No início, se move na legalidade, mas conforme vai avaliando o poderio dos adversários ousa atravessar suas margens desde que chegue a um resultado retumbante. Essa hesitação faz parte daquela zona cinzenta da política em que a ação espera ser justificada por normas posteriores. Até mesmo a Suprema Corte americana num dia declara que a pena de morte é inconstitucional, noutro a aceita, para depois rever sua posição. Essa hesitação cria jurisprudência tanto positiva quanto negativa e retira do Estado a culpa pelos criminosos que ele próprio matou. O juiz Sergio Moro já forçara alguns desses limites e finalmente compreendeu, como o fizeram seus colegas italianos, que ele mesmo deveria se tornar um ente político; antes das eleições já se deixara fotografar com líderes do PSDB e depois aceitou se encontrar com um representante de Bolsonaro.

As atividades básicas desse governo são permeadas de uma rede de comandantes militares, competentes e experimentados, muito diferentes daqueles da última ditadura, mas, como militares, são treinados numa disciplina muito diversa da do jogo dos políticos. Bolsonaro envolve todo o governo com uma rede de ferro que, como nas peças de concreto, o protege e o solidifica. Ao assegurar a democracia formal, um impedimento só seria possível com o apoio das Forças Armadas, sem que se saiba, em contrapartida, até que ponto se ajustarão ao jogo verdadeiramente democrático no qual a hierarquia é sempre mutável.

Trata-se de um governo que se quer para todos os brasileiros, mas encaixados num modelo tradicional de família. Papai, mamãe e filhos configuravam o núcleo familiar cuja continuidade estava ligada a uma época determinada. Basta ler sem preconceito a *História da sexualidade*, escrita por Michel Foucault, para que se percebam as enormes diferenças entre as sexualidades nas diversas culturas. No seu livro póstumo, *As confissões da carne*, Foucault mostra lindamente como os primeiros cristãos pensavam a sexualidade, assumindo a castidade como a virtude maior e o casamento sendo sempre uma questão. No entanto, as relações sexuais mudaram de sentido depois que a pílula liberou o prazer da reprodução, conferindo novas significações aos próprios atos. Cada povo, cada grupo possui suas técnicas de corpo. Um japonês não anda nem ama como um francês. É o que já se percebe observando os *shunga* eróticos, produzidos principalmente durante a passagem da capital do Japão de Kyoto para Tóquio, verdadeiros exemplos da arte de amar. Ou, para não sair do Ocidente, que se estude como os médicos tratavam o sexo no século XIX.

O governo Bolsonaro promete uma batalha pela renovação dos costumes e purificação do ensino conspurcado pelo coletivismo marxista. Não é à toa que tendo convidado para o Ministério da Educação Mozart Neves Ramos, quadro competente escolhido junto à equipe de transição, logo o desconvida quando é vetado pela bancada evangélica. O posto vai para o professor Vélez Rodríguez, um ideólogo do conservadorismo. Este não perdoa o fato de até agora não termos uma filosofia nacional. Vejamos o que escreve:

> Aconteceu, na seara da filosofia, estranho fenômeno de colonialismo cultural que foi, progressivamente, extinguindo tudo quanto, no nosso país, cheirasse a estudo do pensamento brasileiro ou à consolidação de uma filosofia nacional. Os artífices dessa façanha (ocorrida nas três últimas décadas do século passado) foram os burocratas da Capes no setor da filosofia, comandados pelo padre jesuíta Henrique Cláudio de Lima Vaz. Os fatos são simples: no período em que o general Rubem Ludwig foi ministro da Educação, ainda no ciclo militar, os antigos ativistas da Ação Popular Marxista-Leninista receberam, à sombra do padre Vaz, a diretoria dos

conselhos da Capes e do CNPq, na área mencionada. Especula-se que o motivo da concessão fosse uma negociação política: eles prometiam abandonar a luta armada. A preocupação dos militares residia no fato de que foi esse o único agrupamento da extrema esquerda que não se organizou explicitamente em partido político.[2]

Observe-se o rigor histórico dessa narração.

O filósofo nacionalista se esquece de que para termos uma filosofia de caráter nacional é preciso dominar os grandes pensadores do Ocidente, e, nos últimos anos, esse conhecimento cresceu entre nós de forma admirável. Na verdade, há muita ideologia de esquerda nas universidades, mas o que o ilustre ministro pretende é substituir esta por outra de direita, quando para o Estado brasileiro importaria, sobretudo, criar um pessoal técnico capaz de ler textos, interpretá-los e, a partir daí, lidar com velhos e novos problemas.

De outra parte, o esforço em aprovar o projeto de lei Escola Sem Partido, para limpar as escolas de qualquer ideologia, proibindo que o professor assuma diante dos alunos suas posições políticas e religiosas, no fundo visa retirar do docente seu caráter exemplar, daquele que sabe pensar, isto é, colocar-se apropriada e pessoalmente diante de novas situações. Os computadores informam, não ensinam.

A sociologia hermenêutica, de orientação weberiana, aconselha que o professor logo declare suas crenças e faça o possível para examinar com cuidado todas as posições adversas. O estudo dos fenômenos sociais sem empatia não chega a seu fundo, não forma ninguém. Transformado em lei, esse projeto deve proibir que se leia Max Weber e seus discípulos? Igualmente deveria proibir a leitura de trechos da Bíblia, pelo menos quando descrevem as fornicações dos pais de Sião. Salomão não é filho de Davi, que seduziu uma mulher casada? Arrumou um jeito para que seu marido morresse numa frente de batalha e só assim, evitando que fosse apedrejada, pôde se casar com ela e integrá-la no seu harém.

Não há dúvida de que na educação e na cultura houve financiamentos estatais indevidos e doutrinamento por parte de grupos esquerdistas pouco democráticos. Um erro, porém, não se corrige por outro, principalmente por uma política de Estado que concebe a formação dos jovens na base de uma disciplina hierárquica, escolhendo no mercado das ideologias aquela mais estreita, inimiga da tolerância diante da divergência dos costumes e do pensamento. Mesmo o cientista mais genial pode limitar seu campo de saber quando exclui dele certos procedimentos. Einstein nunca aceitou o probabilismo e as indefinições nos modos de ser de algumas partículas estudadas pela mecânica quântica. Seria muito triste e pernicioso que todo o esforço para liberar o mercado de intervenções ideológicas e do controle de toda a sociedade brasileira se converta num ensino doutrinário. Pior ainda se, a exemplo do governo, grupos mais radicais passarem a vigiar escolas, denunciar suspeitos, promover preconceitos contra homossexuais ou transexuais.

Tenho insistido em que uma sociedade de massa requer filósofos de massa. Estes, porém, só podem cumprir suas tarefas cotidianas se reduzirem o pensamento filosófico a considerações sobre comportamentos morais ou políticos, deixando à margem toda aquela problemática, desenhada pelos primeiros filósofos gregos, sobre o Ser e o Logos. Quando um ou outro ousa invadir esse terreno, desprezando a devida formação — o conhecimento da língua original em que os textos foram escritos para evitar engolir traduções defeituosas, comparar os diversos comentadores configurando diferentes interpretações e assim por diante —, só pode escrever um texto que caberia numa história em quadrinhos. E quando contestado, a reação natural vem a ser o insulto. Por certo, pode ter enorme sucesso mediático, virar best-seller, atingindo a glória desenhando bandeiras e apontando bandeirantes para um governo. Em contrapartida, termina traindo aquela tradição de que se apresenta como defensor, mas que tem suas raízes na formulação de Sócrates, que reconhecia que a busca pelo saber cruza o não saber.

A família Bolsonaro parece acreditar que todos os seus votantes aderem a uma visão moral tradicional, de baixíssima qualidade, incapaz de avaliar os dilemas da moralidade contemporânea, mas que corre solta pela mídia. É nessa base que planeja as batalhas que pretende travar contra os maus costumes. Erra na interpretação dos votos, pois uma grande parte foi simplesmente anti-PT e não adere a essa cruzada moralista. O liberalismo do governo não está definido, mas pode ainda se esfarelar lançando-se numa operação puritana.

JOSÉ ARTHUR GIANNOTTI é professor aposentado de filosofia da USP e pesquisador do Cebrap.

NOTAS

1. Devo a Lidia Goldenstein e a Marcio Sattin inúmeras sugestões que mudaram este texto.
2. Ricardo Vélez Rodríguez, "Quem tem medo da filosofia brasileira?". *Revista do Centro de Pesquisas Estratégicas Paulino Soares*, Universidade Federal de Juiz de Fora.

A política brasileira em tempos de cólera

Angela de Castro Gomes

Em um fim de tarde de janeiro de 1972 fui conduzida por três policiais armados de um apartamento em Icaraí, Niterói, até um fusca estacionado na rua. Um deles tomou o volante, e fui sentada no banco de trás, entre os outros dois. O carro partiu e, enquanto rodava, eu era cutucada pela ponta das armas dos policiais, que me diziam coisas horrorosas. Do fundo do coração, eu sabia que essas ameaças podiam ser cumpridas e, sem entender direito para onde me levavam — o carro deu algumas voltas —, fiquei completamente apavorada. Acabei chegando ao Dops, no centro de Niterói, onde me deixaram numa cela sem nada. Minha prisão durou pouco tempo; nem por isso foi menos dolorosa para mim e meus familiares.

Escrevo sobre esse fato em circunstâncias muito especiais e quebrando um juramento que fiz a mim mesma, há muito tempo. Ao longo de décadas, não o mencionei em conversas e muito menos imaginei que, um dia, escreveria sequer uma linha sobre ele. Contudo, diante do que ocorreu nas urnas no dia 28 de outubro de 2018, me senti tão arrasada e assustada que a imagem que me veio para transmitir esse estado d'alma (palavras de meu pai) foi justamente a de estar sentada naquele fusca, sendo conduzida por pessoas truculentas, sem destino anunciado, em direção contrária a tudo que aprendi e procurei ensinar como princípios orientadores da convivência em sociedade, a começar pelo respeito à dignidade humana.

Portanto, é impossível que este texto não fique comprometido por uma profunda angústia, mesmo tendo sido elaborado por uma historiadora que trabalha com o tempo presente. Gosto de pensar que escrevo algo semelhante ao que chamei de rascunhos de história imediata: observações guiadas pelo método historiográfico e pelo conhecimento da história do Brasil republicano, mas cujo sentido é servir de material para trabalhos mais cuidadosos que, no futuro, vão esquadrinhar esse evento.

Estou convencida de que as eleições de 2018 — especialmente a de Jair Bolsonaro, do Partido Social Liberal (PSL), para a Presidência da República — são um acontecimento a ser assinalado de maneira bem específica na história política do Brasil recente. Elas são um marco no curso da história de nosso atual regime democrático, iniciado com a promulgação da Constituição de 1988. O presidente eleito — pela retórica de seu discurso como candidato, pelas ideias e crenças que propaga para seu governo e pela forma como realizou sua propaganda — produziu uma inflexão nos valores e práticas da chamada Nova República, ao atingir ao menos dois de seus pilares fundamentais: a convivência com a pluralidade política e o respeito à diversidade social. Essa é uma constatação simples, mas não óbvia, porque campanhas eleitorais são marcadas por estratégias que exploram a ambiguidade e a experimentação, além de uma repaginação do que um candidato — sobretudo com o perfil de Bolsonaro — diz e faz ao longo do embate com seus adversários. De toda forma, é em torno dos aspectos singulares que a eleição de Bolsonaro trouxe à política brasileira que procurarei desenvolver as inquietações que ora povoam meus pensamentos.

Conforme já se afirmou um sem-número de vezes, essa não foi uma eleição como as outras que tivemos após a Constituição de 1988 e, da mesma forma, como as que tivemos entre 1945 e 1964, quando também experimentamos um regime liberal-democrático com sistemática troca de governantes nos Poderes Executivo e Legislativo. A vitória de Bolsonaro pode até ser relativizada, como alguns comentaristas dos resultados eleitorais têm feito. Mas penso que não deva ser minimizada sob o argumento de que, nas urnas, ele teve cerca de 40% dos votos, o que poderia indicar que a maioria, soberana em democracias, não votou nele. Esse tipo de lógica não é novidade, e também foi utilizado pela oposição para questionar a vitória de Dilma Rousseff, em 2014. Aliás, quando Juscelino Kubitschek, do Partido Social Democrata (PSD), foi eleito em 1955, por maioria simples e sem segundo turno, de acordo com o sistema eleitoral vigente, a União Democrática Nacional (UDN) — o partido de oposição — quis invalidar o pleito, com a justificativa de que JK não alcançara 50% dos votos. Tratava-se de um golpe da oposição, que foi vencido por uma reação — conhecida como contragolpe preventivo — pela qual o ministro da Guerra garantiu a posse do eleito. Ou seja, é fácil verificar que a utilização desse questionamento aos resultados eleitorais é algo conhecido na política, sendo sua maior consequência a fragilização de nossas experiências democráticas, no passado e no presente.

A campanha eleitoral de 2018 foi difícil e tensa, mas a vitória de Bolsonaro não constituiu uma surpresa. Isso porque o resultado do pleito já se desenhava nas pesquisas de intenção de voto, não deixando, estatisticamente falando, grande margem para dúvidas sobre quem seria o vencedor. Bolsonaro manteve boa vantagem, mesmo quando, durante o segundo turno, uma robusta reação do candidato Fernando Haddad, do Partido dos Trabalhadores (PT), ganhou as ruas, apontando a possibilidade de uma mudança nos resultados. Ainda assim, os indicadores das pesquisas e as advertências de sinceros aliados — como Mano Brown — alertavam que essa possibilidade era pequena e ofereciam caminhos para entender suas razões.

Mais uma vez, como diversos artigos publicados em periódicos e na internet vêm assinalando nos últimos meses, os fatores que ajudam a entender a manifestação dos eleitores nas urnas foram muitos e complexos. Até porque, meu pressuposto é o de que a população sabe votar — contrariando argumento bastante repetido que desqualifica os eleitores, vistos como manipulados, enganados etc. O eleitorado brasileiro, como o de todas as partes do mundo, vota informado por suas vivências no contexto histórico de cada eleição e orientado pelas estratégias dos candidatos e pela atuação da mídia escrita, falada, televisionada e digital, que tem imensa influência em processos eleitorais internacionalmente.

Nesse caso concreto, a ação da mídia digital foi alvo inclusive de denúncias. A utilização de fake news, orquestradas e financiadas por interesses empresariais e enviadas por empresas estrangeiras de comunicação, como noticiado pelo jornal *Folha de S.Paulo*, é o exemplo mais contundente. Tudo proibido pela legislação eleitoral, porém de difícil comprovação e, mais ainda, imagino, de ser considerado crime pela Justiça Eleitoral. O que não seria inusitado, uma vez que ataques desse tipo à candidata do Partido Democrata norte-americano, Hillary Clinton, por parte de seu adversário do Partido Republicano, Donald Trump, foram manchete em todo o mundo durante as eleições americanas de 2016 e, como tudo leva a crer, impactaram o resultado da eleição.

Porém, fatores de médio e longo prazo, bem mais complexos, afetaram a disposição do eleitorado brasileiro para votar num candidato que se apresentou como alguém "de fora" e contrário a todo o sistema político — dominado pela corrupção e incompetência —, mesmo sendo um deputado federal filiado há décadas a vários partidos. Com tais credenciais e a despeito de suas vinculações pessoais e familiares com esse mesmo sistema, propagou que só ele poderia realizar uma "faxina" completa, levantando a bandeira do combate à corrupção, uma constante entre todos os candidatos.

Bolsonaro acabou se valendo da crise econômico-social que gerou milhões de desempregados e subempregados, levando ao colapso dos serviços de educação, saúde e segurança pública. Essa situação foi aprofundada com a crise política iniciada com o questionamento dos resultados eleitorais que levaram à posse de Dilma Rousseff, em 2014, e agravada pela oposição parlamentar, simbolicamente encarnada pelo presidente da Câmara, Eduardo Cunha. Foi ele que, em 2016, recebeu o pedido de impeachment, que acabou por derrubar uma presidente eleita em dois turnos. Foi um evento decisivo, por demonstrar como as regras da democracia podem dar abrigo a articulações políticas que confrontam a própria estabilidade democrática, resultando em governos que, mesmo legalmente empossados, não possuem a legitimidade das urnas. O impeachment da presidente, o segundo vivido pela Nova República — o primeiro foi o de Fernando Collor de Mello, em 1992 —, explicitou as possibilidades de instrumentalização política de procedimentos sancionados pela Constituição, expondo as dificuldades de fortalecimento de nosso regime democrático.

Além disso, esse momento condensou críticas que vinham levando, desde 2013 grupos muito diversos às ruas, como ilustrado pelas manifestações iniciadas com a reivindicação do passe livre. A partir de então, as mobilizações ocorridas em diversas cidades do Brasil — com o estímulo da operação Lava Jato — aceleraram a consolidação de um discurso que identificou a corrupção promovida por políticos e seus partidos como a grande responsável pelos males do país. Nesse contexto, o PT, partido da presidente e com integrantes efetivamente envolvidos em episódios de corrupção, tornou-se alvo preferencial. Como era o partido que estava no poder havia anos, podia ser mais facilmente apresentado como o maior (senão o único) causador da grave crise pela qual passávamos. Se esse diagnóstico é simplista e não resiste à análise — é difícil que problemas tão antigos e complexos sejam explicados pela ação de um só partido —, é justamente por isso que se torna muito convincente para um grande público. Sobretudo porque o antipetismo passou a cobrir um campo muito mais amplo e diverso, de forma alguma restrito ao partido, abarcando e se confundindo muitas vezes com o anticomunismo e até com o antiterrorismo.

As questões suscitadas pela campanha e pela eleição de Bolsonaro são muitas e sobre elas historiadores e cientistas sociais ainda irão se debruçar por muito tempo, até porque são o exemplo mais bem-acabado do estraçalhamento do sistema partidário estabelecido com a Nova República. Uma dessas questões, pela importância que lhe atribuo e pelo temor que me causa, chamou minha atenção: o discurso de ódio e intolerância que o candidato utilizou para se apresentar como político, com performances agressivas e palavras extremamente violentas contra aqueles que foram sendo definidos como seus inimigos. O que me impressionou, portanto, não foi tanto o fato de ele ser um candidato de direita radical, com um programa ultraconservador do ponto de vista comportamental; ultraliberal no que diz respeito às políticas econômicas; e ainda mais ultraliberal, se for possível, no que se refere às políticas sociais a serem abandonadas ou asfixiadas (por falta de verbas, entraves burocráticos etc.).

Evidentemente, tudo isso dependerá da força das instituições políticas e do poder de resistência das oposições partidárias e das organizações da sociedade civil às investidas de um projeto claramente antidemocrático. A comunidade internacional poderá ter peso significativo caso interfira em negociações comerciais que afetam o agronegócio, uma das maiores bases do novo presidente, ao lado dos evangélicos e da chamada bancada da bala. Quanto à capacidade de nossas instituições se manterem funcionando segundo o modelo democrático, já circulam nesse momento pós-eleitoral reflexões que apontam para as múltiplas possibilidades de implantação de práticas autoritárias "por dentro" do sistema político, sem o desmanche do desenho institucional. Rogério Arantes[1] fala de uma "legalidade autoritária", ou seja, de possibilidades políticas e jurídicas de concentrar poder e exercê-lo sem entraves ou alterações drásticas nas instituições existentes. Wanderley Guilherme dos Santos segue a mesma linha quando menciona um "governo de ocupação", em que "as instituições democráticas, pelas suas virtudes de tolerância interpretativa, abrem um espaço para se governar autocraticamente em nome da democracia".[2] Possibilidades que Jairo Nicolau menciona em seu prefácio ao livro *Como morrem as democracias*, ao comentar como regimes democráticos tradicionais e até consolidados podem ser enfraquecidos, "de modo legal".[3]

Ou seja, ao contrário do que muita gente imagina, as democracias contemporâneas não são ameaçadas apenas por golpes militares e civis que escancaram a ruptura com o poder legítimo. Há outros tipos de ataques à democracia, que podem assumir a forma de deposições legais, como no impeachment, ou mesmo serem conduzidos por governantes eleitos, que por dentro das instituições e de modo legal "matam" o pluralismo político, a liberdade de expressão, a diversidade social, os direitos humanos etc., liquidando o que de mais caro os valores democráticos sustentam. A montagem de um superministério da Justiça, sob a gestão de Sergio Moro — o juiz que melhor encarna o combate à corrupção e ao petismo —, aponta com precisão para esse horizonte político. Em especial quando os jornais anunciam seus planos de endurecimento da repressão aos corruptos e às organizações criminosas, ambos definidos, presos e julgados pelos critérios dessa nova engenharia politico-jurídica.

Quanto ao poder das oposições partidárias no Congresso e das resistências organizadas da sociedade civil, é difícil antever como serão os embates. Mesmo assim, é possível saber que exigirão muita coordenação e cuidado, à medida que, mesmo com um programa propositalmente vago, não há dúvidas quanto a alguns de seus alvos preferenciais: o meio ambiente, as comunidades indígenas e quilombolas, as universidades públicas, a educação gratuita e laica, os direitos dos trabalhadores, entre outros. O discurso que Bolsonaro proferiu imediatamente após receber a notícia de sua vitória nas urnas é claríssimo: vai combater todos os ativismos sociais, fórmula ampla que, em alguns casos, poderá enquadrar qualquer manifestação passível de ser considerada como ameaça à segurança nacional.

A ascensão de candidatos como Bolsonaro — defendendo um programa de direita radical — não surpreende em termos internacionais. Ele se aproveita da conjuntura que levou Trump ao poder, nos Estados Unidos; que facilitou a aprovação do Brexit, na Inglaterra; da emergência dos nacionalismos europeus (França, Polônia, Eslováquia, Hungria e República Tcheca), para lembrar alguns exemplos. Nem mesmo é uma novidade em termos nacionais. Bolsonaro, em muitos aspectos, integra uma linhagem de lideranças personalistas de direita com um passado de muitas décadas no Brasil. Esse passado é valioso para entender como ele se beneficiou de um conjunto de valores, crenças, linguagens e símbolos, que são conhecidos da população e constituem uma tradição da política de direita no país.

No entanto, é importante perceber de que forma Bolsonaro altera tal tradição. Ele o faz, a meu ver, quando articula um discurso de cólera, cuja retórica se destina a mobilizar apoios a ações violentas, a serem realizadas por seu governo e por integrantes de suas bases políticas, autorizadas a se armar para combater aqueles identificados como inimigos do governo/ pátria. Dessa forma, ele dá um sinal positivo, no mundo público, a comportamentos e sentimentos que, existindo no mundo privado, não eram apresentados como modelo a ser tomado pelos cidadãos.

Na tradição política da direita, no Brasil, o primeiro exemplo a ser lembrado é o de Plínio Salgado. Um intelectual modernista que se torna o líder carismático da Ação Integralista Brasileira (AIB), em 1932. A AIB foi um movimento de inspiração fascista que se organizou de forma rigidamente hierárquica e paramilitar, mobilizando militantes e se tornando um movimento de massa. Seus membros se uniformizavam de verde, marchavam pelas ruas e portavam armas. O momento era favorável a lideranças totalitárias e autoritárias, que tinham discursos e práticas saudando a violência como força regeneradora. Plínio Salgado ilustra esse figurino, com seu gestual, com a saudação "anauê" e com a seleção de inimigos a serem perseguidos: os comunistas e os judeus. A AIB foi um sucesso até 1937, ano do golpe do Estado Novo. A partir daí, tornou-se uma ameaça intolerável para o projeto de poder de Vargas e das Forças Armadas que o apoiavam.

O Estado Novo era um regime autoritário, mas não fascista: não desejava estimular mobilizações populares, nem colocar armas nas mãos da população. Tampouco montou um partido único. Vargas era o Chefe, e o monopólio da força devia ser das Forças Armadas. O discurso de Vargas propunha a harmonia entre as classes sociais e a resolução dos conflitos pela via da negociação, proclamando que nosso povo era pacífico e a grandeza do Brasil estava em nossa diversidade étnica e cultural. Evidentemente, quem não atendesse a tais apelos era denunciado e reprimido, inclusive com a tortura, que ficava nos porões policiais, sem ser alardeada. O ditador (e não há bons ditadores), cuja figura é então consolidada, apresentava-se como um líder sábio e paternal, que sabia ouvir o "povo trabalhador" em suas dificuldades. A violência era justificada em circunstâncias extremas, não no cotidiano. Foi com muita violência que se combateram os comunistas, que se revoltaram em 1935, e os integralistas, que fizeram o mesmo em 1938.

Ameaçar o regime era ameaçar o Estado, vale dizer a pátria. Uma retórica muito forte que seria sistematicamente repetida ao longo da história republicana do pós-1930, ao lado da caracterização de seu inimigo preferencial: o comunismo. De toda forma, depois da insurreição de 1938, Salgado acabou tendo que se exilar em Portugal. Voltou após a redemocratização de 1945; refundou e adequou sua organização, transformando-a em partido político, o Partido da Representação Popular (PRP), concorrendo às eleições presidenciais de 1955, marcadas pelo recente trauma do suicídio de Vargas, em 1954.

O ex-ditador retornara ao poder em 1950, dessa vez pelo voto popular, para desespero da oposição reunida na UDN desde o fim do Estado Novo. A eleição de 1950 deixou claro como o sistema partidário da época era atravessado pela liderança pessoal de Vargas: de um lado, os que o apoiavam; de outro, a oposição, fundamentalmente antigetulista e antitrabalhista. Por isso, quando ameaçado de impeachment em 1954, Vargas produziu uma autêntica inversão da situação política ao se suicidar ritualmente em nome do povo: os "trabalhadores do Brasil", como ele os chamava, foram às ruas caçar os que queriam cassar o presidente. Assim, depois de morto, seu capital político manteve-se forte e as eleições de 1955 consagraram a vitória dos partidos que representaram seu legado: o Partido Social Democrático (PSD) e o Partido Trabalhista Brasileiro (PTB).

Plínio Salgado e seu PRP procuraram traduzir uma proposta de direita no quadro do sistema partidário da República de 1945--64, sustentando um discurso conservador que defendia o poder da família, mas apoiava a legislação trabalhista existente. Dedicado a combater o comunismo e, igualmente, o fascismo, o antigo líder integralista não mais recorreu à performance militarizada anterior, em palavras ou em gestos. Também não empolgou, nem antes de 1955, nem nas eleições, nem depois. O PRP apenas continuou existindo como um pequeno partido até 1964, quando apoiou o golpe civil e militar.

Mas havia outras lideranças de direita no Brasil, que empolgaram muito mais e se organizaram na UDN, sob um discurso liberal, moralista e antitrabalhista. Dentre elas, o maior destaque foi Carlos Lacerda. De integrante da juventude comunista a político de direita dos mais importantes, Lacerda era um líder personalista e altamente carismático, que se apresentava e introduzia suas propostas com uma linguagem belicosa e agressiva. Dono de um jornal — *Tribuna da Imprensa* —, atacava de todas as formas seus adversários políticos, que se transformavam em inimigos a serem combatidos. Ficou conhecido como o "demolidor de presidentes", pelos efeitos que seus discursos produziam, especialmente como personagem central na crise que levou ao suicídio de Vargas, ao sofrer um atentado à bala.

Lacerda foi o grande líder popular da direita udenista, a mais importante da Terceira República no Brasil. Muito mais que Jânio Quadros. Primeiro, porque este não era um udenista, embora tenha vencido as eleições presidenciais de 1960 com o apoio desse partido. Segundo, porque suas políticas oscilaram bastante em seu curto governo. Jânio tinha um discurso moralista, ao qual acrescentou doses generosas de caça aos corruptos, adotando como símbolo de campanha a vassoura. Mas assumiu uma política externa independente, tendo condecorado Che Guevara, obviamente para desagrado da UDN.

No entanto, nem Lacerda nem Jânio se vangloriavam de possuir traços de personalidade tão polêmicos como os que passamos a ver na política atual. Lacerda tinha estilo pessoal violento: atacava e xingava seus adversários no Parlamento, no jornal e no rádio, acusando-os de corrupção, entre outras coisas. Jânio gostava de falar com mesóclises, de forma empolada e inflamada. Certamente, a sociedade brasileira da época era violenta, preconceituosa e afeita às pregações anticomunistas e anticorrupção, como a imprensa sempre noticiou em suas colunas políticas e seções policiais. Entretanto, as lideranças mais expressivas de direita, estaduais e nacionais, estavam longe de estimular condutas violentas nas relações sociais cotidianas, como Bolsonaro faz com palavras e gestos impregnados de autoritarismo e de intolerância.

Jânio Quadros foi eleito, tomou posse e meses depois, em agosto de 1961, renunciou por pressões de "forças terríveis", que não identificou. Uma suposta tentativa de golpe para aumentar seus poderes foi frustrada pelo rápido aceite do Congresso, com o qual o presidente se batia. Porém, esse mesmo Congresso não conseguiu garantir a posse do vice-presidente eleito (havia eleições para vice-presidente), João Goulart, do PTB, vetada pelos militares. Jango assumiria dias depois, em clima de forte tensão e num regime parlamentar, mas não acabaria seu mandato. Em 1964 foi derrubado por um golpe militar e civil, com tanques nas ruas, mas também com apoios na sociedade (os empresários e a mídia impressa em especial). Esse foi um contexto de extrema radicalização, à direita e à esquerda, na política brasileira. Jango foi o grande alvo, concentrando todo o mal que, para a direita, a esquerda brasileira representava: comunista, subversivo, corrupto, incompetente etc.

Não há espaço nem motivo para fazer aqui um arrazoado de história política do Brasil. O interesse é ressaltar a existência de diversas lideranças de direita, algumas muito populares e agressivas, atuando ao longo da República que antecedeu o regime autoritário que derrubou Goulart, cujos presidentes eram generais de cinco estrelas. Lacerda, como outras lideranças, considerou que o golpe de 1964 seria muito duro, mas não duraria muito. Ele e Juscelino, por exemplo, imaginaram que seriam candidatos com grandes chances de vitória nas eleições de 1965. O problema foi que essas eleições não aconteceram, mas a cassação de seus direitos políticos, sim. Novas eleições diretas para presidente da República só ocorreriam mais de vinte anos depois, em 1989. Após tanto tempo de ditadura e com um partido de esquerda, o PT, competindo com chances, quem venceu foi um candidato de direita. Filiado a um pequeno partido (Partido Trabalhista Cristão), Fernando Collor seguiu, em boa parte, o figurino da tradição política das direitas brasileiras.[4] Com um discurso moralizador de "caça aos marajás", ele prometia colocar a economia do país "ao nível das maiores potências", levando-a do tempo das carroças de boi aos carros supervelozes. Uma mistura entre uma bandeira clássica da UDN e um "plano de metas" mal especificado e pior ainda executado, já que sua primeira medida foi sequestrar a poupança de todos que tinham dinheiro em bancos. Houve quem sofresse infarto e até suicídios. Eu mesma assisti a uma inesquecível manifestação de mulheres grávidas no saguão do Banco Central. Elas ameaçavam parir dentro do gabinete do presidente do BC caso o dinheiro guardado para o parto não fosse liberado. Collor chamava os eleitores de descamisados e, de fato, deixou muita gente assim.

A esquerda brasileira, é claro, também tem uma tradição personalista de líderes carismáticos, mas eles não são meu interesse principal neste texto. De toda forma, um destaque seria Luís Carlos Prestes — o Cavaleiro da Esperança —, líder popular do Partido Comunista que, eleitoralmente, não deixou maiores marcas. Vargas, o maior nome da política brasileira do século XX, é de caracterização ambígua. Ditador nos anos 1930 e presidente eleito pelo voto popular em 1950, ele é a referência que encarna o trabalhismo, ideologia política que se situa à esquerda, particularmente sob o comando de seu herdeiro político, João Goulart. Convivendo com Jango, dentro da linhagem trabalhista, está Leonel Brizola. Sua atuação tem destaque, antes de 1964, com a Campanha da Legalidade — que foi crucial para a posse de Jango — e também pela luta pelas reformas de base, a serem conquistadas "na lei ou na marra". Portanto, Brizola foi um líder de esquerda que apelou à violência, em contexto, aliás, muito violento. Depois da anistia, em 1979, ele voltou ao Brasil e fundou o Partido Democrático Trabalhista (PDT), uma reinvenção do trabalhismo nos moldes da social-democracia europeia dos anos 1980.[5] Lula, que alcançou a Presidência da República — depois de Jango, morto no exílio —, seria o grande nome da esquerda. Certamente, o maior de todos, considerando-se as lideranças populares até o início do século XXI. Por isso, embora se diga que o lulismo morreu nessas eleições de 2018, talvez seja bom ser mais prudente. O que não invalida a constatação de que o PT terá que se reinventar e reconhecer seus erros, entre eles o de ter se envolvido em corrupção. Não seria o primeiro partido a fazer isso, já que o PTB fez algo do gênero após a morte de Vargas, quando passou a ter forte feição nacionalista e reformista.

A tradição política de lideranças personalistas populares de direita não é pequena no Brasil. Ela é detentora de uma retórica contundente e tem inimigos de plantão. Porém, é importante observar que a designação "direita" (assim como "esquerda") está longe de se referir a um conjunto harmônico: há direitas (e esquerdas), sempre conforme o momento histórico, sendo que suas facções podem conviver ou competir entre si. O personalismo frequenta os dois campos e marca nossa política, como Sérgio Buarque de Holanda diagnosticou em *Raízes do Brasil* (1936). Ao construir o conceito de cordialidade, Buarque de Holanda se referia à resistência de nossa sociedade ao impessoalismo das relações políticas e sociais, uma prática cultural necessária à modernização das sociedades ocidentais. Porém, a cordialidade era também um tipo de proteção aos excessos desse mesmo impessoalismo. Quer dizer, algo ambivalente, que precisava ser combatido, mas dificilmente descartado de todo, para o bem e para o mal. O personalismo também se afina com outras características da política brasileira: o antipartidarismo e a vontade de concentração de poderes no Executivo, sobretudo porque temos um regime presidencialista, em que a figura do presidente, desde Vargas, é a face mais visível da política para toda a nação.

Bolsonaro deve ser visto como mais uma dessas lideranças que se incorpora à tradição personalista brasileira, vindo de uma direita radical que cresceu mundialmente nesse início do século XXI. No entanto, ele precisa ser situado como uma liderança popular de direita muito específica e distinta, nessa mesma tradição. Disputou e venceu eleições, cativando um eleitorado que o vê como um salvador da pátria — um "guerreiro" que usa a força física e apelos religiosos —, conforme assinala Raoul Girardet ao traçar os modelos de mitologia política dos tempos modernos. Lacerda e Collor queriam ser algo do mesmo tipo e manobravam um discurso também aguerrido, considerando-se as especificidades e o momento histórico de cada um. Sem dúvida, Bolsonaro acionou elementos clássicos da tradição política da direita no Brasil (a família, a moral, o combate à corrupção e ao comunismo), mas os apresentou de uma maneira inusitada, ao verbalizar e teatralizar, de forma nua e crua, como um "homem comum", todo um conjunto de crenças, valores e propostas que, até agora, não deviam ser exibidos publicamente, e muito menos considerados como qualidades, nem para governantes nem para a população do país. Bem ao contrário. Algo que pode ser entendido em função da gravidade da crise atual e também das experiências políticas que delinearam o perfil de Bolsonaro, nas últimas décadas.

Minha inquietação de cidadã e minha atenção de historiadora não se devem ao fato de o novo presidente ser um militar reformado de ultradireita, que se apresenta como disposto e capaz de mudar o país pessoalmente. Sua propaganda insiste, como é usual, na desqualificação dos políticos "profissionais" e dos partidos políticos, reforçando o bias antipartidário frequente na política brasileira: um autêntico mantra que funciona como complemento decisivo para o personalismo salvacionista. Aliás, é esse antipartidarismo que vai alimentar uma crítica às próprias instituições parlamentares (antros de políticos corruptos e impatrióticos) e se confundir com ela, dando sentido à afirmação de que um governo eficiente é um governo de pessoas, "chamadas" diretamente pelo líder, ungidas por ele e escolhidas por critérios apartidários, por si só perigosos. Como se isso fosse possível em sistemas congressuais, nos quais só se chega ao poder por vínculos com propostas políticas que são partidárias, e nos quais a aprovação de qualquer política pública depende de negociações partidárias.

O que me chama atenção na eleição de Bolsonaro são os sentidos e as formas de enunciação de seu discurso e projeto políticos. Personalista, antipartidário, conservador, liberal, moralista, salvacionista, como outros. Mas, de forma distinta dos demais, elegendo como eixo central de sustentação política a violência aberta e o sentimento de ódio àqueles definidos como seus inimigos. Uma violência autorizada e até mesmo incentivada, para ser vivida como uma ação purificadora por todos os seus seguidores, já que estamos em tempos de comunicação digital. Como Angela Alonso observou, Bolsonaro é um líder que libera[6] seus partidários a travar uma batalha "abençoada" — uma espécie de Cruzada — contra todos aqueles ou tudo aquilo que for classificado como sujo, baixo, perigoso, criminoso. Embora aterrorizante, não foi uma surpresa encontrar, no mesmo dia das eleições, relatos que registravam seus eleitores com armas e atirando pelas ruas de diversas cidades. Nas semanas seguintes, tais episódios só se multiplicaram.

Os inimigos do bolsonarismo são — como em geral costumam ser tais inimigos — os "diferentes" (corruptos, criminosos, degenerados etc.) e os "críticos" (opositores políticos, intelectuais, artistas etc.). Em relação a eles a agressão está justificada, seja de forma legal ou não, sejam os atingidos "verdadeiramente culpados" ou não, na medida em que efeitos colaterais indesejados estão previstos, não sendo, portanto, um problema, razão pela qual podem ser absorvidos pelo "bem" das políticas repressivas efetuadas. Deve-se somar a isso a performance de candidato com longo passado: sempre contrário aos direitos dos trabalhadores; disposto a acabar com políticas que traduzam o que chamou de "coitadismo"; com gestos em que simula estar com armas na mão (em atos de campanha, no hospital etc.); ameaças verbais de perseguição a adversários políticos; declarações ofensivas a mulheres, LGBTs, negros e índios. Por fim, como a cereja do bolo, o elogio à ditadura civil e militar, que para ele não existiu, estabelecendo-se o negacionismo na história do Brasil. Quer dizer, a "verdade histórica" deixa de ser fruto de pesquisas e debates científicos; ela se torna aquilo que o governo decide que é "sua verdade". Aliás, em suas declarações, Bolsonaro chega a considerar a "questão ideológica" pior que a da corrupção, o que faz imaginar o tipo de repressão dirigida a quem cometer esse "crime". Para completar e piorar de vez, o elogio à tortura, na pessoa do torturador mais conhecido, Brilhante Ustra, e em momento muito especial: seu voto pela deposição da presidente Dilma Rousseff.

Bolsonaro indubitavelmente aponta, de forma positiva e propositiva, para um perfil de política e sociedade intolerante às diferenças, críticas e debates, em que a força física pode ser usada como método de resolução de conflitos. Uma constante que, historicamente, pode ser comprovada pelos inúmeros levantes, revoltas, revoluções, golpes etc. que povoam a política republicana, desde o fim do século XIX. Porém, se o preconceito e a violência integram nossa sociedade, evidenciados em ações políticas do povo e das elites, o elogio escancarado a tais características, como fundamentos culturais positivos da identidade brasileira e instrumento político eficiente e "legal" de eliminação (até física) do que for definido como indesejável, é algo novo e assustador. Já aprendemos, faz algum tempo, que o povo brasileiro não é pacífico e que nossas elites são truculentas em suas disputas, recorrendo às vias de fato e a ataques simbólicos terríveis — um Brasil real muito distante, portanto, desse imaginário político.

É certo que não é novidade, na sociedade brasileira, a agressão às mulheres, aos negros e a LGBTs, nem a utilização da violência e até da tortura por autoridades, principalmente a policial, sobretudo sobre pobres e pretos. Contudo, não concordo que, por tal razão, se deva naturalizar o discurso de incitação da violência que Bolsonaro escolheu e praticou nas eleições de 2018. A existência contumaz dessa violência não a torna menos criminosa, devendo-se combatê-la e puni-la, ainda mais quando proveniente do aparelho repressivo do Estado. O elogio à intolerância e o argumento das armas nas relações políticas e sociais, no caso de Bolsonaro, fica autorizado, quer para as instituições destinadas ao combate ao crime (que poderão matar, com a aprovação ou relativização do excludente de ilicitude), quer para os cidadãos no convívio cotidiano (brigas de vizinhos, discussões de trânsito etc.). Tal liberalização, anunciada e positivamente avaliada, aumentaria a segurança pública, não se dimensionando os riscos incontroláveis e incalculáveis que ela pode produzir, a curto, médio e longo prazo.

É uma novidade assustadora, no Brasil atual, nos depararmos com lideranças políticas fazendo apologia ao machismo, ao racismo e à homofobia, e considerando que armar a população é a solução mais adequada para se resolverem os enormes problemas de segurança pública do país. Tudo isso, é bom ressaltar, em nome da pátria e de Deus, com Constituição e Bíblia na mão. Evidentemente, as tentativas de minimizar tais posições no período final da campanha soaram pouco convincentes, uma vez que há décadas Bolsonaro reafirma esse figurino, seja por palavras, seja por votos no Parlamento. É muito difícil, para não dizer impossível, imaginar o abandono de valores (morais, religiosos e políticos) que foram profundamente vivenciados pelo candidato agora eleito. Estamos diante de uma sólida concepção de política e de sociedade, e de um sistema de ideias e crenças em que Bolsonaro (e muitos de seus eleitores/ seguidores) sinceramente acredita.

Bolsonaro, com seu elogio e incitação à violência, como componente positivo da política, não representa uma mudança de grau, mas de natureza. Ele não é um político como outros; nem mesmo um político de direita como os que tivemos em nosso passado republicano após 1945. Ele nada tem de republicano e, por isso, talvez esteja encerrando uma fase de nossa história política, iniciada com a redemocratização.

Bolsonaro e seu projeto de Brasil, mesmo mal conhecido, constituem uma ameaça efetiva a nosso regime democrático, que poderá ser corroído "por dentro". Os propósitos e métodos anunciados pelo presidente eleito rompem com as normas legais de proteção à sociedade e, dessa forma, podem colocar em risco amplas parcelas que a compõem. Em sua mira, direitos arduamente conquistados, como o de liberdade de expressão, e até mesmo os que a Constituição de 1988 estabelece como irrenunciáveis. Ele representa uma clara tentativa de quebra do pacto democrático constitucional de construção de um Estado de bem-estar social no Brasil. Caso isso ocorra, teremos um enorme retrocesso. É por tal convicção — para mim, uma possibilidade real — que me sinto no banco de trás daquele fusca, quando não sabia para onde me conduziam. Pode ser que esse sentimento de angústia seja exagerado; mas eu não gostaria de desembarcar, mais uma vez, no Dops de Niterói.

ANGELA DE CASTRO GOMES é professora titular da Universidade Federal Fluminense (UFF), professora emérita do CPDOC/FGV e professora visitante na Unirio. A professora agradece a Daniel Aarão Reis, que a estimulou a escrever este texto e deu sugestões para sua finalização, em 19 de novembro de 2018.

NOTAS

1. Rogério Bastos Arantes, "Três cenários para Bolsonaro". *Jota Info*, 29 out. 2018.
2. Entrevista com Wanderley Guilherme dos Santos. *Valor Econômico*, 29 out. 2018.
3. Prefácio de Jairo Nicolau em Steven Levitsky e Daniel Ziblatt, *Como morrem as democracias*. Rio de Janeiro: Zahar, 2018.
4. Nas eleições de 1989, o candidato Enéas Carneiro (Prona) tornou-se um ícone da direita por sua performance teatral e pelo bordão "Meu nome é Enéas".
5. Gostaria de mencionar Miguel Arraes, líder popular de esquerda em Pernambuco que se projetou para além de seu estado, antes e depois de 1964.
6. Angela Alonso, "Bolsonaro é um líder que não lidera, ele libera". *Valor Econômico*, 17 out. 2018.

Diante da realidade, seis ficções epistemológicas

Ronaldo Lemos

Após as eleições de 2018, vale nos perguntarmos: "Como viemos parar aqui?".

Uma coisa dá para apostar. Entender os desafios contemporâneos demanda reinventar os paradigmas pelos quais explicamos a realidade.

Como dizia Marshall McLuhan: "Nossa ansiedade resulta de tentar fazer o trabalho de hoje com as ferramentas de ontem".

Quais novas lentes poderemos usar para entender o presente político do Brasil e do mundo? Também não tenho a resposta. Como bom fã de ficção científica, a única contribuição que posso dar neste momento consiste em apresentar seis pequenas ficções epistêmicas.

PRIMEIRA FICÇÃO: A REALIDADE FOI FERIDA DE MORTE

Por muito tempo a ideia de "realidade" orientou nossa tomada de decisão e nossa relação com o mundo e com o próximo. Essa ideia não funciona mais. Entramos em um mundo que escancara o que

Robert Anton Wilson chamava de "túnel da realidade": cada indivíduo vive em uma construção própria do real, que faz com que o território comum da intersubjetividade se torne cada vez mais raro.

Um dos efeitos da perda da realidade compartilhada consiste na impossibilidade de debate racional. Basta olhar para as redes sociais. Há milhões de teses e de antíteses, mas não há síntese. A comunicação se tornou bandeira, slogan ou propaganda. O que existe mais próximo de um debate racional é a tentativa permanente de ressignificar o discurso do outro. Só que isso tampouco produz sínteses. Ao contrário, busca a desconfirmação do adversário. A negação de sua pertinência epistêmica, diga-se. Obviamente, o resultado é o agravamento da incomunicabilidade e a ampliação do território do discurso como propaganda.

Precisaremos de novas instituições capazes de estabilizar a ideia de realidade, ainda que de forma temporária. Uma das estratégias de ação política atuais, aliás, é a criação sucessiva de Zonas Autônomas Temporárias,[1] que servem de balão de ensaio para a produção de ideias que buscam hegemonia. É como se a tese do autor anarquista Hakim Bey tivesse sido virada do avesso e convertida em fábrica de armamento simbólico para a prática de violência linguística. Por exemplo, dessas Zonas Autônomas Temporárias vêm muitos dos memes da internet, que se transformaram em artilharia na batalha pelo poder.

O exemplo prático se traduz em uma perda de confiança generalizada em instituições como mídia, governo, setor privado e organizações não governamentais, como mostra, por exemplo, o barômetro Edelman publicado anualmente.[2] Momentos de declínio na confiança em instituições abrem caminhos para a busca de mínimos denominadores comuns. Dentre eles, sentimentos elementares como medo e raiva, um papel renovado pela religião e o apelo à ideia de lei e ordem, tudo em oposição à fragmentação crescente de visões de mundo.

SEGUNDA FICÇÃO: A COMUNICAÇÃO POLÍTICA ESTÁ BIPARTIDA ENTRE CASA E PORÃO

Uma boa metáfora para explicar a comunicação política na internet no mundo de hoje é a arquitetura da casa em que morava o maníaco austríaco Josef Fritzl.

Para quem não lembra, ele protagonizou o bárbaro crime de manter a filha em cativeiro por 24 anos no porão de casa, tendo abusado da vítima e a engravidado várias vezes nesse período. Tudo isso sem que os vizinhos ou autoridades desconfiassem.

Essa estrutura casa-porão é o que se tornou a comunicação política desde que a internet vem sendo utilizada como ferramenta de manipulação nas democracias ocidentais.

Vale lembrar que Fritzl, no plano da casa, agia como um homem respeitado, engenheiro, querido pelos vizinhos. Comportava-se como um cidadão típico, respeitador das leis, da moral e da ordem. No entanto, no porão da casa, revelava-se como um monstro, cometendo no conforto do anonimato crimes indizíveis de forma contínua e perversa.

Hoje, a comunicação política ocorre também dessa forma bipartida. No seu lado casa, há as mensagens típicas do que se espera das agremiações partidárias. Planos de governo, propostas, comunicados ao público, mensagens oficiais, debates, tudo dentro dos limites do razoável, do que se aceita "em sociedade".

Só que nenhum aparato de comunicação política contemporâneo se satisfaz sem o seu porão. É o território do vale-tudo da internet, onde prosperam os robôs, os perfis falsos, o anonimato, as fake news, o uso de poder computacional, a propaganda que jamais teria lugar "à mesa da sala".

O porão se vale dessas múltiplas Zonas Autônomas Temporárias, nas quais regras básicas que julgamos essenciais para a vida em sociedade são suspensas. Daí resulta uma mistura de comunicação política com pornografia, violência, religião e ignorância. Esse tipo de conteúdo alimenta parte significativa das mídias sociais consumidas por inúmeras pessoas hoje.

Todos os dias há setenta, cem, duzentos novos vídeos, fotos, textos, animações, figuras ou montagens produzidas com essa mistura indigesta, servida como parte da dieta de mídia da maioria das pessoas no planeta, inclusive no Brasil.

Em alguns lugares do mundo, esse tipo de comunicação já promove genocídios, linchamentos, atentados e outros sintomas de erosão civilizatória. Não por acaso um dos grandes usuários desse modelo de comunicação foi o Daech, o Estado Islâmico.

Mesmo depois das eleições, essa estrutura se mantém. Entramos em um mundo em que a campanha eleitoral nunca mais terminará, perpetuando a estratégia de bipartição.

Como o caso Fritz demonstra, é impossível manter a separação desses mundos por muito tempo. O porão vai cada vez mais disputar o espaço da casa. Mais do que isso, progressivamente vai contaminá-la.

Coisas que antes eram aceitas só na obscuridade vão se tornando aos poucos permitidas aqui também.

Essa esquizofrenia institucionalizada vai minando a ideia de verdade, ou ainda, de certo e errado.

TERCEIRA FICÇÃO: PRECISAMOS CRIAR TECNOLOGIAS NÃO INFLAMATÓRIAS

Como visto, a lista de efeitos colaterais que a arquitetura da comunicação em rede produz hoje inclui: polarização exacerbada, interferência do poder econômico ou geopolítico nas democracias ocidentais, erosão da própria ideia de realidade ou, ainda, massacres e violência étnica.

Como diz a provocação da socióloga turca Zeynep Tufekci: "Estamos construindo uma distopia só para fazer com que as pessoas cliquem em anúncios".

Essa percepção leva à busca por tecnologias anti-inflamatórias. Em outras palavras, usuários das diferentes mídias sociais querem cada vez mais confiar em que, ao utilizar aquele produto, não estarão sendo manipulados.

Hoje, atores privados e estatais aprenderam a capturar as mídias sociais para lançar campanhas de manipulação. O sucesso delas é sempre maior quando apelam para sentimentos inflamatórios, como medo, ódio, anomia e insegurança.

Quando ocorreram as revelações do caso Snowden, ficou evidente que a ideia de privacidade estava em risco. As mesmas mídias sociais haviam se tornado ferramentas de vigilância constante.

Por pressão do próprio consumidor, houve mudanças. A Apple blindou seus produtos, tornando-os mais seguros. WhatsApp, Telegram e Signal adotaram modelos de criptografia de ponta a ponta, impedindo que as comunicações pudessem ser interceptadas em trânsito.

A Mozilla e outras empresas criaram modos privados de navegação. Serviços como VPNs (redes virtuais privadas) deram um salto. Em suma, surgiu um mercado crescente para produtos que protegem a privacidade.

Da mesma forma, estamos no momento em que há demanda para a criação de produtos não inflamatórios. O usuário de mídias sociais quer ter mais segurança de que o conteúdo servido a ele não é parte de campanhas de manipulação.

Para isso, há várias possibilidades. Uma delas é lidar com as distorções geradas pelos algoritmos que selecionam conteúdos. Mídias sociais são em geral calibradas para gerar cliques, independentemente do que vai ser clicado. Para isso, os algoritmos testam o tempo todo as preferências dos usuários.

No entanto, como conteúdos radicais acabam atraindo mais atenção, há um viés dos próprios algoritmos em indicá-los. Por exemplo, alguém que busca por um vídeo sobre um tema simples muitas vezes acaba sendo direcionado para um amplo cardápio de vídeos com teorias da conspiração.

Outro ponto é a capacidade de viralizar mensagens. Estudos de Oxford e do Instituto de Tecnologia e Sociedade do Rio de Janeiro mostraram que plataformas como o WhatsApp estavam sendo usadas para viralizar conteúdos artificialmente, por meio de automação, contas falsas e coordenação de grupos de usuários.[3]

Vale notar que esse tipo de "impulsionamento" não é fornecido pela própria plataforma, mas sim por empresas e organizações que aprenderam a capturar sua arquitetura para amplificar mensagens artificialmente. Em outras palavras, transformaram comunicação interpessoal em broadcast, cobrando por isso.

É o caso no Brasil. Por exemplo, o Tribunal Superior Eleitoral (TSE) se mobilizou fortemente para combater a manipulação na internet. Criou até mesmo um colegiado multissetorial, meses antes das eleições de 2018, para se preparar para lidar com esse desafio.[4] No entanto, todos os esforços do TSE se concentraram em duas mídias específicas: o Twitter e o Facebook. Essas foram as plataformas utilizadas na eleição de 2016 nos Estados Unidos para a disseminação das chamadas fake news. No entanto, o principal território de atuação do poder computacional no Brasil foi o WhatsApp. O TSE e seu grupo colegiado estavam completamente despreparados para lidar com essa plataforma. De modo curioso, o Brasil se colocou na vanguarda mundial do uso malicioso de propaganda computacional, ao se valer do WhatsApp como terreno para essa prática. Esse tipo de uso ainda não havia aparecido como ocorreu no Brasil em outros pleitos eleitorais. Nem mesmo publicações de outubro de 2018, como o livro *Network Propaganda*,[5] chegaram a analisar e a descrever como o poder computacional se manifesta no WhatsApp.

QUARTA FICÇÃO: VENCER UMA ELEIÇÃO PASSOU A EXIGIR A HABILIDADE DE CRIAR FICÇÕES SOCIAIS

Para vencer uma eleição hoje o primeiro passo é articular uma narrativa política. Ela precisa ser parecida com os grandes universos ficcionais contemporâneos, no estilo *Game of Thrones* ou *Senhor dos Anéis*. É preciso criar personagens, contar a história da origem de cada um, de onde vieram, quais crimes ou batalhas travaram para estarem onde estão. É preciso também escolher inimigos que sejam bons de odiar. O melhor inimigo é aquele que dá gosto de zombar.

O segundo ponto é que essa narrativa precisa ser destilada na linguagem mais simplista possível. O objetivo é que possa ser repetida à exaustão por qualquer pessoa, independentemente do nível educacional. Para isso é fundamental articular sentimentos básicos, como raiva, medo, insegurança e fé.

O terceiro elemento diz respeito à mídia. Para essa narrativa simplista se disseminar amplamente é preciso que as formas de comunicação sejam as mais atomizadas e anônimas possíveis. Quanto menos responsabilidade editorial ou informações sobre autoria, melhor. O objetivo é que tudo seja apócrifo, dando impressão de que tudo surgiu espontaneamente do povo.

No entanto, na prática tudo é divulgado com o uso intensivo de robôs e perfis falsos, dando a impressão de que há uma multidão de pessoas falando sobre aquilo, quando não há.

O caso brasileiro é emblemático. Como mostrou um estudo da Universidade de Oxford conduzido pelo pesquisador Dan Arnaudo,[6] as eleições de 2014 inauguraram no país o uso de robôs, perfis falsos e propaganda computacional.

O problema é que, encerrado o ciclo eleitoral, esses robôs nunca foram desligados. Com isso, o país vem sendo bombardeado há quatro anos de forma incessante com conteúdo inflamatório produzido e articulado por grupos antagônicos. O resultado está aí.

Esses grupos que inicialmente se valem de robôs e propaganda computacional vão então conseguindo infectar pessoas reais, que aprendem a "falar a língua" da narrativa forjada por eles.

Considerando que a linguagem é simples, passam a repeti-la como um papagaio, sem questionamentos. Tudo vai sendo passado adiante como um vírus. Quem é infectado sente orgulho, como se cada uma daquelas ideias fosse genuinamente sua.

Politicamente, os objetivos são claros: criar conceitos-choque que buscam neutralizar e desacreditar todo e qualquer discurso opositor. Mais do que isso, quem vê outras pessoas repetindo essas mesmas coisas passa a ter a ilusão de pertencer a uma comunidade imaginária, preenchendo assim a busca por sentido ou afeto com propaganda.

O problema é que essa forma de fazer política, tal como os livros de *Game of Thrones*, consiste na articulação de uma ficção desacoplada da realidade. Ela é inapta para debater problemas nacionais ou globais, quanto mais resolvê-los. Por isso mesmo põe em risco a democracia.

Mais uma vez, como dizia McLuhan em 1969, "as novas mídias não são meios pelos quais nos relacionamos com a realidade. Elas são a realidade". Estamos fazendo política como quem constrói um castelo na areia da praia. E acreditando que poderemos morar nele.

QUINTA FICÇÃO: JÁ QUE É PARA SE DESAPEGAR DA REALIDADE, QUE TAL SEGUIR POR ESSE OUTRO CAMINHO?

O fenômeno aos poucos põe em xeque a ideia de falso e verdadeiro, minando instituições históricas, que vão do jornalismo à ciência. Vai erodindo a própria ideia de realidade. Ocorre que a maioria absoluta das fake news diz respeito a fatos circunstanciais, que envolvem sobretudo o contexto político contemporâneo.

Já que as fake news vieram para ficar, que tal então soltar as amarras da imaginação para que saiam do cotidiano e comecem a abranger visões de mundo, do universo ou do cosmos? Que tal transformá-las em hipóteses de especulação coletiva, em vez de força obscurantista? Entraríamos então em um território mais instigante, que poderia celebrar as ideias de Robert Anton Wilson. Wilson anda esquecido no Brasil, apesar de ter publicado aqui alguns dos seus livros, como *A ascensão de Prometeus* e *O gatilho cósmico: O derradeiro segredo dos Illuminati*. Nascido em uma área pobre de Nova York em 1937 (e morto em 2007), Wilson colocou em prática diversas modalidades de ficção social, realidades alternativas e mudanças de percepção mental muito antes do fenômeno das fake news ganhar nome, tudo como forma de questionar a realidade.

O objetivo de Wilson não era manipular pessoas. Ao contrário, era torná-las impermeáveis à manipulação, ensinando-as ao mesmo tempo o dom da crença e da dúvida. Uma de suas lições era não acreditar em nada, mas também não duvidar de nada. Ele insistia em questionar até mesmo as teorias científicas mais bem consolidadas. Ao mesmo tempo, insistia em não descartar de todo nem mesmo as teorias da conspiração mais sem pé nem cabeça. Nada para ele era absolutamente verdadeiro ou falso, e sua obra servia para nos ensinar o "desapego" com relação à realidade.

Uma de suas propostas mais interessantes diz que deveríamos abolir completamente o uso do verbo "ser". Ele acreditava (com grande razão) que esse verbo serve muito mais para obscurecer o real do que para explicá-lo. Dizia ele: "É, é, é — a idiotice dessas palavras me assombra. Se elas fossem abolidas, o pensamento humano poderia começar então a fazer algum sentido. Não posso saber o que uma coisa 'é'; só posso saber como aquela coisa aparenta para mim naquele momento".

Vale fazer o experimento para ver que faz sentido. Tente escrever uma frase (ou dizer de novo algo que você quer falar) sem usar o verbo "ser", especialmente a conjugação "é". De pronto isso vai te obrigar a ser mais claro e a pensar várias vezes antes de afirmar algo. Esta quinta ficção epistêmica dá o exemplo. Você não vai encontrar nela o verbo ser, exceto neste parágrafo em que falamos sobre ele.

Em suma, Wilson deveria ser percebido como o patrono do mundo que estamos vivendo. Um mundo cercado por "fatos alternativos", em que crença, ignorância e verdade se misturam o tempo todo. Só que com uma grande diferença. Enquanto Wilson atuava como uma espécie de Chacrinha cósmico, dizendo claramente que "veio ao mundo para confundir e não para explicar", as fake news do presente querem, ao contrário, encher as pessoas de certezas. Precisamos urgentemente inverter os polos. Trocar as certezas falsas por dúvidas verdadeiras. Nos termos de Robert Anton Wilson.

SEXTA FICÇÃO: NÃO HÁ MARCHA A RÉ E ISSO REQUER CONSIDERAR O IMPOSSÍVEL POSSÍVEL

Para concluir, entramos em tempos novos em que nada pode ser descartado como impossível. Não haverá retorno ao Iluminismo, e o que vier daqui para frente não se confundirá com o passado e com as instituições iluministas.

O matemático norte-americano Danny Hillis, por exemplo, escreveu em fevereiro de 2018 um intrigante ensaio dizendo que a era do Iluminismo acabou. No seu lugar, estaríamos entrando na "era do entrelaçamento".

Hillis entende por Iluminismo a capacidade humana de compreender as leis da natureza e, a partir delas, criar ferramentas que nos permitem voar, comunicar, fabricar e assim por diante. Nesse modelo, a humanidade fica conceitualmente no centro do universo.

Já na era do "entrelaçamento", que se inicia agora, perdemos a centralidade. Deixamos de ser capazes de entender nossas próprias ferramentas. Vamos continuar a usá-las, mas sem saber direito como funcionam. Ele dá exemplos. Alguns distantes do cotidiano, como a biologia sintética. Outros, já muito próximos, como o chamado machine learning (aprendizado de máquina).

Trata-se da capacidade dos computadores de aprender para além do que foram programados. Esse modelo inverte a lógica tradicional de programação. Antes, para explicar ao computador o que é um "gato", seria necessário escrever um programa com todos os elementos que compõem o animal. Tarefa impossível.

Já com o aprendizado de máquina, a estratégia é outra: treinar computadores com enormes quantidades de dados, infinitos vídeos, fotos e áudios de gatos, por exemplo. Com isso, a máquina começa a reconhecer os padrões. Passa a ser capaz de identificar um animal, mesmo não tendo um programa prévio a esse respeito. Essa habilidade "emerge", ainda que ninguém seja capaz de entender ao certo como essa "emergência" funciona. A consequência é que computadores não serão mais "programados". Serão "treinados", da mesma forma que treinamos cães, golfinhos ou humanos.

Os usos para o aprendizado de máquina são enormes. Computadores serão mais "humanos". Será possível ligar para um call center automatizado e achar que estamos conversando com uma pessoa do outro lado. As máquinas poderão aprender a se comunicar como nós.

Isso levanta questões éticas. Ao treinarmos as máquinas para entender como nos comportamos e agimos, elas certamente serão também capazes de nos treinar de volta. A cada clique, compartilhamento ou coraçãozinho que enviamos por meio das redes sociais, estamos ensinando à máquina os conteúdos que capturam nossa atenção, o que nos mobiliza, comove, nos deixa alegres ou nos indigna. A máquina aprende com isso. Dessa forma, nossas ferramentas poderão também nos manipular. Fica clara a ideia de "entrelaçamento".

Mais do que isso, há quem considere que a única solução para a polarização crescente que estamos vivendo e que tende a se aprofundar será delegar a governança para máquinas inteligentes. Uma belíssima articulação dessa ideia no plano da ficção foi feita pelo escritor Kim Stanley Robinson no livro *Aurora*. Outra, no plano da realidade, foi construída pelo matemático Stephen Wolfram, que criou uma linguagem computacional capaz de reproduzir o mundo e tomar decisões automaticamente sobre ele. Outra ainda, no plano estético, pertence ao artista chinês Liangang Sun, que entende que estamos vivendo os últimos dias de um governo de homens, que logo cederá lugar para um governo exercido por máquinas inteligentes.

Não por acaso a palavra "cibernética" vem do grego "*kybérnesis*", que significa justamente "governar".

Apesar do absoluto senso de impossibilidade, vivemos em tempos em que não dá para descartar a possibilidade de que toda governança será feita por máquinas e nós humanos seremos os sujeitos governados.

Fica a pergunta se caminhamos para nos tornar um amálgama entre natureza, máquina e humanidade. Uma espécie de "harmonia mutuamente programável", termo que aparece no intrigante poema de 1967 de Richard Brautigan, "All Watched Over by Machines of Loving Grace" [Tudo observado por máquinas de adorável graça], que vale ser relido à luz desse novo contexto (perdoem a tradução amadora):

Gosto de pensar
(*e quanto mais cedo melhor!*)
em uma relva cibernética
onde mamíferos e computadores
vivem juntos em harmonia mutuamente programável
como água pura
que toca o céu claro.

Gosto de pensar
(*desde logo, por favor!*)
em uma floresta cibernética
cheia de eletrônica e pinhos
onde cervos passam em paz
pelos computadores
como se fossem flores
de desabrochar torcido.

Gosto de pensar
(*e há de ser!*)
em uma ecologia cibernética
onde estaremos livres do trabalho
e unidos de novo à natureza
mamíferos retornados
irmãos, irmãs
tudo observado
por máquinas de adorável graça.

O que fazer? Conclusões ficcionais epistêmicas:
a) Para enxergar o Brasil do presente precisamos de uma nova geração de intérpretes do país que saibam enxergar não só as ruas mas também as redes. Precisamos de análises quantitativas, mais do que qualitativas.
b) O que acontece no país não é produto apenas de forças internas, mas de um conjunto de forças geopolíticas internacionais provocadas pelo fenômeno da emergência (tendo por ambiente a internet e a comunicação em rede). Querer traçar o futuro do país ou analisar a realidade presente ignorando essas forças é inócuo. Temos muito menos livre-arbítrio e capacidade de interferir no curso dos acontecimentos do país do que supomos. É preciso entender essas forças para que, junto com elas, seja possível reconstruir a capacidade de ação.
c) A tecnologia e a inteligência artificial criam um aparente dilema: ou esses fatores são controlados pelo Estado ou eles controlarão o Estado. Essa dicotomia é central para qualquer debate político contemporâneo. A solução para muitos dos desafios locais e globais que enfrentaremos passa por construir uma alternativa que supere de vez essa dicotomia, criando uma terceira opção viável.
d) É preciso construir uma nova grande narrativa para o país. Há uma perda crescente de sentido na vida cotidiana e isso torna boa parte das pessoas suscetível a narrativas com componentes religiosos, inflamatórios ou nostálgicos, nas quais a ideia de violência e contenção são elementos centrais. Sem essa nova narrativa, todos os outros esforços serão fúteis.
e) As formas de oposição política usuais e os modelos tradicionais de protesto se tornaram obsoletos, ineficazes ou capazes de produzir apenas efeitos contrários ao que buscam. É preciso reinventar a ideia de oposição, substituindo-a por criação. Nesse sentido, são sábias as palavras do *Huainanzi*: "A flexibilidade derrota o que

excede a si mesmo. Seu poder não pode ser medido. Assim, quando um exército é forte, ele será destruído. Quando a armadura é dura, ela será partida. Porque os dentes são mais duros que a língua, eles se gastam primeiro. Portanto, a flexibilidade e a suavidade são a sustentação da vida, enquanto o duro e o forte são os discípulos da morte".[7] Sejamos como a língua.

RONALDO LEMOS é advogado especialista em tecnologia. Fundou e dirige o Instituto de Tecnologia e Sociedade do Rio de Janeiro e foi um dos criadores do Marco Civil da Internet. Atuou como pesquisador nas universidades de Oxford, Princeton e no MIT Media Lab. Tornou-se professor da Universidade de Columbia em 2017. Escreve para a *Folha de S.Paulo* e para a *Revista Trip*.

NOTAS

1. Disponível em: <https://theanarchistlibrary.org/library/hakim-bey-t-a-z-the-temporary-autonomous-zone-ontological-anarchy-poetic-terrorism.a4.pdf>. Acesso em: 5 dez. 2018.

2. Disponível em: <https://www.edelman.com/trust-barometer>. Acesso em: 5 dez. 2018.

3. Disponível em: <https://feed.itsrio.org/poder-computacional-automa%C3%A7%C3%A3o-no-uso-do-whatsapp-nas-elei%C3%A7%C3%B5es-e969746d231f>. Acesso em: 5 dez. 2018.

4. Disponível em: <https://exame.abril.com.br/brasil/tse-cria-grupo-para-monitorar-fake-news/>. Acesso em: 5 dez. 2018.

5. Yochai Benkler, Hal Roberts e Robert Faris, *Network Propaganda: Manipulation, Disinformation and Radicalization in American Politics*. Oxford: Oxford University Press. Disponível em: <http://www.oxfords-

cholarship.com/view/10.1093/oso/ 9780190923624.001.0001/oso-9780190923624>. Acesso em: 5 dez. 2018.

6. Disponível em: <http://blogs.oii.ox.ac.uk/politicalbots/wp-content/uploads/sites/89/2017/06/Comprop-Brazil-1.pdf>. Acesso em: 5 dez. 2018.

7. Li An, *The Essential Huainanzi*. Org. e trad. de John S. Major et al. Nova York: Columbia University Press, p. 21. Versão para o português do autor.

A marcha brasileira para a insensatez

Carlos Melo

Num dia cinza, num cenário de automóveis e edifícios descoloridos, o narrador de *Conversa na Catedral* indaga: "*¿Em qué momento se había jodido el Perú?*". A questão cala fundo, mas se trata, na verdade, de uma pergunta retórica. Sabe-se lá quando é que as democracias da América Latina se perderam — se é que algum dia realmente se encontraram. A história da região é de incerteza política, golpes, quarteladas, revoluções e desastres econômicos. Um intermitente rio de conflitos que, de tempos em tempos, esquece a própria história de secas e vazões.

A imagem criada por Mario Vargas Llosa e a desolação de seu narrador se ajustam ao Brasil: tudo parecia bem, mas de repente desandou e o pau quase quebrou de verdade. A polarização entre seus dois maiores partidos políticos chegou ao paroxismo, tendo, ao final, praticamente destruído a ambos. Descobriu-se que o sistema político colapsara, envolto em esquemas de corrupção, ou, no mínimo, que se fundira a práticas fisiológicas que produziram o que pode ser chamado de *hiperfisiologismo*, algo beirando a disfuncionalidade.

O país tinha chegado a mais um impeachment sem revigorar as estruturas da política. Ao contrário, ficou claro que os desvios éticos não se limitavam ao PT ou à inábil presidente deposta. O sistema desmoronou, e, como peças de dominó, personagens políticos, um a um, foram ao chão. A credibilidade desapareceu, a economia degringolou, a crise ética se revelou e a autoestima despencou — não necessariamente nessa ordem. O ex-presidente mais popular da história foi posto atrás das grades; junto com ele caíram empresários, políticos de vários escalões e partidos que não conseguiram se proteger com o suspeito manto da imunidade parlamentar e do foro especial.

A justiça foi efetiva para uns, mas não para todos. Politizada, fragmentou-se e perdeu a prerrogativa de ser "a última instância". Sem que mais ninguém fosse capaz de arbitrar os interesses e resolver as desavenças, a divergência se instalou entre amigos, nas famílias e por toda a sociedade. O país se dividiu em torcidas delirantes, fechadas em bolhas distantes umas das outras, preocupadas exclusivamente com seus ruídos interiores. Rompeu-se o nervo do convívio civilizado.

Numa sucessão frenética de fatos e escândalos — cisnes negros se tornaram tão banais que não é possível acreditar que no Brasil ainda haja cisnes brancos —, o cidadão comum se indignou e, por fim, um candidato improvável venceu a eleição, não sem antes sofrer um atentado à faca que quase lhe tirou a vida. Foi uma eleição dramática.

Engana-se quem acredita que todos os nossos males estão na vitória de Jair Bolsonaro. O ex-capitão e o tom beligerante da maioria de seus seguidores não são a causa nem a origem dos desacertos que o Brasil vive hoje. Na perigosa vertigem de um país à beira do abismo político, o presidente eleito é apenas o fruto de uma longa marcha para a insensatez.

OS ANOS DE OURO

Foram dezesseis anos de ouro, entre os governos FHC e Lula: tivemos avanços institucionais e acertos econômicos. Uma fase atípica. Não apenas a inflação — chaga do período anterior — havia sido controlada, como passamos a viver a mais longa experiência de estabilidade e liberdade políticas de nossa história.

Após o impeachment de Fernando Collor, o regime parecia, sem grande abalo, ter se ajustado. Em 1994, a social-democracia ilustrada do PSDB vencera a eleição e assumira o poder; legara ao país uma real alternância, em 2002, com o até então mais civilizado processo de transição entre governos. Deixara também ao sucessor, o PT, uma economia sob controle — se comparada com as décadas anteriores —, princípios e valores vinculados ao imperativo da estabilidade da moeda e da consolidação da democracia.

Lula tocou adiante, ampliando as possibilidades na área social. O conjunto do que havia sido construído ao longo desses anos teria propiciado a efetivação de políticas capazes de melhorar a vida de milhões de pessoas. O sucesso foi tanto que possibilitou ao petista eleger, em 2010, Dilma Rousseff, uma ex-militante dos tempos da ditadura sem muito tino e paciência para a política institucional, embora tenha ocupado espaço central no governo de Lula, primeiro como ministra de Minas e Energia, depois como chefe da Casa Civil.

À parte os graves problemas de corrupção e a degeneração do sistema político, *pela primeira vez na história deste país* — e não foi mérito apenas de Lula —, num regime realmente democrático (a Primeira República não conta), um presidente eleito recebeu a faixa presidencial de um antecessor igualmente eleito e a passou a uma sucessora escolhida também nas urnas. Em 510 anos de história! Em 2009, entusiasmado com o processo de transformação, um Cristo Redentor feliz decolava ao infinito e além na capa da revista *The Economist*.

No entanto, retomando a depressão cívica de *Conversa na Catedral*, há que se perguntar onde e quando o país teria se perdido.

"Em que momento, afinal, o Brasil havia se fodido" para que tudo se invertesse e o mal-estar e o desalento se estabelecessem?

O CAPITÃO E A DIREITA DE SEMPRE

Imaginado um ano antes, o sucesso de Jair Bolsonaro teria sido ironizado. Deputado pelo Rio de Janeiro, rude e folclórico, era respeitado apenas por uma parcela radical e minoritária. Não tinha recursos, partido, envergadura política ou realizações a apresentar, após 28 anos no Congresso. Não se enquadraria como outsider, para surfar a onda antipolítica, e seu radicalismo parecia expressar muito mais as névoas do passado do regime militar do que a abertura para o futuro que qualquer eleição mira e promete.

Mas percebeu as brechas na política, as ausências, as falhas de "mercado", a exaustão do homem comum, o esgotamento do sistema. Abraçou temas a que outros candidatos não se associaram, ao menos não de maneira tão extremada, como a segurança pública e a liberação de armas; o nacionalismo chauvinista; a retórica exaltada contra a corrupção; o antipetismo expresso na pauta conservadora; e, por fim, o liberalismo radical ansiado pelo mercado financeiro, com a grife de Paulo Guedes, um ultraliberal, a cacifá-lo. Sofreu ainda um atentado que o deixou fora da linha de tiro dos adversários.

Deu-se extraordinariamente bem. Sua vitória, ao final, contrasta com o que o país imaginou, ilusoriamente ou não, ser o período democrático mais consistente e promotor de avanços em direção à redução da desigualdade e da consolidação de direitos civis e sociais e das liberdades individuais, o pós-1985. Período este, no entanto, que acabava corroído por inúmeros escândalos de corrupção, por erros crassos na condução da economia nacional, pelo esgotamento de um modelo político, e pela contestação da democracia representativa por uma onda global de conservadorismo e populismo capaz de levar a extrema direita ao poder em vários países.

Bolsonaro expressa, desse modo, a direita que empunha as bandeiras mais conservadoras nos costumes e mais reativas às mudanças sociais e de comportamento no mundo moderno; a direita que contesta liberdades civis e direitos individuais; que se anima com ares de inteligência e originalidade toda vez que repete clichês como "direitos humanos para humanos direitos". Um segmento social mais que crítico, avesso à democracia e defensor do que prefere chamar de "movimento revolucionário de 1964", repudiando a expressão "golpe civil-militar" — que de fato ocorreu, controlando o Estado brasileiro por 21 anos. E que se apresenta, assim, com tamanha crueza de sentimentos quando tangencia o deboche ao considerar "heróis" torturadores conhecidos do regime militar, período entendido como "uma guerra interna".

A natureza dessa radicalização, no entanto, precede Jair Bolsonaro. O Brasil desde sempre contou com uma direita reativa, fundamentalista em relação à tradição e aos costumes, beligerante em relação às questões sociais e de segurança pública. Basta recorrer à história do século xx. Uma direita que talvez estivesse dormente e sem referências, mas não morta.

Há evidências já na antiga Tradição, Família e Propriedade (TFP) — entidade ultraconservadora fundada por Plínio Corrêa de Oliveira, em 1960. Mas, antes dela havia ainda a Ação Integralista Brasileira (AIB), de Plínio Salgado, a União Democrática Nacional

(UDN), de Carlos Lacerda e Gustavo Corção, a Aliança Renovadora Nacional (Arena), de Filinto Müller e dos generais Artur da Costa e Silva e Emílio Garrastazu Médici, presidentes do país durante o regime militar, ou o janismo, fenômeno em muitos aspectos assemelhado ao bolsonarismo.

Jânio Quadros, outro importante personagem da direita nacional, foi um político de carreira meteórica, eleito presidente e renunciando ao mandato oito meses após a posse, em 1961. Mago do histrionismo, não cabe em rótulos e classificações simplificados. Porém, teve a seu tempo bandeiras no campo dos costumes e, de certo modo, expressou a sanha e a fúria contra a corrupção e pela restauração de uma ordem conservadora, que Bolsonaro volta a representar.

E, é claro, temos também o exemplo do malufismo, com seu clamor por autoridade e o bordão "Rota na Rua", que ganha agora potência máxima com a defesa do porte de armas.

Enfim, na raiz do fenômeno Jair Bolsonaro há uma longa tradição. O ex-capitão é um herdeiro menos ilustrado de Jânio Quadros e de Carlos Lacerda e, alegadamente, não corrompido de Paulo Maluf. Seus ideólogos têm como desbravadores nomes como Plínio Corrêa de Oliveira e Gustavo Corção, pensadores movidos do mesmo modo pelo fundamentalismo religioso, pela ortodoxia dos cultos e pela inibição da emancipação sexual ou de gênero.

Ainda que nem todo o movimento evangélico seja reacionário, o papel mais ativo e politizado de pastores e meios de comunicação ligados a igrejas evangélicas é fenômeno relativamente recente e colaborou sobremaneira para a elevação de Jair Bolsonaro. Também, é evidente, há o advento das novas mídias e redes sociais, importantes difusores e, até, indutores de comportamentos, ainda que não "inventem" mentalidades políticas. Isso é algo importante, mas como fenômeno religioso de intervenção política não é tão original assim: os conservadores católicos de ontem foram hoje substituídos por bispos e pastores, eletrônicos ou não.

Nesse sentido, Bolsonaro apenas reemerge do passado, numa utopia regressiva de desilusão política, na contramão do sentimento de um país que, apenas na aparência, se descolava do ranço reativo e conservador. Apesar de alguns ineditismos — como o projeto Escola Sem Partido ou o combate sem trégua ao suposto "kit gay" —, como "fenômeno" não é exatamente novidade. Conforme disse Guimarães Rosa, "tudo se finge, primeiro; germina autêntico é depois". Novidade, talvez, tenha sido o longo tempo que esses setores conservadores ficaram sem uma referência culturalmente confiável e politicamente viável.

A INFLEXÃO POLÍTICA

Não foi de repente nem sem motivos que o clima ficou estranho. A inflexão política se deu num processo lento e pormenorizado. Apesar dos resultados econômicos e dos avanços sociais, o sistema político tendia ao esgotamento. A tradição patrimonialista não havia sido superada — muito pelo contrário —, e os métodos de formação da imprescindível maioria no Congresso Nacional davam centralidade ao jogo fisiológico, que até pode fazer parte das relações entre Executivo e Legislativo, mas que de modo algum deve se resumir a isso.

A filosofia política franciscana do "é dando que se recebe", explicitada ainda na Constituinte de 1987-8, mas anterior a ela, ganhou status institucional. A lógica da coalizão — a necessidade de o Poder Executivo formar maioria no Legislativo, imperativo que se dá em qualquer lugar do mundo, seja sob o sistema presidencialista ou sob o parlamentarismo — tornou-se, nas condições brasileiras, sinônimo de relações clientelísticas: distribuição de cargos e recursos e, no esgotamento destes, a liberalidade diante do uso patrimonial do Estado: a corrupção.

O pacto político e programático foi substituído por acordos pouco transparentes; os grandes partidos se perderam em esquemas financeiros na administração direta e nas diretorias de empresas estatais. "E não pode ser qualquer diretoria, não; tem que ser aquela que fura poço [e acha petróleo]", como exigiu a figura simplória de Severino Cavalcanti, presidente da Câmara dos Deputados, em 2005, quando pleiteava cargos no governo Lula em troca de sua colaboração na definição da pauta e na condução da mesa diretora daquela Casa.

Ao mesmo tempo, uma geração de parlamentares de estatura política indiscutível, provada na luta pela democracia e na transição para ela, foi aos poucos substituída por políticos de menor porte e expressão moral e social. O papel do parlamentar se transformou. Num programa de TV de que participei, o veterano Ibsen Pinheiro, então já ex-deputado federal e ex-presidente da Câmara, dizia com amargor: "Hoje a atividade política se resume ao cargo, à emenda e à visita às bases". Os discursos relativos a ideias desapareceram.

O parlamentar brasileiro se apequenou, tornando-se uma espécie de "vereador federal"; o pragmatismo nas eleições se sobrepôs ao projeto político, às perspectivas de transformação social e às utopias que norteiam a ação — embora não se realizem. O tribuno, que, vocalizando a sociedade, tomava o microfone e paralisava a atenção de todos, desapareceu no jogo de cartas marcadas das liberações de recursos do governo conforme os interesses dos congressistas.

O "baixo clero", como nos anos 1990 era conhecido o grupo de parlamentares de pouca expressão política, foi extinto simplesmente porque o "alto clero" — aquele conjunto de políticos de alta influência no Parlamento e na opinião pública — deixou de existir, uma vez que o reconhecimento popular de sua representatividade se extinguiu. Hoje, já não há margem de comparação e distinção política entre os pares, que se diferenciam apenas pela maior ou menor articulação com o poder.

Equivocadamente, a população passou a crer que "política é atividade para malandros". Quando é assim, a malandragem, penhorada, agradece a reserva de mercado que lhe foi facilitada. Um círculo vicioso se estabeleceu: a credibilidade negada ao sistema político só aumenta a sua falta. A crise afetou todos os partidos, sobretudo os grandes.

Em junho de 2013, uma avalanche começou a se formar, e o país engrenou marcha forçada ladeira abaixo — muito mais do que *soltar o carro na banguela*, o país destrambelhou-se pela ribanceira. Tudo começou a ficar cinza, como na imagem de Vargas Llosa.

Aparentemente, foram os vinte centavos de aumento nas tarifas do transporte público, em São Paulo, que marcaram a inversão do processo. Mas talvez esse seja apenas um marco, que tal qual todo marco se assume como símbolo. Até porque apenas o Movimento Passe Livre (MPL), de esquerda, se mobilizou de verdade em razão da elevação das passagens. Foi a truculenta repressão policial às primeiras manifestações do MPL que acendeu o pavio da indignação popular e levou milhões às ruas, em todo o país. As pessoas foram despertadas e perceberam que era possível protestar. O mal-estar não se estabeleceu, apenas encontrou canais que expressassem sua existência.

Havia muito descontentamento e crítica armazenados. Rapidamente, a agenda das ruas se expandiu: os gastos com estádios construídos para a Copa do Mundo de 2014; a qualidade dos serviços públicos; a oposição a propostas que visavam coibir abusos do Ministério Público; uma extraordinária censura aos partidos e à ineficiência da representação política. Setores adormecidos pela estabilidade política foram incorporados, a maioria apartidários, outros representantes da direita que hibernava desde o fim do regime militar, ainda assustada com a grande campanha das Diretas Já, em 1984.

A verdade é que, desde 2011, várias manifestações desse tipo eclodiram pelo mundo, como a Primavera Árabe ou o Occupy Wall Street. Também é verdade a percepção de um mal-estar internacional em relação à democracia representativa. Mas as causas do processo brasileiro, que deu ao país a emersão do extremismo de direita e a ascensão de Jair Bolsonaro ao poder, não se limitam ao junho de 2013.

Havia, na verdade, um potencial político ainda pouco explorado: a oposição radical à presença do Estado na economia, a aversão a altos impostos e baixos retornos por parte do setor público; a indignação com a corrupção, cujo noticiário se banalizava; o medo nas ruas, com o aumento da violência e a expansão do crime organizado. A oposição ao modo petista de ser e de fazer política — assim como toda a esquerda —, com suas verdades, certezas e arrogância tradicionais.

Isso tudo foi potencializado pelos erros de política econômica que provocaram uma crise prolongada, com direito a recessão, desemprego e diminuição da renda. Além disso, houve uma extraordinária escalada de denúncias e revelações nas inúmeras fases da operação Lava Jato, que semana após semana levou dezenas de políticos e empresários à prisão.

O fenômeno Bolsonaro foi impulsionado por tudo isso, não por uma única causa preponderante. É resultado de uma dinâmica vertiginosa: 2013 abriu espaço para a crítica; os erros econômicos levaram à crise e alimentaram ainda mais a insatisfação; o dissenso viabilizou a Lava Jato; com ela, intensificaram-se a crise econômica e as críticas, dando mais impulso ao juiz Sergio Moro e ao Ministério Público. Um círculo vicioso pariu Jair Bolsonaro.

Logo, o raciocínio de militantes de esquerda que preferem colocar Bolsonaro na conta do "preconceito da classe média" urbana — ou das elites — em relação à inclusão social da era Lula não é só mera tergiversação, mas um brutal erro analítico ao empobrecer a dinâmica dos fatos. Afirmações frouxas que, por exemplo, não explicam por que, mesmo com o alegado "preconceito", a popularidade do ex-presidente bateu extraordinários 83% de aprovação, em 2010.

Mas a marcha da insensatez brasileira não se deu apenas em virtude do que foi narrado acima. Foi também resultado de uma história de erros políticos continuados, disputas de poder, disfuncionalidades do sistema político e um desfile de vaidades pessoais expressas na falsa polarização entre PT e PSDB. É igualmente necessário resgatar esse outro processo.

AS ORIGENS DA POLARIZAÇÃO E A LONGA MARCHA PARA A INSENSATEZ

É possível remontar a 1985 os primeiros passos dessa marcha, com o início das disputas fratricidas entre PT e parcelas do PMDB (aquelas que pouco depois viriam a constituir o PSDB, e que já demonstravam um espírito e uma estética do que daria luz ao novo partido). Fundado três anos depois com o racha no PMDB, em razão do fortalecimento do quercismo, que esmagava a "esquerda", tentou-se firmar como caminho para a social-democracia brasileira — ainda que lhe faltassem bases populares para isso.

Foi justamente a rixa interna no PMDB que levou Fernando Henrique Cardoso a candidatar-se a prefeito de São Paulo, de modo a se fortalecer diante do adversário interno. Tudo parecia caminhar para que o então sociólogo sucedesse Mário Covas.

O candidato do campo conservador era Jânio Quadros, desde sempre popular mas rejeitado em virtude de sua renúncia à Presidência, em 1961. Vivia-se o clima de euforia democrática, influenciado pela campanha das Diretas Já, um ano antes, e FHC — ainda não conhecido pelas iniciais — fora uma das estrelas do processo. Contava com o apoio do governador, André Franco Montoro, e do prefeito, Mário Covas, além do entusiasmo de dezenas de artistas, intelectuais e partidos de esquerda, com exceção do PT.

O Partido dos Trabalhadores tentava se consolidar no cenário nacional; reunia a esquerda clandestina dos tempos do regime militar; o sindicalismo superatuante de então; setores progressistas da Igreja católica, além de ter tido importante participação na campanha das Diretas Já. Não perderia a oportunidade de ocupar espaço, e por isso não abria mão da candidatura de Eduardo Suplicy à eleição municipal, embora desconfiasse — como todos desconfiavam — que a divisão entre PT e PMDB pudesse levar à eleição de Jânio Quadros, em turno único.

De fato, foi o que ocorreu. A vitória de Jânio fortaleceu a direita remanescente do regime militar, o presidente José Sarney e Orestes Quércia, adversário interno dos futuros tucanos, responsabilizaram o PT pelo sectarismo e radicalismo, que haviam permitido o reposicionamento da direita.

Ainda que estivessem em certa medida lado a lado na luta contra o regime, a relação entre esse setor do PMDB e o PT jamais se pacificou. Restaram como primos, herdeiros incompatíveis da oposição aos militares, disputando o espólio de um mesmo e imaginário avô.

Embora o que veio a ser o PSDB reunisse políticos de centro e o PT buscasse se situar como uma agremiação de esquerda, ambos ocupavam faixas comuns do espectro político. A intersecção entre eles era a centro-esquerda, que disputavam e pela qual se debatiam. Essa confusão ideológica e competição política pelo mesmo espaço só se desmanchou bem mais tarde, mas durante muito tempo aqueceu escaramuças entre ambos.

Já em 1989 se acreditava que Mário Covas, agora oficialmente do PSDB, pudesse vencer a primeira eleição presidencial desde o golpe de 1964. O PT era uma agremiação pequena, sem recursos e politicamente estreita, confinada ao eleitorado ideologizado. Mas foi Luiz Inácio Lula da Silva quem chegou ao segundo turno daquela eleição, arrastando setores progressistas, ainda que tenha perdido (por pouco) para Fernando Collor de Mello — outro desses "fenômenos" eleitorais comuns no Brasil, comparável a Jânio e Bolsonaro.

Presidente, Collor sofreu o primeiro impeachment do país — da série? —, em 1992, e parecia favas contadas que Lula seria eleito em 1994. Por isso o PT se recusou a participar do governo de Itamar Franco — um esboço de união nacional —, de modo a não se comprometer com resultados negativos. E mais uma vez se distanciou dos tucanos, que ocuparam o espaço.

Quis a ironia da história que Fernando Henrique Cardoso, após idas e vindas de Itamar, fosse ocupar o Ministério da Fazenda e lograsse formalizar com sua equipe um plano engenhoso e bem-sucedido contra a inflação descontrolada, o Plano Real. A inflação era o principal problema econômico, social e político daquela década e da anterior, e, como candidato ao cargo máximo da República, FHC venceu a eleição presidencial no primeiro turno.

Seu governo teve oposição cerrada do PT. Reeleito em 1998, também no primeiro turno e novamente contra Lula, Fernando Henrique viu o PT levantar, nas ruas, bandeiras de "Fora FHC", pedindo seu impeachment, em 1999. As posições se inverteram quando Lula finalmente venceu a eleição em 2002. A despeito de uma transição bastante civilizada, dessa vez foi o PSDB quem jurou oposição sem trégua, insinuando pedidos de impeachment, não de todo injustificados, em 2005, por ocasião do escândalo do mensalão.

Embora houvesse setores que se mobilizavam para aproximar PT e PSDB, o fato é que "os contras" de cada lado operavam o distanciamento, pois o que se vislumbrava, antes de qualquer transformação social, era a disputa do poder e de cargos, seja na União, seja nos estados, especialmente em São Paulo e na sua capital.

No início dos anos 2000, por uma série de escândalos, o malufismo, corrente política e ideológica de direita radical, nacionalmente importante desde os anos 1970, viveu sua crise terminal, com a obsolescência e a desmoralização ética de Paulo Maluf. Estabeleceu-se um vazio nesse campo que tanto o PT, por meio do assistencialismo, tentou ocupar com seus governos, como o PSDB buscou agasalhar ao se aproximar de algumas de suas bandeiras moralistas.

Isso se deu espacialmente em 2006, com a candidatura de Geraldo Alckmin, um político democrático, moderado, mas bastante conservador e identificado com setores mais reativos da Igreja católica. Eleitoralmente, a campanha de Alckmin buscou atrair o malufismo órfão, setores mais reativos nos costumes e desejosos de mãos firmes em relação à criminalidade e à insegurança pública que naquele tempo já se faziam sentir.

Alckmin não teve sucesso diante de Lula, que se reelegeu. Mesmo assim, chegara ao segundo turno e captara um bom pedaço da direita, até por falta de referências mais identificadas com aqueles valores. Com a percepção de que esse eleitorado lhes pertencia, os tucanos se viram na obrigação de representar melhor suas teses, seu estilo e seus interesses. A retórica tucana se deslocou da social-democracia nas políticas públicas e do progressismo nos costumes para discursos muito mais conservadores, além de fazer oposição ainda mais agressiva ao PT e a suas práticas.

Isso foi incrivelmente potencializado nas campanhas de José Serra à Presidência da República (2010) e à prefeitura de São

Paulo (2012); chegando ao aparente ápice na campanha de Aécio Neves, em 2014, quando o tom subiu muitos decibéis, como resultado das manifestações de rua e articulações no Congresso Nacional, que levaram ao impeachment de Dilma Rousseff, em 2016.

Na marcha da insensatez houve também, evidentemente, a contribuição do PT. Assim como interessava aos tucanos polarizar com o PT e carregar todo o eleitorado do centro para a direita, interessava ao PT fazer o mesmo com o PSDB, na direção contrária, confinando-o à direita.

Em 2003, o governo de Lula surpreendeu ao não radicalizar na gestão do Estado e ao dar continuidade a muitos programas do PSDB, sobretudo na política econômica coordenada pelo ministro Antonio Palocci, em muitos pontos semelhante ao que fizera a equipe de Pedro Malan, ministro da Fazenda nos anos FHC. Uma das críticas que os tucanos e sua nova base social desferiam contra o PT era que "Lula não fazia nada além do que FHC fez". Nada mais parecido com um tucano do que um petista — daquele tempo — no controle da economia.

Isso causava constrangimentos ao governo Lula e mal-estar à sua base. Era preciso se diferenciar, sem abandonar seus princípios, do governo de FHC e desconstruí-lo. Perspicaz, Lula passou a declarar que teria recebido do antecessor "uma herança maldita", um país desorganizado, falido, que só reencontrou seu eixo por ação exclusiva de seu governo e de seus companheiros do PT. Os tucanos, por seu lado, assinalavam que todo o sucesso petista se devia, além das bases deixadas por FHC, ao extraordinário choque nos preços internacionais das commodities em virtude da entrada da China na Organização Mundial do Comércio (OMC), no início dos anos 2000.

Ambos, naturalmente, exageravam. Havia méritos e defeitos dos dois lados. Mas a disputa pelo poder político não permitia concessões ao adversário. Como disse em off um importante dirigente do PSDB à época, "havia bundas de mais para cadeiras de menos".

O escândalo do mensalão, em 2005, naturalmente piorou tudo. Aproveitando a fragilidade dos petistas, os tucanos fizeram uma espécie de risco no chão, demarcando o espaço dos companheiros de Lula como corruptores da democracia. Estes, pouco mais tarde, afirmavam que os tucanos e sua base não suportavam o sucesso de Lula por puro preconceito contra o retirante nordestino que era venerado no mundo inteiro. Mais: a oposição do PSDB e da classe média que se identificava com o partido se dava por contrariedade à inclusão social, simbolizada à época pela lotação nos aeroportos, ocupados então por uma nova classe média, que ascendera com o aumento de renda propiciado pela elevação do salário mínimo. Riscando o chão do seu lado, Lula pontificou o "nós contra eles". Lascou-se o país.

A sociedade se dividiu com a ajuda, o apoio e o interesse inconfesso dos dois partidos. Parecia-lhes vantajoso o duopólio no mercado eleitoral. Candidaturas como as de Itamar Franco e Paulo Maluf (em 1998), Anthony Garotinho (2006) e Ciro Gomes (2010) foram neutralizadas e inviabilizadas pelo interesse e pela ação dos dois partidos. E assim, durante esse tempo, as eleições não foram competitivas: não há competição quando se inibe a entrada de novos jogadores, com crenças e valores distintos, capazes de melhor expressar toda a riqueza da sociedade.

O que se deu foi uma polarização menos por distinções ideológicas de fundo programático do que pela disputa de poder. O conflito era eleitoral e ganhou ares de guerra ideológica, política e moral. Mas não chegava a tanto. Ainda assim, desenvolveu uma dinâmica perniciosa: atiçou ódios, mobilizou as massas, radicalizando-as, e, na intolerância de duas torcidas fanáticas, fecharam-se as portas do diálogo — o que cresceu magnificamente com o advento das redes sociais.

Estavam, enfim, dadas as condições para que o bolsonarismo se desenvolvesse.

CONCLUSÃO

A eleição de Jair Bolsonaro, o destino de seu governo e do país constituem um fenômeno sobre o qual estudiosos se debruçarão pelos próximos anos e décadas. Dará ensejo a teses de doutoramento, livros e muito debate. Mas o certo é que Bolsonaro não brotou do chão; nem é resultado de combustão espontânea. Ele é fruto de circunstâncias criadas e desenvolvidas ao longo dos anos, feitas com olhos míopes que enxergavam apenas o eterno presente, sem perceber que no longo prazo tudo poderia ficar muito pior, numa situação de péssimo coletivo. Talvez ninguém acreditasse que o longo prazo chegaria. Faltou visão e liderança. E o dia de fato chegou, sem que percebêssemos ou acreditássemos.

Todavia, independentemente da eleição em si, Bolsonaro já denuncia a derrota de duas gerações: a minha e a imediatamente anterior. Aqueles que em 2018 têm entre cinquenta e 65 anos de idade recebemos a democracia e a estabilidade da moeda das gerações anteriores, sem nos darmos conta do delicado da situação; sem perceber a fragilidade estrutural do país, seus desacertos históricos e sua cultura pouco democrática.

Compreendemos bem os mecanismos e a dinâmica do presidencialismo de coalizão na versão que assumiu no país: distribuição de espaços e recursos públicos, voracidade fisiológica subjugando questões programáticas e ideológicas, de modo a garantir maioria ao Poder Executivo no Legislativo. Mas não nos preocupamos, ou nos preocupamos pouco, com as consequências que poderiam resultar desse processo, de sua lógica obscura, opaca aos olhos das pessoas normais — um clima pouco republicano. Tiramos desse processo uma boa fotografia — os governos efetivamente formavam maioria e aprovavam a agenda que projetavam —, mas não adivinhamos o filme que se seguiria, seu enredo desastroso, sem final feliz. Esquecemos que democracia é, antes de tudo, um regime de qualidade e não um modelo estatístico.

Não percebemos também as transformações do mundo e a complexidade que se instalou de repente. Desconhecemos os desejos e os valores de homens e mulheres comuns, negligenciamos seus problemas cotidianos e tanto quanto possível fechamos os olhos para os que vivem em situação mais aflitiva de insegurança. Não atinamos que a cada escaramuça política mal esclarecida, a cada desleixo em relação à República, a cada negligência ética ou oportunismo político, o país marchava para a insensatez, assim como outros povos, em momentos diferentes, o fizeram — o que Barbara W. Tuchman narrou tão bem em seu já clássico livro *A marcha da insensatez: De Troia ao Vietnã*.

Insensatez que, ao final, demarca grande ironia, se não uma profunda tristeza: PT e PSDB, que tanto indicavam pretender liquidar um ao outro, deram-se abraços de afogado. A despeito dos 47 milhões de votos que seu candidato obteve no segundo turno da eleição de 2018 — muito em virtude do antibolsonarismo —, o PT hoje se resume a uma trincheira quase que exclusivamente voltada à libertação de seu líder, Lula, preso em Curitiba. Sem capacidade de dialogar com homens e mulheres comuns, sem agenda propositiva, não demonstra disposição nem competência para olhar para o futuro e se reinventar. Já o PSDB foi dizimado pelas urnas, abandonado pelo eleitorado que ilusoriamente imaginava seu e que o trocou por um tipo de messias. Destituídos da identidade e do charme social-democrata que tanto alardeavam, os tradicionais tucanos sentem-se hoje atropelados pelo projeto pessoal de sua nova liderança, João Doria.

O fato é que, de um modo ou de outro, nem esses partidos

fruto da redemocratização nem a maior parte da sociedade lutou a fundo pela democracia, e talvez por isso a tenhamos desprezado. Não aperfeiçoamos as instituições que nos foram legadas e não fomos vigilantes e exigentes com a qualidade da política que se fazia. Na verdade, abandonamos a política, indo cuidar de nossas vidas nos bancos, nas universidades, em casa, na família. Permitimos que o espaço fosse ocupado por gente nem sempre qualificada ou bem-intencionada; deixamos isolados os que perseveravam. Demo-nos por contentes com o aparente bom momento, sobretudo econômico, que nos permitiu acesso ao mundo de um consumo tão moderno quanto vertiginoso. Não fomos capazes de garantir a democracia como valor fundamental para os nossos filhos e netos. Fica a obrigação de corrigir os erros. E recomeçar.

CARLOS MELO é cientista político, professor do Insper e articulista do UOL, onde acompanha o processo político dos últimos anos em seu blog.

A política do pânico e circo

Conrado Hübner Mendes

A Constituição brasileira de 1988, em plena crise dos trinta anos, foi brindada com a eleição de Jair Bolsonaro. A plataforma do presidente eleito, daquilo que se pôde depreender de seu programa de governo e, sobretudo, de seu repertório de propostas ventiladas ao longo de sua carreira política, ameaça a integridade e a permanência desse projeto constitucional.

A crise dos trinta anos se deve a três sucessivos testes de estresse a que a Constituição foi submetida: nos tribunais e nas ruas, entre junho de 2013 e 2016; nos tribunais e no Congresso desde o contestado processo de impeachment de 2016; nos tribunais e nas urnas em 2018, ano da eleição mais atípica desde a redemocratização. Debates eleitorais, quanto mais oscilaram entre o grito pela utopia bolsonara e o temor da distopia bolsonara, mais se distanciaram de problemas concretos do país.

Nestes últimos anos, o Brasil passou a viver a política à flor da pele e ofereceu ocasião histórica para a ascensão de Jair Bolsonaro. Em sintonia com líderes pré-democráticos, Bolsonaro se coloca abertamente contra o corpo e o espírito da Constituição ao defender a supressão de direitos e de programas de solidariedade. Sua eleição aprofunda o terceiro teste. A agonia antipolítica corrói a democracia em várias partes do mundo, e não faltam causas para esse estado de espírito. Bolsonaro veio para encarná-lo com virulência.

O projeto do constitucionalismo democrático depende de mediações institucionais para a tomada de decisões coletivas e construção de uma esfera pública capaz de sujeitar o poder à prestação de contas diante de fatos, evidências e argumentos. As noções de povo e de soberania popular são filtradas e traduzidas num complexo edifício de procedimentos que buscam assegurar o autogoverno e a proteção das liberdades. Atos de governo dependem de autorização legal e estão sujeitos a camadas de controle jurídico.

É contra essas mediações que o populismo autoritário se insurge, e Bolsonaro se inscreve nessa tradição. Uma das formas de um líder autoritário driblar instituições e, sem necessidade de lei ou qualquer ato formal, impactar o statu quo e desestabilizar políticas públicas é a instilação do "pânico e circo" nos seus seguidores. O pânico coletivo brota quando sentimos nossa segurança física, patrimonial, de orientação sexual ou status social ameaçados. Pode ser espontâneo, diante de situações objetivas de crise, ou fabricado. O circo é um espaço de alheamento para o qual seguidores alimentados pela intensa provisão de descrições falsas ou adulteradas dos fatos se deixam levar. Ao contrário da esfera pública, em que versões e argumentos podem ser testados, o circo é um espaço blindado contra o contraditório. O sentimento é canalizado contra um corpo estranho, tido como encarnação do mal. Esse corpo pode ser uma pessoa, um grupo, uma identidade ou mesmo uma ideia. Movidos por medo e raiva, seguidores se fazem agentes de um "governo com as próprias mãos", uma versão mais disseminada e atomizada da "justiça com as próprias mãos" que leis e instituições democráticas buscam neutralizar.

A cartilha do "*panicus et circenses*" opera assim: identifica (ou forja) problema que nos angustia, apresenta diagnóstico distorcido, e inocula medo e raiva contra esse inimigo. Esconde soluções eficazes, porém mais demoradas, a problemas do país e gera democracia com déficit de atenção,* distraída no combate aos falsos inimigos. Induzir o pânico é forma de resistir a processos de mudança social e cultural. Um padrão desviante começa a virar mainstream, e o mainstream reage. Induz sobrerreação a ameaças aparentes, e sub-reação (ou escamoteamento) a patologias reais. A democracia com déficit de atenção esconde os problemas que importam e os remédios que funcionam.

Há episódios paradigmáticos da democracia brasileira dos últimos trinta anos: em 1985, quando Jânio virou a eleição municipal contra Fernando Henrique Cardoso ao acusá-lo de ateu; em 1989, a boataria estimulada por Fernando Collor contra Lula, que poderia obrigar proprietários a dividir casas com os pobres; em 2010, o ataque de José Serra a Dilma Rousseff como defensora do aborto (ou "a favor de matar criancinhas", como dizia a esposa do candidato do PSDB); ou a investida, em 2014, da campanha de Dilma Rousseff contra Marina Silva, que faria sumir pratos de comida da mesa da família ao dar independência ao Banco Central.

Essa fórmula foi recitada em prosa e verso no movimento que alçou Bolsonaro à Presidência. Entre os variados exemplos, pode-se citar a caracterização da cartilha de educação sexual como "kit gay que alicia a garotada para ser homossexual"; a convocação de boicote à "agenda gay da Disney"; a ideia de uma "ditadura gay"; por ocasião de exposições de arte, a denúncia de "sensualização precoce de crianças" e o "crime hediondo da pedofilia". A

---

* Essa expressão é inspirada no título do livro *Attention Deficit Democracy: The Paradox of Civic Engagement*, de Ben Berger (Princeton University Press, 2011). O argumento do livro guarda relação com a ideia apresentada aqui.

educação é dos campos mais férteis para essa arte. Na paranoia coletiva, recrutam-se alunos de celular em punho diante da malícia do professor. Crianças como vigias, pais como juízes, esfera pública como tribunal popular e professores como vilões.

Frases pronunciadas por autoridades públicas valem o quanto pesam e nunca são "da boca para fora". Nenhuma frase pesa tanto quanto aquelas pronunciadas por chefes do Poder Executivo ou candidatos. Como autoridade mais alta de toda uma máquina pública, a demonstração de compromisso com o respeito à lei influencia o comportamento de seus subordinados e de toda a sociedade. Sinais emitidos por um presidente, governador ou prefeito, portanto, não são inofensivos. Sociólogos do direito demonstram a óbvia correlação entre os "sinais e as leis". A liderança da cúpula estatal e das instituições de Justiça faz muita diferença para que a lei seja levada a sério.

Vale lembrar exemplos recentes do fenômeno, como a irrupção de violência étnica e racial no dia seguinte à eleição do presidente Donald Trump nos Estados Unidos. A retórica extremista contra jornalistas, descritos como "inimigos do povo", também causou ameaças e ataques. Bastou ser eleito para que crimes de ódio registrassem aumento exponencial. Michel Temer, que assumiu a Presidência de joelhos às demandas da bancada ruralista, enquanto anunciava seus planos para a Amazônia e sua intenção de anistiar ilegalidades, assistiu ao crescimento alarmante da violência no campo antes mesmo que ele executasse qualquer ato formal.

A mera expectativa da vitória de Bolsonaro já fazia alguns de seus apoiadores darem mostras de como seria a nova ordem desejada: em Natal, um professor de história foi ameaçado de morte por ter ensinado o papel da Lei Rouanet no cinema brasileiro; em Manaus, um professor de letras da universidade federal local foi atacado por um aluno enquanto analisava uma música à luz do conceito de fascismo; em Brasília, livros de direitos humanos foram rasgados na biblioteca da UnB; o jingle da "Marcha da Família com Bolsonaro", em Recife, oferecia "ração na tigela" às "cadelas" feministas; as torcidas do Atlético Mineiro e do Palmeiras entoaram o canto: "Ô bicharada, toma cuidado, o Bolsonaro vai matar viado".

Essas manifestações supõem ter em Bolsonaro um parceiro. Seus seguidores traduzem suas palavras e silêncios em carta branca. Entender o tipo de violência que Bolsonaro inspira e instiga é um exercício fundamental. Ela tem três camadas: a primeira diz respeito aos crimes de ódio e a toda sorte de discriminações punidas pela lei, o lado bruto da violência; a segunda abrange as agressões cotidianas que ficam na zona cinzenta entre o legal e o ilegal, como o caso do motorista de ônibus que não aceita reclamação de uma senhora com dificuldade de locomoção e grita: "Vocês vão ver como será quando o Bolsonaro for presidente, essa palhaçada dessa mulherada vai acabar; quero ver alguém vir me encher o saco se eu tiver uma arma na cintura"; a terceira remete às microagressões, aquelas palavras e gestos que ferem sem que o microagressor perceba, mas este invocará seu "direito ao politicamente incorreto" caso o ofendido reclame. O símbolo de Bolsonaro impacta os três níveis: da crônica criminal à crônica das relações urbanas do dia a dia.

A democracia tem uma regra de ouro informal: é necessário que adversários, vitoriosos ou derrotados, respeitem as normas do jogo sem virar a mesa. É um pacto de civilidade e de continuidade para que a competição continue na rotina política e na próxima rodada eleitoral. O estado de direito também depende de um acordo tácito: é preciso não só que as autoridades respeitem a lei, mas que demonstrem, no que fazem e no que dizem, compromisso com o princípio de que a lei vale igualmente para todos. Tanto o pacto de civilidade e de continuidade quanto o compromisso moral e performativo de respeito à lei são postos em xeque pela política do pânico e circo. A supressão do inimigo político, percebido como ameaça a um modo de vida, como criminoso presumido, ganha prioridade sobre qualquer outro valor. À medida que antepõem obstáculos a essa missão, a democracia e a lei perdem legitimidade e podem ser escanteadas em nome do combate maior.

A presença da política do pânico e circo, secundada por um governo com as próprias mãos, é produto incontornável da vitória de Bolsonaro. A grande questão em aberto é saber sua magnitude, seu escopo e sua durabilidade.

PIB × PIBB

Há quem tenha votado em Jair Bolsonaro porque deseja o crescimento do PIBB — o Produto Interno da Brutalidade Brasileira. O PIBB é um indicador a ser construído para traduzir nossa cota de incivilidade em números e agregar nossos recordes mundiais em homicídios, crimes de ódio, encarceramento, violência estatal e assim por diante. A parcela maior dos eleitores de Bolsonaro, contudo, faz um voto de fé no crescimento do PIB (Produto Interno Bruto). Esse voto teve uma racionalidade instrumental: o crescimento do PIBB poderá ser compensado pelo crescimento do PIB. No entanto, as duas coisas não crescem ao mesmo tempo de modo sustentável.

Nessa conta, a explosão do PIBB é vista como um mal menor, um preço do avanço econômico. Que Bolsonaro provoca o aumento do PIBB foi a grande barbada do pleito presidencial de 2018 — uma profecia autorrealizável. Antes de o governo eleito tomar posse, antes mesmo do fim das eleições, o índice de brutalidade já se faz sentir nas ruas do país. A oficialização da política pública de extermínio que o candidato anunciou dependerá de decisões de governo, mas a mensagem foi captada pela violência política espontânea que Bolsonaro estimula.

Alguns economistas dirão, com bons argumentos, que o crescimento do PIB é indispensável para reduzir o PIBB. Essa é uma resposta incompleta. Ainda que possa haver, dentro de certas condições, uma correlação positiva entre uma coisa e outra (o aumento do PIB gerar a redução do PIBB), há mais variáveis nessa equação. No meio do caminho há instituições que precisam funcionar segundo padrões do estado de direito (o *rule of law*): respeito às liberdades, obediência a procedimentos estáveis, orientados por regras claras e previsíveis.

A filosofia política moderna sempre pensou o estado de direito como requisito para a promoção da liberdade e da dignidade humana. A Comissão Internacional de Juristas publicou, em 1959, por exemplo, a "Declaração de Delhi", segundo a qual direitos civis e políticos dependeriam do estado de direito. Décadas mais tarde, economistas perceberam que, para além da liberdade e da dignidade, o estado de direito traz dividendo adicional: crescimento econômico. Muitas pesquisas demonstraram essa correlação. Daniel Kaufmann, por exemplo, apontou que os ingredientes do estado de direito que favorecem o crescimento não se limitam ao direito de propriedade, ao respeito a contratos e a busca de "lei e ordem", mas incluem mecanismos de controle, transparência e responsabilização das autoridades públicas, a proteção de direitos civis, políticos e sociais. Estado de direito seria condição relevante, ainda que não suficiente, para o crescimento.

Descobriu-se, também, que a violência é um pesado obstáculo ao crescimento, por reduzir diversificação e complexidade econômica, além de romper laços de confiança e reciprocidade social. Uma democracia inclusiva e não facciosa, ao contrário, facilitaria o desenvolvimento econômico consistente. A plataforma política de Bolsonaro ignora a conexão entre crescimento econômico, de um lado, e a qualidade do estado de direito, de outro. A violência política não está precificada. O descuido com o PIBB poderá cobrar sua fatura e levar o PIB junto com ele.

Um bom exemplo dessa correlação está no campo da segurança. Estudiosos da segurança pública e da economia política do crime, em diversas partes do mundo, identificam que a retração de políticas de bem-estar gera expansionismo nas políticas de repressão: do minimalismo governamental ao maximalismo penal, o caminho de um ponto a outro não é mera coincidência. Quanto menos dinheiro público de um lado, mais do outro. Não existe Estado mínimo grátis. As variáveis e causalidades são mais complexas do que essa equação sugere, mas a síntese da correlação se mostra universal. Falta-nos, portanto, um retrato fiel do significado do Estado mínimo: o apelido do "Estado guarda-noturno", aquele vigia que protege a sua casa (em bairro nobre), na prática significa "Estado-penitenciária".

Uma forma de resumir a lei geral do encarceramento brasileiro seria esta: quanto mais prisão, mais crime organizado; quanto mais crime organizado, maior corrosão da política e da democracia. Como muitas leis sociológicas, são contraintuitivas, ignoram ideologias e desafiam o senso comum. A política pública falha em neutralizá-las.

A plataforma de Bolsonaro, contudo, continua a pensar a segurança pública como sinônimo de arma, polícia e prisão. Curar a desinteligência penal brasileira e enfrentar o debate sem recorrer à cartilha do populismo penal, repleta de promessas de balas de prata, é uma missão que não fica atrás de nenhuma conquista civilizatória da qual possamos nos orgulhar, como as abolições da escravatura, da pena de morte ou da tortura.

As formas para reduzir o sofrimento humano mais elementar e propiciar a segurança física, moral e material a cada cidadão são conhecidas, mas complexas. Um mercador de balas de prata, contudo, vende placebos políticos. Placebo é um falso remédio que, às vezes, pode aliviar a dor ou ajudar na cura da doença. A ciência ainda não desvendou o dispositivo, mas a medicina já deixou de vê-lo como receita de charlatães e curandeiros.

A ideia de placebo pode se aplicar também ao mundo da política pública, ao menos como metáfora. Em vez de poder medicinal, o placebo político é um estratagema ilusionista. Deixa a patologia social intocada, mas aplaca por um momento os sintomas e gera a sensação efêmera da cura. Democracias com déficit de atenção, absortas em doses contínuas de pânico e circo, são pródigas em placebos políticos. Ao lado do campo da educação, a segurança pública é dos mais pródigos em placebos: criminalizar novas condutas, agravar a pena de crimes já existentes, tolerar a brutalidade policial, reduzir a maioridade penal, incentivar o armamento individual etc. são seus espasmos de autoengano. Apesar de intensificar a espiral de violência, esses falsos remédios prestam notável serviço eleitoral a políticos que exploram o pânico, e seguem com grande capacidade de reprodução.

NUNCA MAIS, NUNCA MENOS

Produto da Constituinte mais vibrante de nossa história, a Constituição de 1988 firmou o pacto possível entre o passado ditatorial e a promessa de emancipação democrática. Buscava superar um longo período de violência política, de instabilidade econômica e de aumento da desigualdade. O concerto entre elites políticas e grupos da sociedade civil redigiu uma Constituição contemporizadora, mais preocupada com a transformação social (e a proteção de privilégios corporativos) do que com a coerência ideológica ou a concisão. Anunciada por Ulysses Guimarães como a "Constituição-coragem", a "Constituição da mudança e não do statu quo", ou, enfim, a "Constituição cidadã", a redemocratização representava um pico de entusiasmo no futuro. Com suas qualidades e defeitos, a Constituição de 1988 se tornou a melhor versão de nós mesmos.

Nesse intervalo de três décadas, a sociedade brasileira se transformou e deu alguma tração jurídica àquelas aspirações. Ainda que as engrenagens de uma sociedade autoritária e discriminatória tenham mostrado resiliência, o Brasil é hoje menos pobre e menos desigual, com índices melhores de bem-estar material, de educação e de saúde. Isso se explica não só por ondas de crescimento econômico, mas também pela implementação de uma cadeia de políticas públicas de redistribuição, reconhecimento e cuidado.

Indicadores sociais, contudo, ainda assustam. A sociedade que prometeu ser "fraterna, pluralista e sem preconceitos" tem a polícia que mais mata (70% de negros ou pardos) e mais morre no mundo; tem baixa representação feminina no Congresso, menos de 15%; e tem a terceira população carcerária do planeta. Somos o país que mais mata a população LGBT e que concentra 11% dos homicídios cometidos no mundo.

A sociedade que anunciou a "existência digna conforme os ditames da justiça social" e a "redução das desigualdades regionais" tem 40% da população até catorze anos em situação de pobreza, apesar de ser o nono maior PIB do mundo. Nas regiões Norte e Nordeste, esse percentual sobe para aproximadamente 55%. Nas outras, esse número cai abaixo dos 30%.

O bolsonarismo prometeu saídas simples e "sem viés ideológico" para nossa encruzilhada por meio de propostas exuberantes de violação dos direitos de mulheres, negros, homossexuais, índios, famílias transviadas e dos pervertidos morais em geral. Num governo de depuradores, os depurados que se cuidem. "Vai haver uma limpeza como nunca houve antes nesse país" foi sua síntese na reta final de campanha. O plano de "moralização institucional" inclui desde a prisão de ministros do Supremo Tribunal Federal, como aventou um general, até a criação de um "Index Librorum Prohibitorum" para escolas públicas, uma lista de livros banidos das salas de aula por conterem versões da história brasileira com as quais os generais não concordam.

Janaina Paschoal foi a ideóloga mais recente na história das teorias da depuração, bem conhecidas no século XX. Elaborou sua versão por meio de tuítes e falas públicas: "Eu realmente acredito que estamos em um processo de depuração". A depuração tem três degraus, cada um com seu herói: começou pelo impeachment (de Eduardo Cunha), continuou pela Lava Jato (de Sergio Moro) e se fecha com Bolsonaro: "Neste momento histórico, a eleição de Bolsonaro é essencial para que tenha sequência o processo de depuração". Esse processo, na sua visão, vai além do Brasil: "Meu apoio ao povo russo, que luta por depuração na política". Na forma, pelo menos recomendou um caminho legalista: "O processo de depuração vai continuar, mas deve ser conforme a Constituição!". E esse objetivo percorre três poderes: "Não dá para depurar Executivo e Legislativo sem passar pelo Judiciário".

O bolsonarismo, pelo que se fez conhecer até aqui, adota divisão funcional do trabalho: a violência simbólica, verbal e coreográfica pertence ao líder e a seu círculo íntimo (filhos, indústria de notícias falsas etc.); a violência física e as mãos sujas de sangue ficam por conta de seus seguidores nas ruas; já a violência do colarinho-branco, por cumplicidade silenciosa, fica com parte da mídia que o normalizou como "polêmico", com o Legislativo que o tolerou por leniência partidária e com o Judiciário que o legitimou à luz da liberdade de expressão. Essa tripartição de papéis o elegeu e continuará a operar para que um governo anti-instituições não seja domesticado pelas instituições que buscarão se reacomodar. Será um governo em campanha permanente.

O que Paschoal chama de depuração, a ciência política classifica como desinstitucionalização: uma ação voltada a erodir qualquer padrão decisório orientado por regras compartilhadas entre atores vitoriosos e perdedores. A desinstitucionalização vende gato por lebre e confunde ardilosamente o combate à corrupção com corrupção da democracia e implosão de procedimentos. Fora das instituições, o mundo fica muito pior.

Como conter o processo em curso? Democratas devem respeitar, por princípio, o resultado das eleições e se preparar para a próxima, mas devem deixar claro que as condições para esse respeito estão no pacto constitucional, fora do qual um governo eleito perde legitimidade e convida à desobediência. A autoridade dos vitoriosos depende do reconhecimento dos derrotados como portadores de direitos, entre os quais o da oposição.

Na abertura do ano judicial de 2013, o presidente do Supremo Tribunal argentino, Ricardo Lorenzetti, encerrou com um conhecido lema do progresso democrático: "Nunca *mais* nas violações de direitos humanos, nunca *menos* na promoção de direitos sociais". Não é o compromisso que podemos esperar de um presidente cuja carreira parlamentar de três décadas foi talhada pelo elogio à ditadura militar e à tortura, pela retórica da violência e pelo escasso trabalho para o bem comum. Mas é o mínimo que poderemos exigir: nunca *mais* na supressão de nossas liberdades públicas, nunca *menos* na promoção de nossos direitos a educação, saúde, trabalho digno etc. Se quiser respeitar a Constituição, tal como prometeu no seu discurso de vitória, esse é o norte.

UM LUGAR DIGNO PARA O STF

Regimes autoritários não abrem mão da servilidade judicial. Seja pela cooptação de uma magistratura venal, seja pela exclusão de dissidentes e supressão da independência, um Poder Judiciário domesticado presta serviços indispensáveis ao autoritarismo. Juízes dóceis ajudam a coordenar ações e emprestam uma estampa de legalidade à violência. São parceiros no projeto de ataque às liberdades.

A exata conformação do autoritarismo bolsonaresco ainda não está pronta. Resta saber, entre outras coisas, sua receita para o Judiciário. No período de campanha até a transição de governo, lançou dois balões de ensaio: a ampliação das cadeiras do STF de onze ministros para 21 (e assim "botar pelo menos dez isentos lá dentro", já que "decisões do Supremo têm envergonhado a todos nós"); e a revogação da "Emenda da Bengala" (que estendeu a aposentadoria dos setenta para os 75 anos) com o objetivo de aposentar de imediato os ministros com mais de setenta anos e liberar vagas mais rápido.

Um Judiciário de apologistas se constrói tirando quem não agrada e colocando quem, por instinto ou convicção, prefere rezar a cartilha do regime à da legalidade. Os meios variam entre aumentar o número de cadeiras de uma corte e povoá-la de correligionários; ameaçar, aposentar ou criminalizar os insubmissos; impor procedimentos discricionários de nomeação e retaliação; e criar órgãos de controle subordinados ao "povo" (no fundo, ao chefe). O apelo a essas técnicas é universal: Getúlio Vargas e a ditadura militar brasileira abusaram do expediente; Chávez e Maduro construíram por aí um Judiciário à sua imagem e semelhança; a Hungria, do presidente Orbán, eviscerou em poucos anos uma das cortes constitucionais mais inspiradoras das democracias pós-comunistas; no caso mais recente, em sincronia com Bolsonaro, o governo do partido Legalidade e Justiça, na Polônia, também diminuiu a idade de aposentadoria para limpar a Suprema Corte dos comunistas. Multidões foram às ruas, a presidente da corte recusou-se a se aposentar, e até Lech Walesa incitou a desobediência civil.

Rezam os fatos que quando o general Castelo Branco quis enquadrar o STF nas orientações do golpe civil-militar, o presidente do STF, ministro Ribeiro da Costa, disse que não se submeteria à "ideologia revolucionária" e que, se ousassem cassar um ministro, fecharia o tribunal e entregaria as chaves ao porteiro do Palácio do Planalto. O resto é história: anos mais tarde, ministros foram cassados e o tribunal enfim domesticado.

Cinquenta anos depois, o STF está na linha de tiro. Quando a ameaça veio do general Villas Bôas, via Twitter, coube ao decano Celso de Mello reagir: "Intervenções castrenses, quando efetivadas e tornadas vitoriosas, tendem, na lógica do regime supressor das liberdades, a diminuir, quando não a eliminar, o espaço institucional reservado ao dissenso, limitando, desse modo, com danos irreversíveis ao sistema democrático, a possibilidade de livre expansão da atividade política e do exercício pleno da cidadania. Tudo isso, senhora presidente, é inaceitável".

O próximo tiro veio de outro general, Girão Monteiro, deputado eleito, que apresentou um "plano de moralização das instituições" que inclui não só o impeachment, mas também a prisão de "vários ministros". O STF escutou calado. Dias depois, a divulgação de um vídeo aprofundou a doutrina. Eduardo Bolsonaro, deputado mais votado e filho do presidente eleito, questionado sobre a possibilidade de o STF intervir em caso de vitória de seu pai, respondeu: "O STF vai ter que pagar para ver. E quando ele pagar para ver, vai ser ele contra nós. Será que eles vão ter essa força mesmo?". E acrescentou: "O pessoal até brinca lá: se quiser fechar o STF, você sabe o que você faz? Você não manda nem um jipe, você manda um soldado e um cabo". Coube a Celso de Mello, de novo, a reação mais contundente. Classificou a declaração como "inconsequente e golpista", enxergou no parlamentar uma "inaceitável visão autoritária", que "comprometerá a integridade da ordem democrática". Do presidente da corte, escutamos um silêncio eloquente.

A perda do respeito pelo STF é uma das marcas de nossos tempos. Esse movimento de insubordinação não se deve a qualquer vocação iconoclasta da cultura jurídica brasileira, mas ao aprofundamento de práticas ruinosas demais para ignorar. Note-se pela virulência das novas metáforas ou termos invocados pelo jornalismo. Quando se afirma que o comportamento do Tribunal é "neurótico", que suas decisões são uma "roleta" e que a segurança jurídica se transformou em "chacrinha"; que o Tribunal é um "transatlântico que se move em círculos", à deriva, com "tripulação amotinada"; que o "ambiente de guerrilha pulveriza a supremacia da corte", que estaria "indo para o brejo", há sinal de que o alarme toca.

As cortes são imaginadas como antídotos contra o populismo, não como parceiras ou órgãos auxiliares das maiorias. Recebem ferramentas para zelar pela separação de poderes e proteção de direitos. Costumam estar, por essa razão, entre os primeiros alvos do ataque de líderes autoritários. Nunca serão fortes o suficiente para subsistir a uma prolongada escalada populista, mas podem desempenhar papel relevante na neutralização desse fenômeno em estágios preliminares. O sucesso das cortes dependerá da reputação e da imagem de imparcialidade que conseguirem construir ao longo do tempo; da capacidade de serem levadas a sério, portanto.

Assistimos a um processo inverso: em vez de moderar o canto populista por meio da aplicação isenta da lei, juízes resolveram surfar a mesma onda na companhia do Ministério Público e de agentes policiais. O movimento vai da cúpula, sob liderança do STF, a algumas células de primeira instância. Mistura personalismo, ingrediente típico do populismo clássico, com um ingrediente impessoal sutil, expresso no carimbo da instituição de Justiça.

Entramos na era da populisprudência. A versão judicial do populismo sintoniza sua antena na opinião pública, no humor coletivo, e "transcende" a lei quando esta não estiver afinada com uma causa maior. Convoca apoiadores e lhes agradece publicamente pela mobilização em defesa da "causa". Adere à cultura de celebridade, aceita prêmios e homenagens, tanto faz quem as ofereça ou quem sejam seus companheiros de palco. Frequenta gabinetes políticos e a imprensa, onde opina sobre a conjuntura política, alerta sobre decisões que poderá tomar em casos futuros e ataca juízes não aliados à "missão".

Assim como a hipocrisia é a homenagem que o vício presta à virtude, a aparência jurídica é o tributo que a populisprudência paga à jurisprudência. A populisprudência vende uma jurisprudência de fachada para ocultar escolhas de ocasião. É um jogo de alto risco, pois quando o argumento jurídico passa a ser percebido como disfarce de posição política — e desta não consegue se diferenciar —, o estado de direito atinge o seu precipício. Mergulhado no seu projeto de se desinstitucionalizar por autoimolação, o STF enfim avista o abismo: esse limiar em que suas decisões em casos delicados já não conseguem ser lidas senão pela lente política, pouco importa se consistentes do ponto de vista técnico-jurídico. Ultrapassado o limiar, vale a lei do mais forte, a política em estado bruto.

A autoridade do STF não é um dado que se possa presumir, não se materializa por obra do acaso. A família Bolsonaro sabe disso. A capacidade da corte de ser obedecida precisa ser conquistada e administrada, pairar acima das divisões políticas e inspirar respeito. Essa conquista se dá, entre outras coisas, pela obediência aos rituais de imparcialidade, pela prudência institucional e pela coragem política. O STF falha em todas essas frentes, miseravelmente. Falar o que der na telha na imprensa não ajuda. Conceder habeas corpus a amigo ou prometer, por telefone, ajudar um senador, também não.

Se o STF quiser se juntar ao esforço de contenção do processo de declínio da democracia brasileira, terá de corrigir a comédia de erros que impregnou seus costumes. Seus membros confundiram protagonismo com autoimportância individual. Foram indiferentes a críticas, alertas e sugestões de muitos observadores nos últimos dez anos. Foram liberais demais com suas opiniões, dentro e fora dos autos. Encontram-se, agora, diante de um projeto de democracia iliberal. De democracia, esse regime tem só o nome e o hábito plebiscitário.

O Brasil está batendo à porta da liga dos governos autoritários no aniversário de trinta anos da Constituição. Esse crepúsculo não é o fim, mas sua antessala. A Constituição prevê alguns botões de fuga e resistência, mas dependemos de um STF hábil e corajoso para apertá-los. Um STF mais atento à Constituição e à preservação de sua combalida autoridade, com tudo que isso significa nos seus ritos e costumes, na condução de sua agenda e na apresentação de argumentos jurídicos estáveis, seria sua melhor estratégia para participar do delicado jogo que terá pela frente.

CONRADO HÜBNER MENDES é professor de direito constitucional na Faculdade de Direito da USP. É doutor em direito pela Universidade de Edimburgo e doutor em ciência política pela USP.

Uma guinada equivocada na agenda da educação

Paula Louzano
Gabriela Moriconi

Em setembro de 2015, a Assembleia das Nações Unidas aprovou os Objetivos do Desenvolvimento Sustentável, com metas ambiciosas a serem alcançadas até 2030 por todos os 194 países signatários — incluindo o Brasil. O Objetivo 4 prevê "Assegurar a educação inclusiva e equitativa de qualidade e promover oportunidades de aprendizagem ao longo da vida para todas e todos". Dentre as metas, destacam-se: a garantia do acesso a um desenvolvimento de qualidade na primeira infância; da alfabetização e de conhecimentos básicos de matemática; da conclusão de um ensino médio livre, equitativo e de qualidade; e da educação técnica, profissional e superior de qualidade, a preços acessíveis, incluindo universidade. As metas enfatizam a preocupação em eliminar as disparidades de gênero na educação e trazem um destaque para a garantia do atendimento aos mais vulneráveis, como pessoas com deficiência e povos indígenas. Em relação aos conhecimentos e habilidades necessários para promover o desenvolvimento sustentável, o texto inclui a educação para os direitos humanos, igualdade de gênero, promoção de uma cultura de paz e não violência, cidadania global e valorização da diversidade cultural, entre outros.

Enquanto isso, a Organização para a Cooperação e Desenvolvimento Econômico (OCDE), que reúne os países mais ricos do mundo, discute as competências desejadas para os alunos em 2030, na iniciativa denominada *The Future of Education and Skills*. Nela, afirmam que "os estudantes mais bem preparados para o futuro são agentes de mudança". Para isso, continuarão precisando de conhecimentos disciplinares, da linguagem, da matemática, das ciências sociais, e entender como eles se relacionam. No entanto, também precisarão de conhecimentos epistêmicos, ou seja, aprender a pensar como um matemático ou um historiador; bem como de conhecimentos procedimentais, para entender como algo é realizado ou quais as etapas para alcançar um objetivo. Porém, para se tornarem agentes de mudança, conhecimentos não serão suficientes. Os estudantes necessitarão também de

> uma ampla gama de habilidades, incluindo habilidades cognitivas e metacognitivas (por ex., pensamento crítico, pensamento criativo, aprender a aprender e autorregulação); habilidades sociais e emocionais (por ex., empatia, autoeficácia e colaboração); e habilidades práticas e físicas (por ex., utilização de novas informações e de dispositivos de tecnologia da comunicação). O uso dessa ampla gama de conhecimentos e habilidades será mediado por atitudes e valores (por ex., motivação, confiança, respeito pela diversidade e virtude)

No Brasil, os desafios em relação a essas metas são imensos. Embora tenhamos avançado no acesso à educação infantil, com 90% das crianças de quatro e cinco anos na pré-escola, ainda são apenas 30% as crianças de zero a três anos que frequentam creches — com defasagem maior entre as famílias mais pobres. O problema de aprendizagem também começa cedo: 54,7% dos alunos de

3º ano do ensino fundamental têm problemas graves de leitura (ou seja, estão nos níveis um e dois na Avaliação Nacional de Alfabetização de 2016). Ao chegar ao final da escolaridade obrigatória, é baixo o percentual de alunos que conseguem concluir o ensino médio até os dezenove anos — apenas 59%. Além disso, há desigualdades marcantes tanto em termos regionais quanto em relação ao público atendido pelas escolas — com prejuízos para os alunos de famílias mais vulneráveis —, observadas tanto nos resultados educacionais como nas condições de ensino oferecidas.

A agenda e o debate educacional brasileiro têm sido marcados pela necessidade de se aumentar a qualidade e a equidade na educação básica. Educadores, pesquisadores, gestores de sistemas educacionais, políticos, movimentos sociais e ONGs têm se debruçado na busca de soluções para esses dois desafios. O Plano Nacional de Educação (PNE), previsto na Constituição e aprovado pelo Congresso em 2014, traz um conjunto de metas a serem cumpridas até 2024. Ainda que possa haver controvérsia sobre algumas de suas estratégias e diretrizes, as metas do PNE elencam os pontos que devem ser atacados: acesso à educação infantil, alfabetização, melhoria do fluxo e dos níveis de aprendizagem do ensino fundamental e médio, aumento da jornada escolar, crescimento do ensino técnico e melhoria da carreira docente, dentre outros.

As opiniões sobre como lidar com esses desafios podem divergir entre especialistas, a depender do espectro ideológico, mas o diagnóstico é muito semelhante. Mesmo porque esse diagnóstico é baseado em uma série de dados já produzidos no país, seja por meio de estatísticas e avaliações educacionais (que permitem identificar, por exemplo, o percentual de alunos que chega ao 3º ano sem saber ler, ou de alunos que concluem o ensino médio na idade adequada), seja por meio de uma série de pesquisas educacionais que já investigaram temas como a falta de atratividade da carreira docente e seus motivos.

A julgar pelo plano de governo do então candidato e pelas falas dele e de seus apoiadores, Jair Bolsonaro e os movimentos que o apoiam ignoram alguns desses desafios e as propostas que vêm sendo debatidas na área para superá-los. Por exemplo, a única menção à educação infantil no plano de governo é na frase genérica "precisamos inverter a pirâmide: o maior esforço tem que ocorrer cedo, com a educação infantil, fundamental e média". Somente às vésperas do segundo turno se teve a notícia pela imprensa de que uma equipe de economistas estaria elaborando um plano para a primeira infância — plano esse que nem foi divulgado para o grande público. Temáticas relativas ao enfrentamento das desigualdades também não estão presentes no discurso dos bolsonaristas. Muito pelo contrário: a tendência é tornar invisível toda e qualquer diversidade e as propostas específicas visando ao alcance da equidade e da justiça social, haja vista a promessa de Bolsonaro de que, se eleito, acabaria com o que chamou de "coitadismo" de negros, gays, mulheres e nordestinos, afirmando que políticas afirmativas como cotas para o ingresso em universidade reforçam essa noção.

Jair Bolsonaro e seus apoiadores mudaram completamente o debate educacional brasileiro ao priorizar um tema que, ainda que não estivesse totalmente ausente, podia ser considerado periférico diante das demais temáticas já apontadas. "Um dos maiores males atuais é a forte doutrinação", diz a frase apresentada em destaque em um quadro vermelho no plano de governo. E mais, na lógica desse grupo, a doutrinação seria uma das grandes causas dos problemas de aprendizagem dos alunos brasileiros. Essa associação é feita recorrentemente pelo presidente eleito e seu grupo e aparece de modo implícito no referido documento, no qual consta que "Conteúdo e método de ensino precisam ser mudados. Mais matemática, ciências e português, SEM DOUTRINAÇÃO E SEXUALIZAÇÃO PRECOCE", com o trecho em maiúsculo na cor vermelha.

Ou seja, para eles os alunos brasileiros teriam problemas de aprendizagem porque os professores gastam o tempo de sala de aula ensinando ideologia marxista, educação de gênero e sexualização precoce — entre outros temas ligados a questões morais, sociais e políticas e considerados polêmicos — em lugar de ensinar os conteúdos das disciplinas curriculares. As soluções propostas para enfrentar o "mal da doutrinação" passam por mudar a Base Nacional Comum Curricular, os documentos curriculares das redes, os materiais didáticos e paradidáticos e as avaliações (como o Enem), e por regular a atuação dos professores em sala de aula, por meio de proibições à "doutrinação ideológica" e da abertura de canais de reclamações relacionadas a seu descumprimento. Essas soluções fazem parte da proposta do movimento Escola Sem Partido, que se constitui como a principal bandeira dos apoiadores do presidente eleito.

O movimento advoga pela fixação obrigatória de um cartaz em todas as salas de aula de educação básica brasileiras, com o que chamam de "Deveres do Professor". Entre elas, a de que "o professor não fará propaganda política partidária dentro da sala de aula, nem incitará seus alunos a participarem de manifestações, atos públicos e passeatas", que é correta e já está prevista em lei, e ao mesmo tempo obriga que "o professor respeite o direito dos pais a que seus filhos recebam a educação moral que esteja de acordo com suas próprias convicções", que, por exemplo, pode vir a ser contrária à ideia de escola laica presente na nossa legislação.

Esse movimento, criado pelo advogado Miguel Nagib, em 2004, teve o deputado estadual Flávio Bolsonaro (PSC-RJ) como primeiro parlamentar a apresentá-lo por meio de projeto de lei na Assembleia Legislativa do Rio de Janeiro, em 2014, chamando-o de Programa Escola Sem Partido. O segundo projeto com o mesmo teor foi apresentado pelo seu irmão, o vereador Carlos Bolsonaro (PSC-RJ), na cidade do Rio de Janeiro. A partir dessas iniciativas surgiram vários projetos similares pelo Brasil.

Em 2015 o projeto é apresentado nacionalmente na Câmara Federal e, em 2016, no Senado. Como este último projeto de lei representa uma versão mais "atualizada" das ideias propostas pelo movimento Escola Sem Partido, ele incorpora também a proibição da discussão de gênero nas escolas. Segundo o pesquisador Fernando Pena, professor da Faculdade de Educação da Universidade Federal Fluminense (UFF) e um dos criadores do coletivo "Professores Contra o Escola Sem Partido", ao englobar pautas conservadoras, como a temática de gênero, esse movimento ganha força. No entanto, o projeto que tramitava na Câmara Federal acaba de ser arquivado, não por falta de apoio entre os congressistas da comissão de educação, mas sim por falta de quórum devido a insistentes manobras feitas pela oposição e a grande pressão de movimentos sociais. No entanto, o projeto pode retornar na próxima legislatura, ainda que seja necessário trabalhar desde o início, ou seja, desarquivar o projeto e reiniciar os debates nas comissões da Câmara.

A escolha do ministro de Educação Ricardo Vélez Rodríguez foi fortemente marcada pelas temáticas presentes nesse movimento conservador. Segundo o futuro chefe da pasta, os brasileiros são

> reféns de um sistema de ensino alheio às suas vidas e afinado com a tentativa de impor, à sociedade, uma doutrinação de índole cientificista e enquistada na ideologia marxista, travestida de "revolução cultural gramsciana", com toda a coorte de invenções deletérias em matéria pedagógica como a educação de gênero, a dialética do "nós contra eles" e uma reescrita da história em função dos interesses dos denominados "intelectuais orgânicos", destinada a desmontar os valores tradicionais da nossa sociedade, no que tange à preservação da vida, da família, da religião, da cidadania, em suma, do patriotismo.

Vemos, portanto, que a frágil formação inicial e as debilidades relacionadas às práticas docentes em sala de aula, além de problemas para implementar um currículo desafiador nas disciplinas básicas, presentes no discurso da política pública até o momento, cedeu o lugar para o "mal da doutrinação". Mas o que pode e o que não pode ser considerado "doutrinação"? Não há acordo quanto à definição deste que é o principal foco do novo presidente na área da educação e, logo, não se pode contar com nenhum diagnóstico confiável sobre esse fenômeno nas escolas brasileiras. Não sabemos qual a sua incidência, onde se concentra, como ocorre, como afeta os alunos, quais as suas consequências para a aprendizagem etc.

Ainda que se suponha um contexto em que sejam diagnosticados altos níveis de doutrinação nas escolas brasileiras, as soluções propostas pelos bolsonaristas vão apenas nos distanciar de uma educação que visa à preparação para a cidadania, em linha com a Constituição Federal, a Lei de Diretrizes e Bases da Educação (LDB) e o que propõem os organismos internacionais como a Unesco e a OCDE. A recusa em tratar de assuntos que fazem parte da vida das crianças e dos adolescentes e que emergem no dia a dia das escolas por pressupor que esses assuntos são de foro estritamente familiar ou porque apresentam algum posicionamento político jamais vai contribuir para que eles desenvolvam pensamento crítico, empatia, respeito pela diversidade e tantas outras capacidades para serem "agentes de mudança" na família, no trabalho, na comunidade e na sociedade como um todo. Ao mesmo tempo, assumir que um professor — como qualquer outro indivíduo — seria capaz de apresentar qualquer assunto com total neutralidade, sem transparecer sua visão de mundo, é se apegar a uma hipótese que não se sustenta ao primeiro teste.

Além disso, ao identificar os professores como responsáveis por um dos principais males da educação e promover a desconfiança da sociedade em relação à sua capacidade de julgamento profissional, está sendo adicionado ainda mais um fator para piorar suas condições de trabalho — aspecto esse que, de fato, afeta de maneira importante sua satisfação com o trabalho, sua atuação em sala de aula, a atratividade da carreira docente e as relações nas comunidades escolares. Se um projeto como o Escola Sem Partido voltar à pauta legislativa, há grandes chances de que aumentem os conflitos entre alunos e professores, entre famílias e professores, entre professores e seus pares, enfim, em torno de questões como se o tal professor, em determinado episódio, estava ou não tentando "promover os seus próprios interesses, opiniões, concepções ou preferências". Mesmo sem a aprovação do projeto, já estamos observando esse tipo de fenômeno nas escolas brasileiras: livros sendo proibidos, professores demitidos, pais reclamando de determinados conteúdos que estão sendo ensinados, alunos filmando professores "doutrinadores" e os expondo na internet, onde sofrem linchamento virtual.

Se a doutrinação — seja ela de esquerda, seja de direita, de uma ou outra religião, seja relacionada a temas sexuais — for de fato uma realidade que comprometa a educação, as soluções devem ser outras. Deve-se apostar na formação dos professores para melhor exercerem seu julgamento profissional, no fortalecimento dos espaços em que a comunidade escolar pode debater seus problemas de forma conjunta (como os conselhos de escola, os grêmios estudantis, as iniciativas de avaliações participativas etc.), no desenvolvimento e disseminação de metodologias e abordagens que desafiem os estudantes a questionar informações recebidas e formar suas próprias opiniões.

A opção por uma mudança radical no foco da agenda educacional brasileira dada pelo governo Bolsonaro não só nos afasta do debate internacional, como também atrasa nossa capacidade de atacar os verdadeiros males que assolam a nossa educação e contribuem para perpetuar as desigualdades sociais do país. E o que é pior, coloca em suspeição os professores, agentes fundamentais de transformação, sem os quais nenhum país conseguiu implementar políticas educacionais de maneira exitosa. Nos resta defender os professores, convencendo a sociedade de que eles precisam ser tratados como profissionais, o que implica confiar no seu trabalho e priorizar políticas que garantam a formação, a remuneração, as condições de trabalho, a avaliação e o acompanhamento adequados para a promoção de um ensino de qualidade.

PAULA LOUZANO é pedagoga pela USP, mestre em educação comparada internacional pela Universidade de Stanford e doutora em política educacional pela Universidade Harvard. Atualmente, é diretora da Faculdade de Educação da Universidade Diego Portales, no Chile.

GABRIELA MORICONI é administradora pública, com mestrado e doutorado em administração pública e governo pela FGV EAESP. Atualmente, é pesquisadora da Fundação Carlos Chagas.

Desafios para a comunidade e o movimento LGBT no governo Bolsonaro

Renan Quinalha

O Brasil é comumente representado como um país que não apenas tolera, mas proclama e até mesmo valoriza as suas diversidades. Prevalece, no senso comum e em alguns saberes especializados, a narrativa autocomplacente de uma nação paradisíaca construída a partir das misturas e das diferenças.

Ainda que as dimensões mais conhecidas dessa representação generosa e condescendente estejam presentes nos estudos sobre cultura e raça, algo muito semelhante se passa nos campos do gênero e da sexualidade.

Afinal, a maior instituição brasileira, apesar de todas as crises que insistem em nos assolar, segue sendo o Carnaval. E não qualquer um, mas o melhor do mundo. Imaginamo-nos um povo avesso a distâncias. Carnavalizamos nossos desejos e identidades. Mulheres se vestem de homens e homens se fantasiam de mulheres enquanto dura a festa momesca. Todos e todas, desinibidos e irreverentes, flertamos, sensualizamos e transamos sem muitos rodeios. Aqui, do lado de baixo da linha do equador, não há pudor ou pecado e as fronteiras morais são meio borradas. Temos uma relação permissiva, libidinosa e até libertina com nossos corpos e sexualidades. Tanto é assim que realizamos, anualmente, a maior Parada do Orgulho LGBT (lésbicas, gays, bissexuais, travestis e transexuais) do mundo, na cidade de São Paulo. Enfim, nossa moralidade seria mais malemolente, tropical e flexível em comparação àquela do norte longínquo, frio e vitoriano.

Diversas dessas imagens, que frequentam desde conversas de bares a teses acadêmicas, reforçam o estereótipo do Brasil como um paraíso sexual.[1] Ainda que se trate de uma parte significativa daquilo que construímos e consideramos como nossa verdade, com alguma aderência e efeito sobre o real, tais discursos têm também por consequência o apagamento de hierarquias e exclusões que estruturam e atravessam nossas experiências sexuais, afetivas e identitárias.

Basta lembrar, para colocar em perspectiva essa ideologia idílica de gênero que tenta nos embalar, que, apenas em 2017, contabilizou-se o assassinato de 445 pessoas LGBTs por crimes de ódio, ou seja, um assassinato a cada dezenove horas. Essa cifra, que cresce ano após ano e nos coloca no topo dos rankings internacionais de países que mais matam LGBTs, é certamente subestimada. Isso porque o Brasil não conta, até hoje, com um sistema oficial e estatal de denúncia, apuração e monitoramento da violência LGBTfóbica, dentre outras razões, pela falta de um tipo legal específico que criminalize essa forma de discriminação.[2]

Mesmo considerando ser antiga e estrutural a ambiguidade de um país que se orgulha de sua diversidade tanto quanto permite o assassinato de quem está à margem da heteronormatividade, pode-se afirmar que o ano de 2018 se apresentou de forma particularmente paradoxal para o movimento LGBT brasileiro. Isso porque, por um lado, celebram-se quarenta anos do nascimento dessa jovem organização, cujos primeiros passos se deram em 1978, ainda sob a ditadura civil-militar; por outro, assistiu-se também, com certa perplexidade, à ascensão meteórica e à vitória, nas eleições presidenciais, de Jair Bolsonaro.

BOLSONARISMO, MORALIDADE CONSERVADORA E POLÍTICA SEXUAL

Velho conhecido das minorias sexuais e de gênero, Bolsonaro sempre foi tido como um político de nicho bastante específico, com quase trinta anos de atuação parlamentar dedicada a sustentar posições extremistas, mesmo para a média do pensamento conservador brasileiro. Dotado de uma forma de atuar caricata, sempre à margem do centro do poder e com uma expressão pública irrelevante até muito recentemente, ele conseguiu se viabilizar como a principal alternativa eleitoral em um sistema político em colapso.

A eleição de Jair Bolsonaro para presidente, em uma campanha baseada na combinação de discurso de ódio com fake news, tem despertado diversas análises que visam compreender essa vitória. Afinal, como seria possível aclamar como chefe da nação um candidato que desqualifica a democracia, vocifera preconceitos e estimula violências contra diversos grupos vulneráveis?

A questão é complexa e demanda uma reflexão em distintos níveis e frentes. Certamente, há fatores determinantes que vão desde a violência estrutural naturalizada na formação da sociedade brasileira até o colapso institucional da Nova República, passando pelo antipetismo alimentado pela mídia e por setores do Judiciário em uma cruzada — um tanto seletiva — contra a corrupção nos últimos anos. Todas essas variáveis são decisivas, mas uma dimensão sobre a emergência da variante tupiniquim do conservadorismo atual ainda é negligenciada no debate público: sua íntima associação com uma política moral e sexual.

É verdade que todos os regimes políticos e formas de governo dispõem, em maior ou menor grau, de normas e instituições para regular dimensões da vida familiar e sexual de seus cidadãos. A invasão da esfera particular não é uma exclusividade de ditaduras. No entanto, quanto mais fechados e conservadores são o regime político e o governo em curso, maior a tendência em intensificar modos de controle sobre corpos e sexualidades. A partir dessa perspectiva, pode-se afirmar que um indicador fundamental do grau de liberdade, inclusão e democracia de determinado regime ou governo é a maneira como integra ou não uma agenda de diversidade sexual e de gênero nos discursos oficiais e nas políticas públicas.

Ainda é difícil especular, com algum grau de credibilidade, como será o governo Bolsonaro. A rejeição dele em expor e debater seus planos para o país durante as eleições, junto com a estratégia de fazer anúncios polêmicos para testar a opinião pública e logo voltar atrás, colocam dificuldades adicionais para qualquer leitura mais acurada das linhas de força que guiarão o governo.

Contudo, algumas tendências mais gerais são facilmente identificáveis. Uma delas, talvez a mais explícita, vai no sentido de que há uma inequívoca agenda moral embutida na eleição de Bolsonaro. Mais do que isso, pode-se afirmar que uma moralidade conservadora não é um mero acessório, mas tem sido um dispositivo central na trajetória do político, na sua campanha eleitoral e na vitória selada em outubro de 2018.

PÂNICO MORAL, IDEOLOGIA DE GÊNERO E ESCOLA SEM PARTIDO

Mobilizando valores associados à defesa da família tradicional, à heterossexualidade compulsória e a uma visão de mundo religiosa, as bandeiras do presidente eleito refletem o êxito de um pânico moral[3] há tempos alimentado e que coloca em linha de tiro, precisamente, a comunidade LGBT.

Antes mesmo de ser eleito, um dos alvos privilegiados dos ataques verbais de Bolsonaro já eram os homossexuais. Comprovação disso é o fato de haver nos últimos anos mais de uma centena de declarações homofóbicas do futuro presidente, todas documentadas e compiladas pela mídia.[4] É verdade que outros grupos vulneráveis, como mulheres, negros, quilombolas e indígenas, também mereceram um conjunto expressivo de declarações agressivas e depreciativas por parte de Bolsonaro. Contudo, os homossexuais parecem ser, há anos, um caso de especial predileção pelo presidente eleito: há uma incitação constante e explícita à violência física, por vezes até mesmo ao extermínio.

"Ter filho gay é falta de porrada" e afirmações afins abundam nas intervenções públicas do ex-deputado. São declarações que colocam em xeque, sem qualquer pudor, o direito à existência de um segmento da população, além de respaldar os já alarmantes índices de violência letal contra LGBTs.

Mais recentemente, já no contexto das eleições, em um esforço momentâneo de acenar à moderação para forjar uma imagem mais palatável, ainda que cultivando boa dose de seu habitual extremismo, Bolsonaro ensaiou um discurso de tolerância ao afirmar que "os homossexuais serão felizes se eu for presidente".[5]

No entanto, antes mesmo de seu governo começar, não parecia que a promessa seria levada a sério. Bolsonaro anunciou o filósofo Ricardo Vélez Rodríguez como ministro da Educação, e este declarou que trabalhará pela "preservação de valores caros à sociedade brasileira, que, na sua essência, é conservadora e avessa a experiências que pretendem passar por cima de valores tradicionais ligados à preservação da família e da moral humanista".[6] De alguma maneira, a escolha de Vélez selou a vitória da bancada fundamentalista religiosa no conjunto de forças que compõem a base de apoio do novo governo.

A verdade é que Bolsonaro vem mantendo perfeita coerência entre sua trajetória e as primeiras sinalizações de nomeações, indicando que seu aceno ao centro durante as eleições não passava de oportunismo. Fiel à sua base, o centro do programa bolsonarista em matéria de educação e costumes é o combate à "ideologia de gênero" e a defesa do "Escola Sem Partido".

A despeito de não terem sido inventadas por Bolsonaro, ambas as estratégias discursivas foram intensamente mobilizadas nesse pânico moral que o beneficiou durante a campanha. Qualquer tentativa de reflexão sobre pluralidade e laicidade nas escolas, sob essa perspectiva, já deve ser tachada de partidarização, ideologia marxista e proselitismo comunista. Qualquer tentativa de discussão sobre a importância da educação sexual para crianças e adolescentes deve também ser caracterizada como apologia à homossexualidade e à transgeneridade.

Catalisando iniciativas que já vinham se proliferando em escolas por todo o país, sobretudo desde as mobilizações de setores de direita no impeachment de Dilma Rousseff, Bolsonaro intensificou a patrulha contra a "doutrinação" praticada por professores, prometendo uma educação "desideologizada" sob novo formato, resumido no programa "Escola Sem Partido". A pedagogia deveria, assim, ser "neutra". Os currículos, com menos filosofia e sociologia, priorizando disciplinas mais técnicas que preparem os estudantes diretamente para o mercado de trabalho e a universidade, como matemática e português. Ademais, deveria ficar exclusivamente a cargo dos pais a formação moral, sexual e política dos seus filhos, retirando da escola qualquer discussão sobre valores e temas de saúde, como métodos contraceptivos e proteção contra doenças sexualmente transmissíveis.

Outro foco importante nessa cruzada, complementar ao Escola Sem Partido, é o combate à "ideologia de gênero", expressão pejorativa que procura designar um conjunto de ideias que naturalizariam comportamentos e identidades supostamente desviantes, mesmo nas crianças. Qualquer estudo ou teoria sobre gênero e sexualidade que questionasse a heteronormatividade e as desigualdades já seria deslegitimado como ideológico.[7]

Nesse sentido, vale mencionar o destaque recebido pelo "Escola Sem Homofobia". Em 2004, o governo federal lançou o programa "Brasil Sem Homofobia", concebido com o objetivo de combater a violência e o preconceito contra a população LGBT. Um dos eixos principais do programa era, justamente, formar educadores para tratar temas de gênero e sexualidade nas escolas, dando origem ao material educativo "Escola Sem Homofobia". Logo que foi anunciada sua existência, em 2011, o material foi chamado pejorativamente de "kit gay" pela bancada evangélica fundamentalista, que alegava que o material fazia propaganda e apologia da homossexualidade para as crianças nas escolas. Diante da pressão desses setores conservadores, o governo Dilma cedeu e suspendeu sua distribuição, o que significou, publicamente, um reforço para as alegações do fundamentalismo religioso. Esse é o histórico por trás do maior espantalho moral das eleições de 2018. Alegava-se, mais uma vez, que os petistas queriam retomar o kit para convencer crianças a serem homossexuais ou travestis, associando essa suposta sexualização precoce inclusive à prática de pedofilia.

Já está claro que os setores conservadores tomaram consciência de que o espaço escolar é o epicentro das disputas de valores em nossa sociedade. Não à toa, um dos eixos da agitação moral de Bolsonaro diz respeito, precisamente, a pautas educacionais. Considerando a força e a precedência que o Poder Executivo tem para conceber e implementar políticas públicas na educação, é possível que tenhamos retrocessos significativos nessa área nos próximos anos, a despeito das sinalizações de diferentes instâncias do Judiciário no sentido de neutralizar as tentativas de patrulha moral em escolas e universidades em casos julgados recentemente.

Outra esfera em que os retrocessos já se fizeram concretos antes mesmo da posse do novo governo é a saúde pública. A política brasileira de prevenção e tratamento do HIV/aids é reconhecida e elogiada no mundo todo. A própria construção do Sistema Único de Saúde (SUS), com a busca da positivação do direito à saúde no processo de redemocratização, são inseparáveis das lutas por um tratamento gratuito, eficaz e multidisciplinar para pessoas convivendo com o HIV/aids.

Para além dos ataques já prenunciados aos princípios da gratuidade, da integralidade e da universalidade do SUS, sobretudo após a aprovação do novo regime fiscal com o teto de gastos públicos (EC 95/2016), despertam especial preocupação as declarações, inclusive do futuro ministro da Saúde, que apontam para uma visão estigmatizadora e de responsabilização moral dos soropositivos.

Segundo ele, haveria um custo exagerado na política de combate à aids por conta de uma "banalização da doença".[8] Esse tipo de discurso, que foi muito comum quando da emergência da epidemia e que parecia superado nas políticas públicas de saúde, agora retornam e prometem afetar o tratamento e a vida de pelo menos 585 mil pessoas com HIV que já estão em tratamento no país, segundo dados de novembro de 2018.[9] Isso sem falar no conjunto de pessoas que nem sequer conhecem sua sorologia e que poderão precisar desses serviços e medicamentos.

CIDADANIA SEXUAL PRECÁRIA: POLÍTICAS PÚBLICAS E DECISÕES JUDICIAIS

Vale lembrar que o campo das políticas públicas concebidas e implementadas pelo Poder Executivo nos diferentes níveis federativos tem sido uma arena privilegiada para os avanços na garantia dos direitos LGBTS, como apontado acima nos casos da educação e da saúde.

Isso se deve a uma marcante omissão do Poder Legislativo em torno da matéria, sobretudo por conta da hegemonia de uma bancada fundamentalista religiosa, ainda mais fortalecida sob o governo Bolsonaro, com capacidade de veto em temas moralmente sensíveis. É sintomático, nesse sentido, que até hoje não tenha havido, no Congresso Nacional, a aprovação de uma única lei específica em favor dos direitos LGBTS.[10]

Mas outra arena privilegiada na trajetória da cidadania sexual é o Poder Judiciário. Em um momento de progressiva judicialização da vida social e vocacionado para uma atuação contramajoritária na proteção dos direitos fundamentais e das liberdades públicas, o sistema de justiça tem sido encarregado cada vez mais da tarefa de fazer avançar os direitos LGBTS.

Exemplo disso é que os primeiros casos de reconhecimento jurídico da união formada por casais homossexuais para fins previdenciários e fiscais aconteceu, por decisões judiciais inovadoras, em meados dos anos 1990. Isso não se deu sem resistência, considerando o caráter conservador dos membros do elitizado e corporativo Judiciário brasileiro. Instâncias superiores frequentemente revogaram os efeitos de decisões de juízes progressistas que estendiam aos casais homossexuais os mesmos direitos assegurados aos heterossexuais.

Essa batalha jurisprudencial só se resolveu com a decisão unânime do Supremo Tribunal Federal (STF), proferida em maio de 2011, quando, em uma ação de alcance abstrato e maior amplitude, foi reconhecida a união estável homoafetiva. Diante da resistência de certos cartórios para formalizarem os pedidos mesmo após a referida decisão do STF, em 2013, o Conselho Nacional de Justiça (CNJ) editou a Resolução 175, que determinou não apenas o dever dos tabeliões de celebração da união estável, mas também do casamento civil entre pessoas do mesmo sexo. Mais recentemente, em março de 2018, foi julgado procedente no STF, por maioria, o direito à identidade de gênero das pessoas trans (travestis, mulheres e homens transexuais), possibilitando a alteração de prenome e sexo em seus registros civis diretamente nos cartórios, sem necessidade de laudo médico, autorização judicial ou cirurgia de redesignação sexual, como se vinha exigindo até então.

Tais garantias de casamento homoafetivo e de mudança de prenome e sexo inserem o Brasil em uma seleta e pequena lista de países que asseguram, ao menos oficialmente, os principais direitos de orientação sexual e de identidade de gênero. Com efeito, além da luta contra a violência e o preconceito, foram as reivindicações de casamento igualitário para homossexuais e de uso do nome social e do gênero autopercebido pelas pessoas trans nos documentos que constituíram as principais bandeiras desse movimento social nas últimas décadas.

No entanto, a centralidade das políticas públicas e das decisões judiciais, diante da inexistência de lei em sentido formal, confere certas particularidades ao processo brasileiro de construção da cidadania sexual. Em primeiro lugar, pode-se destacar que há uma precariedade e uma fragilidade nas políticas de diversidade, pois a alteração de uma decisão do Judiciário ou de uma norma do Executivo é mais simples e fácil de ocorrer do que a mudança de uma lei em sentido formal, que demanda uma maioria parlamentar, além de estar sujeita a controle judicial. Ademais, nota-se certa inconsistência e falta de regularidade na atuação estatal, pois as políticas públicas se modificam a depender do chefe do Executivo ou dos membros das pastas responsáveis pela implementação, comprometendo sua continuidade e efetividade.

Essas características peculiares têm despertado preocupação de pessoas LGBT quanto aos direitos dessa comunidade. Têm ocorrido, em todo o país, mutirões de casamentos homoafetivos coletivos e de mudança de registro de pessoas trans marcados para acontecer até dezembro, antes da posse do novo presidente, diante do receio de que haja revogação desses direitos.

OS DIREITOS LGBTS ESTÃO MESMO EM XEQUE?

Todo direito é, por definição, precário e frágil, fruto de luta política em torno de disputas de valores e sentidos. É, assim, uma construção social e histórica que pode abrir margem para avanços na sua consolidação, ou para sua total revogação. Não há direito adquirido que seja eterno e imutável.

Dito isso, é também importante destacar que há distintos graus de formalização e de efetividade para os direitos reconhecidos em uma comunidade. O que designamos aqui por direitos LGBTs, como já apontado, têm por origem e fundamento decisões judiciais ou políticas públicas, havendo uma inegável precariedade nessa situação.

Não à toa, o movimento LGBT não deixou de reivindicar que fossem aprovadas leis no Congresso Nacional para dar maior segurança aos direitos conquistados. No entanto, iniciativas em sentido contrário buscando revogar as poucas garantias à população LGBT não são de hoje.

Desde 2011, data em que o STF reconheceu a união entre pessoas do mesmo sexo, há projeto de lei da bancada fundamentalista religiosa com o objetivo de reverter essa decisão. Desde 2013, há também projeto de lei de autoria de Magno Malta para cassar os efeitos da Resolução 175 do CNJ. Isso sem falar no projeto do Estatuto da Família (PL 6583/2013).

Ou seja, esses segmentos conservadores sempre se opuseram aos direitos LGBTs e não aceitaram a decisão do STF e a posterior regulamentação do CNJ. Mas não tiveram êxito nessa cruzada moral porque nunca conseguiram maioria efetivamente comprometida no Legislativo e sabem, também, que uma lei dessa natureza não encontraria respaldo no Executivo e no Judiciário.

No entanto, agora esses projetos poderão ser ressuscitados, votados e aprovados no Congresso. E Bolsonaro, que foi eleito com o apoio dessa base de conservadorismo moral, poderá dar a força que faltava para que essas propostas saiam do campo da ameaça para a realidade.

Há risco de revogação desses direitos e de vários outros em um governo que, potencialmente, coloca-se como contrário aos direitos fundamentais de algumas categorias de cidadãos. Mas não creio que isso esteja num horizonte tão imediato. É justificado o receio, mas é preciso tomar cuidado com o modo como se mobilizam o medo e o alarmismo, pois a estratégia do bolsonarismo é justamente forjar subjetividades amedrontadas e acuadas.

Qualquer medida ou projeto de lei que atente contra os direitos LGBTS, especialmente aqueles que já foram expressamente reconhecidos pelos tribunais, poderá ser questionado perante o STF, que fará o controle de constitucionalidade. Também pode ser questionada perante a Comissão e até na Corte Interamericana de Direitos Humanos, que já têm posição consolidada na defesa dos direitos de livre orientação sexual e identidade de gênero.

Nesse sentido, as declarações pós-eleições de integrantes de diferentes alas do STF têm sido convergentes e contundentes na defesa dos direitos das "minorias". O ministro Luís Roberto Barroso, um dos maiores entusiastas do que ele próprio designa como missão "iluminista" do STF, afirmou categoricamente que a Suprema Corte se "unirá por defesa de negros, gays, mulheres e liberdade de expressão".[11] Por sua vez, Alexandre de Moraes, ministro indicado por Temer e tido como um dos mais conservadores da Corte, afirmou, em um evento de celebração dos trinta anos da

Constituição de 1988, que "a maioria não pode discriminar a minoria. É preciso garantir o respeito às minorias". Ainda que a frase seja proclamada de modo genérico, ela se contrapõe a declarações de Bolsonaro sustentando que "as minorias têm que se curvar para as maiorias".[12]

No mesmo sentido, a procuradora-geral da República fez questão de se pronunciar publicamente sobre o tema, em evento com a presença de Bolsonaro, posicionando-se também de modo enfático na defesa das minorias. Disse ela: "Visionária, nossa Constituição protege o meio ambiente para esta e as futuras gerações. Humanitária, protege minoria e os mais vulneráveis para não serem alvos do injusto".[13]

Mas merece ainda maior destaque a declaração do ex-juiz Sergio Moro, à frente do Ministério da Justiça da nova ordem. Ele afirmou, em entrevista veiculada na televisão: "eu nunca vi, da parte do senhor presidente eleito, uma proposta de cunho discriminatório em relação a essas minorias. Eu não imagino de qualquer forma que essas minorias estejam ameaçadas".[14]

Essas declarações, sem dúvida, são portadoras de uma carga simbólica fundamental para a dinâmica da distribuição dos poderes e sua limitação recíproca. Afinal, Bolsonaro não governará sozinho. Mas é pertinente questionar em que medida esse simbolismo terá efetividade e força política no mundo real.

Isso porque o pressuposto da análise é que não haja uma ruptura institucional, materializada, por exemplo, numa mudança constitucional ou mesmo no aumento do número de ministros do STF. De qualquer forma, deve-se considerar também que, mesmo com sua atual composição, o estoque de rebeldia da Suprema Corte não é ilimitado[15] e, muito provavelmente, os ministros vão escolher quais conflitos poderão bancar em um contexto de crise do sistema político, em que a tensão entre os poderes deverá aumentar.

BACKLASH E REAÇÃO CONSERVADORA COMO FRUTO DOS AVANÇOS

Por todo o exposto, é ainda cedo para fazer qualquer análise mais consistente sobre as consequências concretas das políticas conservadoras do governo Bolsonaro nos direitos fundamentais e liberdades públicas de grupos vulneráveis e, mais especificamente, das pessoas LGBTs.

Devemos levar a sério o conjunto de mais de uma centena de agressões e provocações homofóbicas proferidas pelo futuro presidente? Ou podemos acreditar no mantra "as instituições estão funcionando perfeitamente no país", agarrando-nos à esperança de que as convicções pessoais e os impulsos homofóbicos do presidente serão enfraquecidos e neutralizados por um sistema de justiça vigilante e comprometido com os direitos humanos?

Independentemente das respostas que tenhamos para essas questões, é provável que haja um aumento na violência social contra LGBTs, como já vem ocorrendo desde o contexto pré-eleitoral. Também é bastante factível que haja retrocessos nos campos em que o Executivo tem maior protagonismo e autonomia para a implementação de políticas públicas, como saúde, cultura e educação. Já em relação aos direitos reconhecidos pelo STF, a tendência é que haja maior grau de constrangimento institucional para qualquer agenda regressiva que o Executivo tente impor. A Suprema Corte não poderá permanecer indiferente diante de tentativas de boicote às suas decisões, sob pena de perda de sua autoridade e legitimidade. Além disso, certamente haverá resistência articulada do movimento LGBT à tentativa de retirada de direitos.

Ao menos desde os trabalhos do filósofo Michel Foucault,[16] o poder, no campo da sexualidade, deixa de ser visto apenas como interdição e proibição para ser entendido também como algo positivo e produtivo. O poder não apenas reprime e silencia, mas estimula e até compele a profusão de determinados discursos sobre a sexualidade, pautando padrões de normalidade e, portanto, de exclusão, ainda mais quando menos permeável às pressões democráticas.

Nesse sentido, mesmo que não haja mudanças formais na garantia dos direitos, o maior estrago na esfera pública já está feito. De um período em que buscávamos formas de assegurar mais cidadania e maior reconhecimento, retrocedemos para uma discussão infantilizada nas eleições baseada em mentiras como "mamadeiras eróticas"[17] e "kit gay". A contaminação do debate público sobre gênero e sexualidade por um obscurantismo perverso já produziu consequências no imaginário brasileiro que dificilmente serão revertidas no curto prazo.

Assim, pode-se esperar, nos próximos anos, que se acentuará a dimensão moral dos conflitos políticos, com investidas constantes da base governista no sentido de revogar direitos e ampliar restrições a formas de vida e de uniões que desafiem o padrão. O bolsonarismo dependerá dessa polarização para sua sobrevivência, pois se construiu e se fortaleceu a partir do pânico moral que os setores conservadores vinham cultivando contra os avanços das minorias sexuais. Mesmo que não sejam investidas exitosas no sentido de se converter em leis, seu efeito social será bastante concreto.

Isso porque essas conquistas jurídicas da cidadania sexual, mesmo que precárias na forma, são substancialmente o reflexo de mudanças culturais profundas na sociedade brasileira. As lutas do movimento feminista a partir de 1975 e do movimento LGBT desde 1978, ambos surgidos no período da liberalização da ditadura, produziram mudanças significativas nos padrões de família e na gramática moral vigentes.

Os sentidos atribuídos aos corpos, os papéis sociais de gênero, os desejos afetivo-sexuais, as estruturas familiares e as relações de parentesco foram disputados e ressignificados com a progressiva politização do privado operada pela contestação cultural e dos costumes.

Os códigos morais foram-se alterando significativamente. O padrão hegemônico de virilidade e de masculinidade deu lugar a uma pluralidade de formas de vivências e identidades nos campos do gênero e da sexualidade, que se constituíram como esferas da liberdade e da autonomia humanas, não mais apenas da reprodução da espécie como destino biológico.

É evidente que transformações de tal maneira estruturais gerariam uma reação com nível semelhante de intensidade e força, que tem sido caracterizada, aqui e em outros lugares do mundo, como *backlash*. Daí ser mais adequado falar em reação do que em ofensiva conservadora. Talvez a maior ingenuidade e fraqueza dos movimentos ligados a essas causas tenha sido, justamente, não se preparar para administrar a reação que estavam a produzir com suas demandas.

RENAN QUINALHA é professor de direito da Universidade Federal de São Paulo (Unifesp), advogado e ativista no campo dos direitos humanos. Publicou o livro *Justiça de transição* e coorganizou as obras *Ditadura e homossexualidades* e *História do movimento LGBT no Brasil*.

NOTAS

1. Uma discussão aprofundada sobre tal concepção sob a perspectiva antropológica pode ser consultada em Júlio Assis Simões, "O Brasil é um paraíso sexual — para quem?". *Cadernos Pagu*, Campinas, n. 47, ago. 2016.

2. Desde 1980, é o Grupo Gay da Bahia (GGB), uma ONG, que faz o re-

gistro, a compilação e a denúncia dos casos de LGBTfobia letal no Brasil, apesar de todas as dificuldades e limites para levar a cabo tal tarefa sem apoio estatal. A falta de dados mais qualificados sobre a violência, sua distribuição regional, o perfil dos agressores e das vítimas compromete, inclusive, a efetividade e a qualidade das precárias políticas públicas existentes. Ver: <https://homofobiamata.wordpress.com/>. Acesso em: 11 dez. 2018.

3. Toma-se aqui o conceito desenvolvido e popularizado pelo sociólogo Stanley Cohen. Segundo ele, o pânico moral se configuraria quando "uma condição, episódio, pessoa ou grupo de pessoas emerge para ser definido como uma ameaça aos valores e interesses sociais, a sua natureza é apresentada de uma maneira estilizada e estereotípica pelos *mass media*; barricadas morais são fortalecidas". Ver Stanley Cohen, *Folk Devils and Moral Panics: The Creation of the Mods and the Rockers*. Oxford: Basil Blackwell, 1987, p. 9.

4. Disponível em: <https://revistaladoa.com.br/2016/03/noticias/100-frases-homofobicas-jair-bolsonaro/>. Acesso em: 11 dez. 2018.

5. Disponível em: <https://ultimosegundo.ig.com.br/politica/2018-10-04/bolsonaro-sobre-homossexuais-serao-felizes.html>. Acesso em: 11 dez. 2018.

6. Disponível em: <https://g1.globo.com/politica/noticia/2018/11/23/futuro-ministro-diz-que-educacao-preservara-valores-tradicionais-porque-sociedade-e-conservadora.ghtml>. Acesso em: 11 dez. 2018.

7. O termo "ideologia de gênero" foi concebido em 1997 pelo então cardeal Joseph Aloisius Ratzinger, atual papa emérito Bento XVI, com o objetivo de desenhar uma contraofensiva político-discursiva diante dos avanços nos direitos sexuais e reprodutivos operados pelos movimentos feminista e LGBT. Alega-se que a ideologia de gênero é "um sistema de pensamento fechado" a defender que as diferenças entre o homem e a mulher não correspondem a uma natureza fixa, senão que são construções culturais e convencionais de cada sociedade, colocando em xeque os pressupostos biológicos e culturais na definição das identidades sexuais e de gênero. Para uma genealogia do conceito, ver Richard Miskolci e

Maximiliano Campana, "'Ideologia de gênero': Notas para a genealogia de um pânico moral contemporâneo". *Sociedade e Estado*, Brasília, v. 32, n. 3, pp. 725-48, dez. 2017.

    8. Disponível em: <https://oglobo.globo.com/brasil/desafio-para-novo-governo-politicas-de-combate-ao-hiv-preocupam-especialistas-23258763>. Acesso em: 11 dez. 2018.

    9. Disponível em: <http://www.aids.gov.br/pt-br/pub/2018/boletim-epidemiologico-hivaids-2018>. Acesso em: 11 dez. 2018.

    10. Disponível em: <https://universa.uol.com.br/noticias/redacao/2018/06/06/congresso-nacional-nunca-aprovou-nenhuma-lei-voltada-para-direitos-lgbt.htm>. Acesso em: 11 dez. 2018.

    11. Disponível em: <https://www1.folha.uol.com.br/colunas/monicabergamo/2018/10/protecao-de-direitos-fundamentais-deve-unir-correntes-distintas-do-stf.shtml>. Acesso em: 11 dez. 2018.

    12. Disponível em: <https://www.conjur.com.br/2018-nov-07/judiciario-dever-proteger-minorias-moraes>. Acesso em: 11 dez. 2018.

    13. Disponível em: <https://www1.folha.uol.com.br/poder/2018/11/ao-lado-de-bolsonaro-dodge-defende-minorias-liberdade-dos-professores-e-da-imprensa.shtml>. Acesso em: 11 dez. 2018.

    14. Disponível em: <https://g1.globo.com/fantastico/noticia/2018/11/11/moro-eu-nao-assumiria-um-papel-de-ministro-da-justica-com-risco-de-comprometer-a-minha-biografia.ghtml>. Acesso em: 11 dez. 2018.

    15. Daniel Cardinali, "Os direitos LGBT, o governo Bolsonaro e o STF". Disponível em: <https://www.jota.info/opiniao-e-analise/artigos/os-direitos-lgbt-o-governo-bolsonaro-e-o-stf-21112018>. Acesso em: 11 dez. 2018.

    16. Michel Foucault, *História da sexualidade: A vontade de saber*. Rio de Janeiro: Graal, 1985.

    17. Disponível em: <https://politica.estadao.com.br/blogs/estadao-verifica/mamadeiras-eroticas-nao-foram-distribuidas-em-creches-pelo-pt/>. Acesso em: 11 dez. 2018.

As armadilhas da memória e a reconstrução democrática*

Daniel Aarão Reis

O que fizemos para chegar a este ponto?

Tudo começou lá atrás, quando as grandes maiorias, nos anos 1980, resolveram silenciar sobre um tempo que findava.

Argumentava-se que a transição democrática era demasiadamente problemática — e frágil — para poder se sujeitar a debates sobre feridas ainda abertas. O último governo militar até aquele momento detinha, mesmo que de forma precária, o leme do processo político. E havia a força remanescente da "comunidade de informações", cujos aparelhos repressivos permaneciam incólumes. Suas ações, como o atentado ao Rio Centro e a explosão de inúmeras bombas, eram notórias no sentido de brecar ou reverter a redemocratização do país e exprimiam posições de extrema direita, contrárias às políticas governamentais a favor da abertura "lenta, segura e gradual". Além disso, governadores oposicionistas

---

* Uma versão deste texto foi publicada em O Globo, em 6 de outubro de 2018, sob o título "O que fizemos da democracia?". Ele aparece aqui bastante reformulado, expandido e adaptado à nova conjuntura criada com a eleição de Jair Bolsonaro.

moderados, vitoriosos nas eleições de 1982, como Tancredo Neves, em Minas Gerais, e Franco Montoro, em São Paulo, assumiam um grande protagonismo, dialogando velada ou abertamente com os chefes militares sobre a melhor maneira de assegurar a transição almejada. O próprio Leonel Brizola, no Rio de Janeiro, descartara seu antigo radicalismo e se apresentava ao diálogo nacional com propostas apaziguadoras, inclusive, em determinado momento, prevendo a prorrogação do mandato do general João Figueiredo. A essas articulações não era insensível Ulysses Guimarães, ex-fervoroso apoiador da instauração da ditadura, nos idos de 1964, e que, depois, se tornaria presidente do principal partido da oposição, o Movimento Democrático Brasileiro (MDB), notabilizando-se, desde os anos 1970, por enfrentar a ditadura com grande coragem.

O que se perguntava era o seguinte: valeria a pena incentivar a discussão e a memória sobre aqueles tempos sombrios, e ainda tão recentes, dos quais a grande maioria queria tomar distância? O procedimento não poria em risco a própria transição democrática, na medida em que nela se haviam integrado tantos líderes políticos e militares que haviam servido fielmente à ditadura?

A memória do silêncio e seus conselhos: olhar para a frente, ignorar o espelho retrovisor. No contexto de um processo marcado por uma prolongada transição, negociada e barganhada, embutiu-se na lei da Anistia um dispositivo matreiro que foi interpretado como abrigando sob suas asas torturados e torturadores. Uma incongruência, pois os primeiros eram conhecidos, haviam sido presos, batidos, exilados, julgados (muitos, desaparecidos ou mortos). Já os agentes do Estado, responsáveis diretos pelas torturas, e a cadeia de comando que as havia autorizado, nem sequer seus nomes eram então plenamente conhecidos. Houve protestos, porém mal foram ouvidos. Na alegria da abertura, falar dos crimes da ditadura civil-militar era quase uma atitude de mau gosto. Ou uma provocação.

Mesmo mais tarde, ao longo dos anos 1980 e 1990, já consagrada a transição com a aprovação de uma nova Constituição, em outubro de 1988, muito poucos se dispuseram a discutir e a compreender melhor as bases históricas e sociais — conservadoras e autoritárias — daquela ditadura que se impusera quase sem dar um tiro e se retirava sem levar sequer pedradas.

As preferências, evidenciadas na produção memorialística, literária e acadêmica, voltavam-se para o resgate das lutas contra a ditadura, figuradas como espelho da sociedade. Celebrou-se a gesta épica das esquerdas, radicais ou moderadas, amalgamando-as sob o nobre título da "resistência". No embalo dessas reconstruções, em certo momento, tornou-se difícil saber quem não houvera resistido à ditadura, embora não fosse muito fácil demonstrar a congruência dessa formulação. Reconfigurou-se inclusive a luta armada como a extrema esquerda da luta democrática, embora não houvesse evidências de compromissos democráticos nas propostas e nas ações dos revolucionários que, pelo contrário, e segundo o padrão das revoluções catastróficas inauguradas pela Revolução Russa e pelo bolchevismo triunfante, eram partidários de ditaduras revolucionárias para empreender as transformações radicais que preconizavam para o país.

Nessa atmosfera, silenciou-se sobre os apoios, as acomodações e a relativa normalidade da vida cotidiana sob a ditadura. No âmbito dos estudos históricos desenvolvidos em várias universidades, muitos viram com maus olhos a reflexão sobre a complexidade dos laços que se estabeleceram entre a ditadura e importantes setores sociais. É verdade que, diante das evidências, reconheceu-se o caráter civil-militar do golpe de Estado perpetrado em 1964. Mas pouco se avançou a respeito do apoio difuso que a ditadura teve em seu início e também em alguns momentos posteriores. É certo que as grandes Marchas da Família com Deus pela Liberdade, que se desdobraram entre março e setembro de 1964, e as associações de mulheres favoráveis ao golpe e à ditadura já mereceram estudos elucidativos, mas é igualmente certo que deveriam ter suscitado muito mais atenção do que têm recebido. Da mesma forma, realizaram-se estudos interessantes e pertinentes a respeito da colaboração de lideranças e instituições políticas, econômicas, sindicais, educacionais e culturais com os vários governos ditatoriais, mas pouco ainda se sabe, e muitos parecem que não querem saber, a respeito de como se comportaram os homens e as mulheres comuns nos chamados "anos de chumbo" que, para não poucos, foram também "anos de ouro".

A preeminência das corporações militares, indisputada, justificando o conceito de ditadura militar, diversas vezes encobriu a participação — ativa e consciente — de numerosos grupos civis, e não apenas entre as elites dominantes. Levantar e discutir o assunto, por muito tempo, e ainda hoje, tem sido caracterizado, em um viés autoritário, como propício a "dar armas ao inimigo" ou como "revisionismo", como se a história, como qualquer disciplina ou ciência, não avançasse, sempre, através de questionamentos e de revisões. Para o incômodo debate, memorialistas, historiadores e outros produtores de narrativas históricas se concentraram na ideia de uma ditadura isolada, como se fora uma chapa de aço imposta de cima para baixo à sociedade brasileira. Assim, setores da academia, livros didáticos, sistemas de ensino, governos, filmes e livros, cada um a seu modo, contribuíram na busca de um caminho fácil que viabilizasse "virar a página".

E assim, embora despontassem questionamentos, prevaleceu, em escala social, um denso silêncio sobre os anos da ditadura.

A rigor, uma espécie de tradição, pois já acontecera depois do Estado Novo, outra ditadura, que vigorou entre 1937 e 1945. Ainda antes da derrubada de Getúlio Vargas, em outubro de 1945, já se formara ampla aliança, congregando conservadores, trabalhistas e comunistas, por diversas e até opostas razões, interessada em obliterar o debate público sobre as entranhas do governo que findara. A prática da tortura, como política de Estado, permaneceu no limbo, publicamente omitida. Não houve inquérito sobre as responsabilidades do chefe do governo e de seus correligionários. Jogou-se um manto sobre os crimes do varguismo. Os resultados não foram edificantes: nas primeiras eleições, realizadas em dezembro de 1945, a maioria elegeu, graças ao apoio do próprio Getúlio, o general Eurico Dutra como presidente da República. Ele fora simpatizante declarado do nazifascismo, mas apareceu reconvertido como líder liberal. Pode-se conjecturar até que ponto isso não terá contribuído, alguns anos depois, para que Vargas retornasse ao governo "nos braços do povo".

O exercício da memória do silêncio não é algo específico da história brasileira, cujo povo é simplória e injustamente acusado de "não ter memória". Outros povos, em outras situações, recorreram ao mesmo procedimento. A maneira como a sociedade francesa reagiu à colaboração com os nazistas é um caso clássico. Uma sociedade impregnada de história, sem dúvida, mas precisou de quase trinta anos para começar a encarar a infâmia da associação com os próprios opressores. Processos análogos ocorreram na Alemanha depois da queda de Hitler, na União Soviética após a desestalinização, na Itália depois da queda do fascismo. Alemães, russos e italianos, assim como franceses e brasileiros, exercitam, sim, a própria memória. Entretanto, em diferentes momentos, preferiram silenciar sobre o passado, por motivos que é preciso elucidar e compreender.

As consequências das omissões, recalques e silêncios sempre têm custos, às vezes altos, que aparecem mais tarde. No caso brasileiro, entre muitos outros aspectos, evidenciaram-se, por exemplo, na elaboração da Constituição de outubro de 1988.

Numa licença poética, Ulysses Guimarães, presidente da

Constituinte, chamou-a de "constituição cidadã". Destacava e enfatizava os avanços e inovações consideráveis, e inegáveis, nas áreas dos direitos: civis, políticos e sociais, principalmente estes últimos, que ganhavam pela primeira vez, em nosso país, estatura constitucional. Tais avanços, que correspondiam a profundas e antigas aspirações, não podem ser minimizados ou desprezados, mesmo que sua tradução, na prática, tenha sido, até hoje, precária, imperfeita ou insuficiente, pois, sempre que um direito ou um postulado aparece formulado no corpo de uma Constituição, independentemente de sua concretização imediata, oferece uma plataforma importante de luta por sua efetivação real.

Entrelaçados, porém, com os direitos reconhecidos, como cacos incrustados no corpo constitucional, também eram visíveis os legados — pesados — do período ditatorial.

Apesar das inegáveis conquistas da nova Constituição, permaneceu inalterado nela o modelo econômico de sociedade construído — e reforçado — pela ditadura: a hegemonia do capital financeiro, consolidada nos anos 1970, apoiada e incentivada pelo Estado, gestada no contexto de um processo notável de monopolização do sistema bancário e de sua articulação com os capitais comercial e industrial; a predação do meio ambiente, dada pela exploração intensiva das fronteiras agrícolas, impulsionada pelo agronegócio, concentrador de terras e de rendas, expulsando milhões de famílias camponesas para as periferias das grandes e médias cidades; e também pelas obras faraônicas de infraestrutura, quase sempre projetadas e realizadas ao arrepio de qualquer controle ou garantia de respeito ao meio ambiente, agenciadas por grandes empreiteiras, muitas delas criadas à sombra da ditadura, e que exerceriam nefasta influência nos governos civis subsequentes e no próprio curso da construção democrática do país, financiando e corrompendo os partidos políticos e os processos eleitorais; as desigualdades sociais e regionais, já denunciadas ainda na primeira metade dos anos 1960, tradicionais na sociedade brasileira, mas que foram radicalizadas de forma exponencial pela ditadura; a dinamização caótica das grandes cidades e das megalópoles, hostis à vida, organizadas em torno e a serviço do triunfo do carro individual.

Do ponto de vista político, a centralização do poder num Estado gigantesco, obra da ditadura, não recebeu nenhuma restrição ou regulação constitucional. Ao contrário, reforçaram-se em toda a linha o poder e as prerrogativas da União e as margens do Poder Executivo em detrimento de aspirações democratizantes. Merecem destaque as "medidas provisórias", que reduziram o Congresso Nacional a uma espécie de apêndice do governo federal e que foram largamente utilizadas por todos os governantes eleitos democraticamente. No mesmo embalo, mantiveram-se corporações midiáticas que haviam, sob as bênçãos e os estímulos diretos dos governos ditatoriais, alcançado níveis de monopolização desconhecidos em qualquer país capitalista do mundo. Nada se fez para atenuar ou controlar essa dinâmica, com impacto negativo para a construção democrática. Também permaneceu incólume a preeminência das Forças Armadas, "garantidoras da lei e da ordem", replicando tendências históricas, desde a proclamação da República, quando os funcionários públicos uniformizados transformaram-se em tutores da nação, com suas corporações fechadas, uma espécie de "Estado dentro do Estado", fora do controle da sociedade e apenas formalmente sob obediência à Presidência da República. A formação da oficialidade das três Forças Armadas escapou completamente à supervisão do Ministério da Educação ou de qualquer instituição civil, daí resultando a manutenção de padrões anacrônicos, autoritários, quando não "negacionistas" de evidências históricas incontornáveis, como, por exemplo, entre outras graves distorções, a transmutação da ditadura e do golpe civil-militar que a originou num regime produto de uma "revolução democrática".

Seria difícil enumerar em detalhe todos os "cacos" antidemocráticos incrustados na Carta Magna de 1988 e que foram aprovados sem suscitar praticamente qualquer tipo de debate, como o dispositivo do impeachment, que expropria o voto popular em proveito de algumas centenas de representantes. Constantemente acionado mais tarde, contra todos os governantes, por direitas e esquerdas, foi afinal aprovado em duas oportunidades (Fernando Collor de Mello, em 1992, e Dilma Rousseff, em 2016). E o que dizer da organização da Justiça, com sua penca infindável de recursos, criada para proteger as elites, únicas a ter condições de pagar os bons advogados capazes de fazer as ações se eternizarem nos intricados desvãos de instâncias que se superpõem e se contradizem. O que dizer das polícias militares, flagelo dos pobres e desassistidos, que já trazem no próprio nome uma contradição básica, já que a tarefa precípua das polícias é proteger cidadãos e não matar inimigos em situação de guerra.

É verdade que, após a promulgação da nova Constituição, vários governos definiram políticas de defesa dos direitos humanos e de democratização em vários níveis das relações sociais, como, entre outras, a política de cotas para afrodescendentes e alunos de escolas públicas, atenuando-se desigualdades históricas cristalizadas. Mas não houve investimentos consistentes em projetos educacionais, com o claro objetivo de condenar as violações daqueles direitos, em especial a tortura como método de interrogatório, que permaneceu como recurso habitual nas delegacias e nos quartéis das polícias militares.

O pior ainda viria.

As principais forças políticas reformistas surgidas ao longo dos anos 1980, o PT, no início da década; e o PSDB, no contexto dos debates da Constituinte, em 1988, não foram capazes de se articular em torno de programas de mudanças. Engalfinharam-se em disputas eleitorais. De olho em chegar rapidamente ao poder, preferiram o atalho das alianças com grupos conservadores, desfigurando-se e corrompendo-se no sentido próprio da palavra, o que se evidenciou no abandono do que tinham de melhor — suas intenções originais e promessas de renovação. Associaram-se às bandalheiras em nome da realpolitik e à mixórdia das cumplicidades com o mundo dos negócios. Perderam a vocação reformista que tinham. Aderiram à gestão da ordem vigente. Manter-se no poder virou um objetivo em si mesmo, embora à custa dos princípios.

É certo que nem tudo foram espinhos. Houve o controle do dragão da inflação, que parecia imbatível. E os anos eufóricos dos mandatos de Lula, a autoestima nacional lá no alto, os mais confiantes falando num país que poderia ser modelo civilizacional para o mundo. Como nos tempos sorridentes e democráticos de JK. (É triste saber que também houve celebração patriótica, embora vigiada pela repressão, nos anos prósperos da ditadura de Vargas e nos do milagre econômico sob o sinistro e popular general Médici).

A decantação do otimismo veio mais rápido do que se esperava. Os êxitos não resistiram ao impacto da crise econômica, mostrando as mazelas cobertas pelos véus da euforia.

Surgiu à luz do dia o caráter aristocrático e corrompido do sistema político, evidenciado pelo trabalho de juízes e tribunais, muito embora estes não raramente tenham revelado vieses político-partidários claros e ofensivos à imparcialidade que deve presidir o trabalho da Justiça. As desigualdades sociais, embora atenuadas pela instauração do Real, em 1994, o que propiciou a eleição e a reeleição de Fernando Henrique Cardoso, e pelas políticas públicas dos governos Lula, entre 2002 e 2010, mantiveram-se importantes e voltaram a explodir no contexto da crise. O aumento do desemprego e do trabalho informal gerou uma massa enorme de descontentes e desesperançados. A insegurança das pessoas comuns acentuou a sensação de desamparo. A paralisia e a incapacidade dos principais partidos reformistas (PT e PSDB), demasiadamente envolvidos na gestão do sistema para projetar uma reforma abrangente de suas bases, combinada com a ostensiva concentração de renda e de privilégios, exasperaram a população, que não encontrava respostas concretas para suas demandas.

Nessa atmosfera, a expectativa ainda depositada no PT e no PSDB se tornou mais resultado da nostalgia do que houve de melhor em seus anos de governo do que de propostas transformadoras. Tucanos e petistas viraram cúmplices e reféns de um sistema que foram incapazes de mudar, perdendo uma chance histórica que é difícil estimar agora quando e se retornará. Mesmo porque os avanços obtidos em seus governos, referidos acima, enfatizaram muito mais a multiplicação de consumidores do que a construção da cidadania. Ampliar o consumo, consumir mais e melhor, tornou-se a aspiração fundamental das pessoas, desestimuladas a participar e a controlar os instrumentos de poder e os governantes. Esse aspecto, já apontado mas ainda não avaliado em todas as suas consequências políticas, potencializou, sem dúvida, a descrença no regime político.

No contexto da inapetência autocrítica de petistas e tucanos, acompanhados pelo conjunto do sistema político, no caldeirão de contradições em que se tornou o país, ganharam força apelos salvacionistas e autoritários, nostálgicos de regimes ditatoriais. Formou-se em torno deles uma nebulosa conservadora radical, mais amarga e desesperançada do que propriamente "fascista".

É claro que há fundamentos históricos para o fenômeno. Mas o estudo do "momento atual" nunca se poderá resumir a um resgate de tradições centenárias, como se as atuais circunstâncias fossem um produto mecânico de um passado que não passa. As linhas de força conservadoras que hoje assumem destacada relevância não detiveram a transição democrática nem impediram a eleição e a posse de FHC, de Lula e de Dilma, que pareciam inconcebíveis ainda nos anos 1980.

A compreensão da vitória eleitoral de um candidato de extrema direita e de seus desdobramentos imediatos exige principalmente capacidade de análise da conjuntura política, avaliação autocrítica dos graves erros cometidos e formulação de propostas alternativas — positivas e construtivas — às ameaças e práticas intolerantes.

Por outro lado, será necessário inserir os acontecimentos que se passam no Brasil no contexto internacional — mundial e da América Latina. Por toda a parte, crescem propostas nacionalistas de direita, mobilizando forças que se sentem descartadas, manipuladas e escanteadas pelos processos da revolução informática e da globalização que, de fato, estão subvertendo profundamente, em escala mundial, as condições de vida e de trabalho. Não se trata apenas de problemas de ordem econômica, mas sobretudo de dimensão cultural, fazendo com que amplos setores se sintam ameaçados naquilo que consideram mais caro: suas tradições e seus valores éticos e morais. A desatenção, por parte das esquerdas e de forças progressistas em geral, em relação a estas multidões desamparadas e entregues à própria sorte, tem sido aproveitada por direitas autoritárias que se apresentam — com sombria eficácia — como lideranças dessas gentes. A incidência desse fenômeno no Brasil atual é demasiado óbvia, assim como foi óbvia a subestimação com que foram tratados pelos principais partidos reformistas.

Nesse amplo contexto, múltiplos fatores convergiram para a construção da situação atual, em que se tornou clara uma ameaça concreta à democracia brasileira. Há margens, porém, e consideráveis, para organizar linhas de resistência. A maioria conquistada por Jair Bolsonaro foi expressiva, sem dúvida, mas é preciso evitar o pânico e a sinistrose. Ele não chegou a ter 40% dos votos, considerado o universo total dos eleitores. E muitos que votaram nele não integram o núcleo duro radicalmente autoritário. Basta ler reportagens e entrevistas com eleitores do vencedor para constatar a fluidez e a imprecisão das opiniões de eleitores, muitos dos quais, há quatro anos, depositaram seus votos no PT e em seus candidatos. Por outro lado, Fernando Haddad, apesar das restrições de muitos (convém lembrar que nem todos que votaram nele são petistas ou apreciam Lula e seu partido), teve votação apreciável. Sem contar os votos brancos, nulos e as abstenções. Assim, há um território imenso para o debate contraditório e para a persuasão, para que seja efetuada uma virada na atual situação.

Um desafio.

A exigir respostas imediatas de todos, para além dos grupos e partidos políticos, sem esperar por eles. Não há por que, hoje menos do que nunca, ficar a reboque dos partidos. Suas dificuldades autocríticas já foram referidas e são notórias. Por outro lado, construíram uma vocação eleitoralista, centrada em lideranças carismáticas, dificilmente reversível a curto prazo. Não se trata de hostilizar ou discriminar os partidos ou seus militantes. Eles fazem parte inseparável do regime democrático. Apenas as "máquinas partidárias", em seu conjunto, perderam dinâmica e capacidade de atração e sedução.

Assim, a cidadania precisa assumir, diretamente e sem intermediários, a construção das lutas democráticas. Já é um processo em curso. Em toda parte organizam-se pessoas e grupos em torno de suas afinidades profissionais, políticas, sociais e identitárias. É preciso agora encontrar formas de aglutinação e coordenação cada vez mais complexas e abrangentes. As condições são adversas, mas é necessário, e possível, enfrentar a onda conservadora. Elaborar, sem simplismos e sem bravatas, no aqui e no agora, formas de luta. Nas margens disponíveis. Nas brechas existentes pois sempre as houve, e as haverá, mesmo nos regimes mais autoritários. As eleições continuarão decisivas, mas só ganharão sentido se se afirmarem compromissos com o aperfeiçoamento das instituições e com programas reformistas. E caso esteja sempre presente o estímulo à auto-organização das gentes e à participação permanente. Foi o que mostraram as passeatas das mulheres que ocorreram antes das eleições presidenciais.

Virar o jogo atual e efetuar as mudanças necessárias depende menos de atalhos e mais da persuasão das consciências. Menos do Estado ou de líderes carismáticos e de partidos políticos. Mais da cidadania ativa e consciente. Só isso pode conferir vitalidade e força a uma democracia que se quer renovada e não destruída.

DANIEL AARÃO REIS é professor de história contemporânea da Universidade Federal Fluminense (UFF).

El Salvador:
A propósito da força e da fragilidade[1]

João Moreira Salles

No dia seguinte ao incêndio do Museu Nacional, um amigo me escreveu: "Estou pessoalmente arrasado. Era meu museu predileto no Rio. Estive lá no mês passado e fiz essa foto (naturalmente amadora) desses belíssimos coleópteros (se não estou enganado sobre o termo técnico). Havia outros milhares, igualmente lindos. Todos foram destruídos". Seguia-se a imagem de uma vitrine de besouros, 81 deles dispostos impecavelmente, os maiores na retaguarda, os medianos na frente e, no meio, protegidos, os menores de todos, perfilados de par em par no que supus serem casais de macho e fêmea. Parecia um desfile.

Aqueles pequenos seres haviam sido sacrificados em nome do conhecimento e agora estavam ali para que todos nós pudéssemos nos comover com a beleza dos besouros viventes. Alguns traziam no dorso motivos abstratos que lembravam finos brocados; outros tinham patas tão delgadas quanto um fio de cabelo; outros ainda, antenas que se abriam em forma de leque ou alicate. Estavam ali graças ao trabalho zeloso de gerações de entomólogos que decerto amaram esses bichos.

Besouros e joaninhas pertencem à ordem *Coleoptera*. Lendo sobre coleópteros, aprende-se, por exemplo: 1) que seu nome deriva do grego — de "*koleos*" (estojo) e "*pteron*" (asas) — e que "estojo de asa" se explica pelo fato de esses insetos recolherem as asas de voo para o interior de rígidas asas externas, como quem guarda papel-arroz dentro de cartolina, um feito deslumbrante da evolução que os tornou um grupo extremamente bem-sucedido — a ordem é das que possuem o maior número de espécies dentre todos os seres vivos; 2) que algumas espécies medem um milímetro e outras são mais leves do que um grão de açúcar; 3) que algumas famílias cuidam dos filhotes; e 4) que as antenas de um membro da *Coleoptera* têm apenas três segmentos verdadeiros, um dos quais se chama *flagelo*.

É difícil ficar indiferente aos besouros depois de saber o mínimo sobre eles. Tudo nasce do ato de prestar atenção. Foi o que fez meu amigo ao tirar a fotografia que ele próprio classificou como "naturalmente amadora". Quando se viu diante daqueles bichos, fez um registro simples, sem cálculo, um gesto gratuito de empatia. Pouco depois, a vitrine deixaria de existir. Sobrariam a imagem dela, a tristeza do meu amigo e o fato de você estar lendo sobre besouros. É muito pouco diante do que se perdeu, mas não deixa de ser alguma coisa. Os besouros estão sendo lembrados.

Num pequeno livro intitulado *O único e o singular*, o pensador francês Paul Ricœur diz o seguinte: "Onde há poder, há fragilidade. E onde há fragilidade, há responsabilidade. Quanto a mim, diria mesmo que o objeto da responsabilidade é o frágil, o perecível que nos solicita, porque o frágil está, de algum modo, confiado à nossa guarda, entregue ao nosso cuidado".

Existem certamente várias maneiras de medir as virtudes e os fracassos de um país ou, mais propriamente, dos que o construíram. Avaliar se correspondemos ou não à responsabilidade descrita por Ricœur é uma delas. No dia em que o Museu Nacional ardeu, evidenciou-se, uma vez mais, nossa incapacidade de zelar pelo que é frágil. Foram-se os besouros, os pássaros, os peixes, os ossos de animais já desaparecidos; foram-se as coleções de fósseis, de plantas, de idiomas extintos, com suas palavras que nunca mais serão pronunciadas; foram-se um pente, uma boneca, um afresco, uma urna, um par de sandálias e a múmia de um gato. Um mundo de coisas delicadas que estavam confiadas à nossa guarda.

É possível mudar o enfoque e pensar não a partir do nosso ponto de vista — *nosso*, dos guardiões do museu —, mas da perspectiva de tudo o que estava lá. A nós, cabia uma responsabilidade; às coleções, um direito: o de existir. Segundo Alan Jacobs, autor de *The Year of Our Lord 1943* [O Ano de Nosso Senhor de 1943], cujo tema é o pensamento de cinco intelectuais cristãos durante os anos da Segunda Guerra, era essa a perspectiva do filósofo católico francês Jacques Maritain. Diante das aflições do mundo, o que mais lhe importava não era o que nós, observadores do sofrimento alheio, possuíamos — ou seja, obrigações —, mas antes o que possuíam os que sofrem — isto é, direitos. Se, como pensa Ricœur, a responsabilidade diz respeito ao dever de proteger o frágil, isso decorre do simples fato de que o frágil tem o direito de estar a salvo do descaso, da brutalidade, do fogo, da destruição.

A desatenção é a primeira etapa da violência. Esse é um dos grandes temas de uma das personagens do livro de Jacobs, a francesa Simone Weil. "Nós que vemos o outro nas garras da aflição, nós somos obrigados, primeiro e acima de tudo, a *prestar atenção*", observa Jacobs, a respeito do pensamento de sua personagem. Weil dedicou a vida a enxergar os frágeis, aos quais voluntariamente se juntou. De família burguesa e culta, foi operária de fábrica, trabalhadora agrícola, combatente na Guerra Civil Espanhola e militante, na Inglaterra, da Resistência francesa. A saúde muito precária a impediu de lutar em seu país; a liderança do movimento negou seu pedido para se infiltrar na França, pois entre os resistentes ela se tornaria mais um fardo que um benefício. Exilada em Londres, recusava todo alimento além da ração diária permitida aos franceses sob a Ocupação nazista. Morreu de tuberculose num sanatório em solo inglês, aos 34 anos de idade.

Olhar, ver, notar. O pensamento de Weil sugere que, sem isso, não existe empatia, e na ausência de empatia vem o descuido (na melhor hipótese) ou a selvageria (na pior). Uma foto serve de exemplo: três homens e uma placa de rua partida ao meio. O primeiro segura a placa, o segundo faz uma selfie, o terceiro ergue o punho. Os dois primeiros sorriem, enquanto o terceiro discursa com um microfone rente à boca. A placa vandalizada homenageia uma mulher assassinada. Os três estão felizes.[2] Que hoje, quando estas linhas estão sendo escritas, tenhamos de nos esforçar para absorver a informação de que o primeiro vândalo foi eleito deputado estadual, o segundo, deputado federal, e o terceiro, governador de estado mostra o que se passa com pessoas que ab-rogaram a responsabilidade de que fala Ricœur.

A selvageria tem um cortejo de avatares: descaso, grosseria, estupidez, cinismo, truculência, ferocidade. Simone Weil diria que cada uma dessas manifestações reduz o seu objeto a *coisa*. Isso porque são, todas elas, expressões da *força*. A força é sempre violenta. É o que subjuga. "A força é o que transforma em coisa qualquer um a ela submetido. Quando se exerce a força até o fim, ela faz do homem uma coisa no sentido mais literal, pois o transforma num cadáver", escreveu no ensaio que dedicou à *Ilíada* e que — ela não poderia saber — diz respeito ao Brasil também.

O descaso transformou os besouros em coisa. A estupidez transformou a placa em coisa. A selvageria transformou Marielle Franco em coisa. De um lado, os perpetradores; de outro, as vítimas. Ou, nos termos de Weil, os fortes e os frágeis.

* * *

Uma vez, indo para o estádio do Engenhão, fiquei preso no trânsito da Linha Amarela, uma via expressa que corta o Rio de Janeiro. Tentei tomar uma alça de saída e me dei mal. Eram carros a centímetros uns dos outros, motos cerzindo pelas frestas, gente tacando a mão na buzina, uma van soltando fumaça negra a cada arranco irritado do motor em ponto morto. Plumas de vapor subiam do asfalto escaldante — era fevereiro —, e, no meio daquilo tudo, uma galinha. Perdida entre os carros, confusa, sem saber como se salvar. A cada moto que chispava em sua direção ela corria para debaixo de uma carroceria, apenas para emergir logo em seguida, a carne trêmula, a cabeça em pêndulo buscando uma saída. Era uma criatura vulnerável cercada de brutalidades — o movimento do aço, a fumaça dos escapamentos rente ao corpo, o chão em brasa, o barulho enlouquecedor. Saltava aos olhos o contraste entre sua aflição e o descaso com sua existência. Ela estava absolutamente desamparada. Já faz anos e não me esqueço. Até hoje, é uma das grandes solidões de que tenho memória. Queria ter saído do carro para ajudá-la a deixar a pista. Melhor ainda, queria que alguém tivesse feito isso. Teria sido uma lição inesquecível de decência, uma demonstração empírica da responsabilidade de Ricœur e do dever de prestar atenção de que nos fala Simone Weil.

Ela escreveu: "Não devemos pensar que haveremos de vencer apenas por sermos menos brutais, menos violentos, menos desumanos do que aqueles que estão diante de nós. A brutalidade, a violência, a desumanidade têm um prestígio imenso [...]. As virtudes contrárias, para que tenham prestígio equivalente, devem ser exercidas de maneira constante e efetiva. Quem é apenas incapaz de ser tão brutal, tão violento, tão desumano quanto o outro, sem contudo exercer as virtudes contrárias, é inferior a esse outro seja em força interior, seja em prestígio; e não se sustentará no confronto com ele".

De nada adianta chamar o outro de fascista, e não só porque boa parte das vezes se trata de um uso impreciso da palavra, o que a faz perder o gume. Como mostra Weil, o problema é que as pessoas aderem à brutalidade justamente por achar que essa é uma resposta possível. Classificar alguém como fascista provavelmente tornará o classificado ainda mais popular. Exercer as "virtudes contrárias" começaria, assim, menos pela devolução da estridência e mais pelo reconhecimento da necessidade de prestar atenção, não por ser isso um gesto piedoso, mas por representar um ato radical de solidariedade a quem se encontra subjugado pela força.

Há outro motivo para prestar atenção, um motivo não propriamente egoísta, apenas um modo de manter alguma integridade. Nenhuma pessoa decente desejaria se ver no lugar de um daqueles três homens que comemoraram com escárnio a violação simbólica de uma mulher inocente que morreu assassinada. Weil nos mostra que a força transforma em coisa não só a vítima, mas também o algoz: "Da mesma forma que esmaga, a força inebria impiedosamente qualquer um que a possua, ou julgue possuí-la. Ninguém a possui efetivamente. Os homens não se dividem, na *Ilíada*, entre vencidos, escravos e suplicantes, de um lado, e vencedores e chefes, do outro; nela não encontramos um único homem que não se veja, em algum momento, compelido a se curvar à força".

As doutrinas políticas não costumam aconselhar o excesso, afirma Weil. "A tentação do excesso é que é quase irresistível." Começa-se na placa e chega-se rápido ao fetiche de aparatos mecânicos que miram com precisão para acertar "na cabecinha".[3] Weil nos leva a perguntar se alguém que pensa assim deixou de ser gente, ao menos no sentido que interessa, o da decência. E também se virou coisa, e do pior tipo, pois, no caso de quem exerce a força, a condição é autoinfligida e foi buscada com gozo. Reparem naqueles sorrisos. "A piedade em relação aos mortos: fazer tudo por quem já não existe", nos diz Weil, descrevendo um dever que aqueles três homens não saberiam reconhecer.

Para se manter entre a gente de bem, seria preciso, então, desrespeitar o império da força, o que implica parar antes que a tentação de usá-la sobre os outros se torne irresistível. Em 1939, pediram ao poeta inglês W. H. Auden que falasse num evento para angariar fundos em prol da causa republicana espanhola. Pouco tempo depois, em carta a um amigo, ele relataria a experiência: "De repente, descobri que eu era realmente capaz disso, que podia despejar ali uma falação demagógica e fazer a plateia urrar. A sensação foi tão arrebatadora quanto degradante. Me senti imundo depois".

É o início do processo descrito por Weil. Usa-se a força para além da justa medida e, de pronto, a força passa a exercer seu domínio. Eis por que os guerreiros da *Ilíada*, vencedores ou vencidos, acabam subjugados. Ao virar coisa, não merecem de Homero nem admiração nem desprezo, "tão somente comiseração, por serem os homens passíveis de se transformar assim". O que vai, vem. E ela conclui, lindamente: "Somos geômetras apenas diante da matéria; os gregos foram, antes de tudo, geômetras no aprendizado da virtude".

A felicidade, para Weil, era uma forma de acolhimento no mundo. De sentir-se nele como quem se sente no seu lugar natural (que pode ser o desterro, como no caso dela, a ausência de casa). A isso ela chamava *enraizamento*, título do estranho livro que escreveu durante os momentos finais de sua vida. Existe ali a marca de quem tem algo importante a dizer, mas pouco tempo para fazê-lo. Weil observa que é muito difícil definir o que significa se sentir enraizado. Mais fácil, talvez, seja identificar o que desenraíza.

A desordem desenraíza. Todos nós temos obrigações — com a família, o trabalho, a cidade, os outros, a própria consciência. A desordem surge quando se é coagido a violar essas obrigações para cumprir outras. "Todo aquele que, para simplificar os problemas, nega certas obrigações, conclui em seu coração uma aliança com o crime." A força, claro, entra aqui também. Quem obriga outrem a romper com seus deveres é causador de desordem. É um agente do desenraizamento.

O medo desenraíza. Os senhores romanos expunham um chicote no vestíbulo à vista dos escravos, diz Weil. Sabiam que esse espetáculo "punha as almas no estado de semimorte indispensável à escravidão". Pense-se numa eventual carta branca oficial dada a agentes da ordem que participam de incursões em comunidades pobres brasileiras. É também de situações assim que Weil nos fala no ensaio dedicado à *Ilíada*, ao refletir sobre o gesto de um guerreiro que, já no chão, apara a arma do adversário prestes a matá-lo: "com uma mão tocou-lhe os joelhos em súplica,/ enquanto com a outra agarrava a lança afiada e não a largava". Ela diz: "Um homem desarmado e nu para o qual se aponta uma arma vira cadáver antes de ser alvejado". A súplica não tem resposta e o guerreiro compreende que morrerá. Sem esperança, ele se põe de joelhos e estende os braços à espera do golpe. Morre prostrado, encharcando a terra de sangue.

A insegurança desenraíza. "A segurança é uma necessidade essencial da alma [...]. O medo ou o terror, como estado de alma duradouro, são venenos quase mortais, quer a causa seja a possibilidade do desemprego, ou a repressão policial, ou a presença de um conquistador estrangeiro, ou a espera de uma invasão provável, ou qualquer outra desgraça que parece ultrapassar as forças humanas."

Submetidos às tensões que o retiram da morada em que se sentiria amparado, não resta ao indivíduo desenraizado senão pensar segundo os termos de que dispõe, ou seja, os da violência e da força. O que vai, vem. As armas, as feridas e o sangue agora são uma solução. Weil poderia estar se referindo à situação de muitos brasileiros quando escreve que, "mergulhados na desgraça de corpo e alma, como imaginariam algo que não tenha essa marca?" — isto é, a marca da desgraça. E por que então se surpreender se buscam quem domina esse código?

A partir desse momento, passamos a viver numa espécie de tempo permanente do id. O tempo do id clama por um líder que fale o idioma da força. O atributo principal do homem forte será a capacidade de convencer o povo de que é melhor confiar mais na intuição do que no juízo. A razão pode ser manipulada, ele dirá. Já no terreno da intuição, cada opinião vale tanto quanto a de qualquer um. Dado esse relativismo radical, o critério de desempate é a veemência, ou, se preferirem, a brutalidade. Que ninguém se impressione, portanto, com o êxito dos estridentes. Contudo, alcançar vitórias, ainda que nas urnas, não se confunde com estar certo. Como lembrou um velho reitor da Universidade de Chicago, se êxito for a medida da justiça, o justo estará sempre do lado de quem tiver mais batalhões.

A vulgaridade das maneiras exibidas na praça ("Preparem-se, esquerdopatas: no que depender de nós, seus dias estão contados!"), os grunhidos que celebram a ignorância ("O aquecimento global proporcionando o dia mais frio do ano no Rio de Janeiro!"), a maldade ("O erro da ditadura foi torturar e não matar"), a misoginia ("Não ia estuprar você porque você não merece"), o preconceito ("O filho começa a ficar assim meio gayzinho, leva um coro ele muda o comportamento dele"), a violência (acertar "na cabecinha"), são coisas que configuram não só diferentes formas de brutalidade, mas também um estilo.[4] A escolha das palavras, os gestos com que elas são ditas, a ênfase, a falta de polidez, as ameaças, até mesmo os erros de gramática, tudo isso é informação e faz parte efetivamente do que é dito. Quem sabe, a parte mais importante da comunicação. A evidência está na constância da forma, tão maior que a do conteúdo. Se a verdadeira mensagem é o estilo, o resto pode mudar. E muda. Com frequência, o líder volta atrás quando as conveniências assim exigem, sem que pague caro pelo recuo. Basta que a nova posição seja expressa com a mesma estridência com que se defendeu a asserção agora negada. O líder não é necessariamente um demagogo. A sinceridade diz respeito antes de tudo ao modo crispado com que ele promete atuar no mundo.

De fato, não importa muito a natureza da ideia. Weil lembra uma observação de Hitler sobre a propaganda: "A saber, que a força bruta não pode levar a melhor sobre ideias se está sozinha, mas que o consegue facilmente, associando-se a algumas ideias que podem ser de baixíssima qualidade [...]. Nenhum pensamento é excessivamente medíocre" para não ser um bom aliado da força.

Se boçalidade é um estilo, então adotá-lo configura, além de erro moral, erro estético. Logo, estratégico também, pois significa aceitar termos que o outro domina melhor, termos que, como ensina Weil, têm a qualidade de petrificar a alma.

Alguém poderia pensar que o oposto da truculência é a mansidão, mas não. É a civilidade. A escritora italiana Natalia Ginzburg publicou em 1963 um livro de memórias sobre sua família antifascista durante os anos de ascensão de Mussolini. Chama-se *Léxico familiar* e trata sobretudo dos afetos que uniam pai, mãe, irmãos e amigos. Os fascistas existem, mas vivem nas periferias do livro, como se a delicadeza constituísse a redoma protetora dentro da qual se conserva a saúde e a honradez, sem o que é difícil resistir ao barulho obsceno das ruas. Tudo isso é descrito na mais simples das prosas. No posfácio à edição brasileira, o professor Ettore Finazzi-Agrò observa como essa linguagem discreta e sem estridência "corresponde a uma escolha econômica, de atenção ao interior da casa, em claro contraste com uma política que não oferece nenhum amparo ao indivíduo, sendo só preocupada com as massas, com as reuniões teatrais, 'monumentais', de milhares de pessoas sob o encanto hipnótico de um pai belicoso"; a narrativa pode ser lida como a "vingança não violenta de uma memória e de uma história 'de bem', contra uma História se sustentando de violência e de mal".

Voltamos, assim, à questão dos frágeis. O indivíduo merece amparo porque, no mundo da força, ele é a parte fraca. O poder é por definição muitos, nunca é sozinho. Sozinho é o indivíduo. A pessoa tem segredos que escapam à multidão, dizia Maritain, e é essencial reconhecer isso. A brutalidade não tem tempo a perder com as pequenas idiossincrasias de cada um. O que ela deseja é a ordem-unida, o coro. Se o propósito da força é abafar a dissonância, o de quem se opõe a ela deveria ser o de abrigar tudo o que destoa, o que é irrelevante, o que não chama atenção, o que fala baixo, o que é tido como dispensável, o que parece pouco.

Os laços que unem essas coisas são discretos, não ostentam. Parecem mais frágeis do que os professados pelos que berram na praça. A questão diz respeito à liga produzida, respectivamente, pelo afeto e pelo ódio. A aposta é de que a primeira seja mais resiliente. Se é verdade que o id não faz planos, não espera e não estabelece ligações estáveis; se é fato que desconhece juízo, valores, ética ou moral, então a relação dos liderados com seu líder (e com tudo o que ele representa) será marcada mais pelo fascínio imediato do que pela admiração duradoura. "Pode haver algo mais monstruoso e mais triste do que uma idolatria sem amor?", pergunta Weil.

Roque Dalton foi um poeta salvadorenho. Em 1975, durante a guerra civil em seu país, foi executado pelo grupo armado de esquerda no qual militava, depois que parte da liderança o acusou, equivocadamente, de ser informante da CIA. É de Dalton um dos poemas mais conhecidos de El Salvador. Chama-se "Poema de amor" e fala dos que são dispensáveis:

Os que alargaram o Canal do Panamá
(classificados como trabalhadores "de segunda" e não "de primeira"),
os que consertaram a frota do Pacífico
nas bases da Califórnia,
os que apodreceram nas prisões da Guatemala,
do México, Honduras, Nicarágua,
como ladrões, contrabandistas, vigaristas,
como mortos de fome,
os sempre suspeitos de tudo
("permito-me enviar-lhe este indivíduo
suspeito de ficar à toa nas esquinas,
e com o agravante de ser salvadorenho"),
as que lotaram bares e bordéis
de todos os portos e capitais da região
("A Gruta Azul", "A Calcinha", "Happyland"),
os que semeiam milho em plena selva estrangeira,
os reis da página policial,
os que nunca se sabe de onde vêm,
os melhores artesãos do mundo,
os que foram crivados de bala atravessando a fronteira,
os que morreram de malária
ou de picada de escorpião ou jararaca
no inferno dos bananais,
os que bêbados choraram pelo hino nacional
sob o ciclone do Pacífico ou a neve do Norte,
os agregados, mendigos, maconheiros,
cucarachos filhos de uma puta,
os que mal conseguiram voltar
os que tiveram um pouco mais de sorte,
os eternos não documentados,
os faz-tudo, os vende-tudo, os come-tudo,
os primeiros a puxar a faca,

os tristes mais tristes deste mundo,
meus compatriotas,
meus irmãos.[5]

"Tudo que, no seio da alma e das relações humanas, escapa ao império da força é amado, mas amado dolorosamente, devido ao perigo de destruição sempre à espreita", escreveu Simone Weil. Se compreendo bem, a ela e aos demais pensadores da fragilidade, o que eles propõem, ainda que sem usar estas palavras, é uma espécie de união dos frágeis, nascida de uma consciência que busca trazer para perto o que é comum, não o que distingue. A identificação não se dá mais apenas entre frágeis iguais — nos termos de hoje, entre indivíduos vulneráveis que, em resposta à opressão, buscam forjar solidariedades sobretudo com quem vive circunstâncias iguais de raça, classe, gênero e orientação sexual —, mas entre frágeis outros que compartilham entre si a condição da precariedade.

Um mestre do sufismo recomendava não separar demasiado as criaturas do mundo: "Há um segredo sutil em cada um dos movimentos e dos sons deste mundo. Os iniciados chegam a captar o que dizem o vento que sopra, as árvores que se curvam, a água que corre, as moscas que zunem, as portas que rangem, o canto dos pássaros, o dedilhar de cordas, o silvo da flauta, o suspiro dos enfermos, o gemido dos aflitos". As divisões identitárias cedem lugar a uma solidariedade mais ampla, que transcende gêneros, espécies, reinos. Os besouros lambidos pelo fogo, as árvores no caminho dos machados, a floresta diante dos bois, os bois a caminho do matadouro, as pessoas na mira dos fuzis, os morros roídos pela incúria, a galinha no asfalto, o museu abandonado, o policial com medo, os rios imundos, as minorias humilhadas — todos eles, tudo isso, e muito mais, são uma coisa só.

A passagem do mestre sufista aparece em *Laudato Si'* [*Louvado sejas*], carta encíclica do papa Francisco. Tem como subtítulo

"Sobre o cuidado da casa comum" e trata da ligação íntima entre as coisas frágeis deste mundo. Segundo Jorge Mario Bergoglio, vislumbra-se a violência dos homens nos sintomas de adoecimento que notamos "no solo, na água, no ar e nos seres vivos". Para combater esse estado de coisas, ele recorre ao homem de quem tomou o nome, Francisco de Assis, um místico à beira do desvario que pregava não só para seus semelhantes, mas também para os bichos e as plantas. Essa aparente loucura seria muito simplesmente a afirmação de uma ecologia integral, pela qual não se separa o que sofre um destino comum.

Ele foi um revolucionário que por pouco não provocou um cisma na Igreja. Seu ato político extremo não foi apenas retornar a uma teologia dos fracos, mas estender sua atenção para além da espécie humana. Ao concluir que todas as criaturas estão interligadas, decidiu estabelecer laços de carinho entre tudo que existe. Para Francisco de Assis, um lobo com fome era mais digno de atenção do que um cardeal coberto de ouro. Se o atual papa escreve sobre "a relação íntima entre os pobres e a fragilidade do planeta", é porque, oitocentos anos atrás, Francisco indicou a relação.

"A pobreza e a austeridade de são Francisco não eram simplesmente um ascetismo exterior, mas algo de mais radical: uma renúncia a fazer da realidade um mero objeto de uso e domínio", escreve Bergoglio. Desse uso e domínio, claro, chega-se fácil à exploração feroz da Terra, como se o homem tivesse perante si uma natureza totalmente disponível para manipulação. No dia em que escrevo isso, um domingo em fins de novembro, o jornal traz como manchete principal a informação de que empresas e ruralistas estão se mobilizando para ampliar ganhos em áreas indígenas. É, uma vez mais, a força que se manifesta. Ela é incapaz de aceitar a renúncia desinteressada, a decisão de *não* explorar porque outros seres têm o direito de existir. A lição de Francisco de Assis diz respeito a esse dom da gratuidade. As coisas merecem ser, ponto final. Dispensa-se a apresentação de provas. A afirmação por si só deveria bastar.

Mas não é assim. Nem todo mundo se preocupa com o que não tem utilidade ou se abstém de converter em mercadoria tudo aquilo em que toca. *Laudato Si'* alerta para o crime dessas empreitadas. As narrativas bíblicas, diz a encíclica, mostram que a existência humana se baseia em três relações fundamentais intimamente ligadas: com Deus, com o próximo e com a terra. Esses três vínculos se romperam. "Esta ruptura é o pecado", afirma Bergoglio.

É comum, hoje, que certa teologia fique com a primeira relação e descarte as outras duas. Deus, sim; o próximo e a terra, quem sabe. Tudo leva a crer, por exemplo, que esse é o matiz do catolicismo professado com ardor pelo futuro chanceler brasileiro. Que cerca de 50% das espécies de certos ecossistemas possam desaparecer em menos de cem anos graças ao aquecimento global — fenômeno que o diplomata chama de "climatismo", considerando-o um complô da esquerda — ou que já estejamos testemunhando um evento de extinção maciça de plantas e bichos, nada disso merece uma só linha de compaixão nas elucubrações públicas que ele dedica ao meio ambiente. Já o risco de rompermos com Deus por obra de um suposto projeto "globalista" parece ocupar boa parte de seus esforços, a ponto de o embaixador, um profissional maduro já na quadra dos cinquenta anos, ser mais conhecido por tais temores do que por suas realizações em benefício da diplomacia brasileira.

É de supor que ele não nutra grandes admirações pelo papa Francisco. Já por João Paulo II, sim. Sugiro então que reflita sobre esta afirmação do polonês: "Se o olhar percorre as regiões do nosso planeta, apercebemo-nos depressa de que a humanidade frustrou a expectativa divina". Adianto que Karol Wojtyła não se referia a sistemas totalitários, mas ao homem que "devastou sem hesitações planícies e vales cobertos de bosques, poluiu a água, deformou o habitat da terra, tornou o ar irrespirável, perturbou os sistemas hidrogeológicos e atmosféricos, desertificou espaços verdejantes, levou a cabo formas de industrialização selvagem, humilhando, para usar uma imagem de Dante Alighieri, o 'canteiro' que é a terra, nossa morada".

Por fim, o descaso com os seres vulneráveis da Criação remete ao descumprimento de um último dever, que é o da solidariedade com quem ainda não nasceu. "Quando pensamos na situação em que se deixa o planeta às gerações futuras, entramos noutra lógica: a do dom gratuito, que recebemos e comunicamos", observa Bergoglio. Falta a quem desconsidera isso "a consciência duma origem comum, duma recíproca pertença e dum futuro partilhado por todos". Como escreveu em 1942 o teólogo alemão Dietrich Bonhoeffer, olhando a paisagem humana de seu país, "em última instância, a pergunta que um homem responsável deve fazer não é como se salvar heroicamente, mas como será a vida para a próxima geração".

Uma semana depois de Hitler assumir o poder, em janeiro de 1933, Bonhoeffer, então com 27 anos, escreveu a Reinhold Niebuhr, seu mestre americano: "Seria precipitado dizer uma palavra que seja sobre o estado das coisas aqui na Alemanha. Tudo mudará substancialmente por aqui, e não seria razoável esperar o contrário, seja do ponto de vista econômico, político ou social. Contudo, uma ameaça ainda maior é a terrível *barbarização* da nossa cultura…".

Bonhoeffer, que seria executado pelos nazistas por sua resistência ao regime, temia por várias coisas: pela estridência, arbitrariedade e violência do novo poder; pela exaltação da força como valor supremo da nação; e pelo que chamou de "fracasso dos sensatos — aqueles que, com a melhor das intenções e errando na avaliação ingênua que fazem da realidade, pensam que com um pouquinho de razão lógica serão capazes de remendar as estruturas que saíram dos eixos". Nessas circunstâncias, ele pergunta: "Quem permanecerá firme?".

Muitos compatriotas seus acreditariam na possibilidade da isenção ou suporiam possível aderir, ainda que lamentando alguns excessos do regime. Falava-se também de "emigração interior", o mergulho dentro de si, a ilusão de se manter ao largo dos acontecimentos. Alemães de boa consciência que não quiseram seguir vivendo numa nação que tomara aquele rumo deixaram o país. Bonhoeffer foi um deles. Em 1939, estava nos Estados Unidos, onde fora convidado a lecionar num seminário luterano. Em julho, ao receber a informação de que os alemães estavam se mobilizando para uma guerra que agora parecia inevitável, decidiu retornar. Numa carta que se perdeu, explicou a decisão a Niebuhr. Não teria o direito de participar da reconstrução da Alemanha se não vivesse a experiência totalitária junto com seu povo. Todo alemão, disse, tinha obrigação de decidir entre o desejo de ver o país derrotado em nome da sobrevivência da civilização e o desejo de vê-lo vitorioso à custa do fim da civilização germânica. "Sei qual dessas alternativas devo escolher, mas não posso fazer essa escolha vivendo em segurança."

Por essa mesma época, George Orwell escreveu que não era possível compreender o mundo contemporâneo sem levar em conta a força esmagadora de ideias como patriotismo e lealdade à nação. "Hitler e Mussolini chegaram ao poder essencialmente por terem percebido isso, e seus adversários, não." É uma lição que vale tanto para casos extremos, como os dos regimes totalitários do século passado, quanto para derivas autoritárias no quadro de sistemas democráticos. E tanto para fascistas históricos quanto para reacionários medíocres.

Em 2018, para muita gente os símbolos nacionais ganharam má fama depois que apareceram como apanágio dos movimentos encabeçados por líderes autoritários. Contudo, não faz muito tempo, eram expostos com alegria por quem hoje não chegaria perto deles. Embora o vermelho sobressaia, não são poucas as bandeiras verde-amarelas nas fotos da posse de Lula em 2003. Quem esteve lá ou percorreu com atenção as imagens daquele dia, notou como o rosto de tantos brasileiros simples que formavam a multidão expressava o sentimento de fazer parte de uma mesma coletividade. De modo geral, para além de eventuais simpatias ideológicas, dói de forma viva na memória o orgulho desaparecido que experimentamos durante os anos em que o país pareceu que ia dar certo — digamos, o período que vai do Plano Real a meados do segundo governo Lula. Não era embaraçoso sentir aquilo.

Simone Weil arriscou uma definição sucinta do enraizamento. Ela disse: "Um ser humano tem raiz por sua participação real, ativa e natural na existência de uma coletividade que conserva vivos certos tesouros do passado e certos pressentimentos de futuro". Lugar, família, trabalho, fé, cultura — não existe uma raiz só, existem múltiplas, e é preciso estar ancorado em mais de uma. De todas elas, segundo Weil, a nação seria central. Nenhuma outra desempenharia o papel "que constitui por excelência a missão de coletividade para com o ser humano, a saber, assegurar através do presente uma ligação entre o passado e o futuro".

Símbolos importam. Mitos também. Sem o sentimento de valores compartilhados é difícil para um país seguir adiante. Isso é terreno delicado, pois bandeiras e hinos muito rapidamente se tornam expressão de doutrinas chauvinistas baseadas em sangue e solo. Mas não é disso que se trata quando Roque Dalton fala nos "que bêbados choraram pelo hino nacional/ sob o ciclone do Pacífico ou a neve do Norte". No caso, talvez seja útil distinguir patriotismo de nacionalismo. O patriota gosta da sua terra, da comida que se come nela, dos esportes que se praticam ali, das idiossincrasias dos seus conterrâneos. O nacionalista se reconhece mais pelo que não tolera nos outros. Seu modo de expressão é a censura, não o afeto. Símbolos não deveriam ser entregues sem luta. Como são poderosos, desistir de reivindicá-los é ceder terreno precioso ao campo adversário. A questão está no uso, não neles. Símbolos compartilhados que apontem para um destino comum são valiosos e se contrapõem à tentativa de empregá-los como marca de exclusão. É possível usá-los com integridade.

Isso tudo para dizer uma coisa simples: a pátria também é frágil. No exílio, acamada pela tuberculose e contemplando a destruição de seu país, Simone Weil percebeu melhor do que ninguém essa verdade. "Durante anos, ensinou-se aos operários que o internacionalismo é o dever mais sagrado, e o patriotismo, o preconceito burguês mais vergonhoso. [...] Não haverá movimento operário saudável se ele não encontrar a sua disposição uma doutrina que designe um lugar à noção de pátria, e um lugar determinado, ou seja, limitado", ela escreveu, pouco antes de morrer.

Não estava sugerindo que se amasse a França colaboracionista. Era o contrário disso, a negação de qualquer empáfia reacionária de celebração da grandeza nacional. Weil sugeria que, de forma quieta e com pudor, se tivesse compaixão pela França esfacelada e também por seus crimes, razão "não de se afastar, mas de se aproximar, para compartilhar não a culpa, mas a vergonha". Esse sentimento pungente por uma coisa bela, preciosa, frágil e perecível, prestes a se desfazer em infâmia, era o que podia ser oferecido a seus compatriotas naquele momento. "Remédio, só existe um. Dar aos franceses algo para amar." Dar o próprio país e, com isso, salvá-lo, pois ninguém reconhecerá melhor a necessidade de preservar o que é belo e precário do que aqueles que conhecem de perto a precariedade e a desgraça. O povo, os pobres, os que nascem e crescem sem história, os tristes mais tristes deste mundo.

O essencial agora era tentar. "Tentar é o que nos sobra", escreveu o poeta T.S. Eliot. "O resto já não é conosco."

JOÃO MOREIRA SALLES é documentarista e editor da *piauí*. Dirigiu *Santiago*, *Entreatos* e *Nelson Freire*, entre outros.

NOTAS

1. Publicado originalmente na edição n. 147 da revista *piauí*, em dezembro de 2018.
2. Trata-se de fotografia tirada durante comício do então candidato ao governo do Rio de Janeiro, Wilson Witzel. De microfone na mão, Witzel aparece ao lado de dois jovens que celebram o fato de um deles ter quebrado ao meio uma placa de rua em homenagem à vereadora assassinada Marielle Franco. Um deles, Rodrigo Amorim, foi o deputado estadual mais votado do Rio. O outro, Daniel Silveira, se elegeu deputado federal.
3. Refiro-me à declaração de Wilson Witzel de que iria aparelhar a polícia do Rio de Janeiro com drones letais israelenses capazes de acertar um traficante "na cabecinha".
4. A primeira frase foi dita por Rodrigo Amorim; a segunda, por Carlos Bolsonaro; as três subsequentes, por Jair Bolsonaro; e a última, por Wilson Witzel.
5. Roque Dalton, "Poema de amor", trad. de Caetano Galindo.

A bolsonarização do Brasil

Esther Solano

A onda bolsonarista atropelou a política brasileira com uma força inesperada. Jair Bolsonaro ganhou as eleições com oito segundos de campanha televisiva, conseguiu que o até então insignificante PSL obtivesse 52 deputados e pôs o número 17 na boca da população, desafiando as análises clássicas da ciência política, as quais assumiam, categoricamente, que sem tempo suficiente de horário eleitoral gratuito e sem um partido político expressivo não havia chance nenhuma de o candidato chegar ao Planalto.

Como se isso não bastasse, alguns dos novos deputados estaduais e federais do PSL tiveram votações estrondosas, como Eduardo Bolsonaro, o deputado federal mais votado da história, com mais de 1,8 milhão de votos, e Janaina Paschoal, eleita deputada estadual por São Paulo com uma votação recorde de mais de 2 milhões de votos.

Paralelamente, candidatos absolutamente desconhecidos no cenário político se elegeram como governadores, dizimando políticos tradicionais. Em Minas Gerais, Romeu Zema, do Novo, foi eleito com 71,8% dos votos, aniquilando o tucano Antonio Anastasia. Nos comentários finais do debate eleitoral ao governo do estado de Minas Gerais, transmitido pela Globo Minas, ele declarou que "aqueles que querem mudança, com certeza, podem votar aí nos candidatos diferentes, que é o Amoêdo e o Bolsonaro". Da mesma maneira, no Rio de Janeiro, o ex-juiz Wilson Witzel, do PSC, se impôs frente ao emedebista Eduardo Paes. Witzel, que tinha começado a disputa pelo governo do estado do Rio de Janeiro com um dígito de intenção de voto, costurou uma aliança com Flávio Bolsonaro, pediu votos para o presidenciável no último debate de governadores da Globo e apareceu na última *live* no Facebook de Jair Bolsonaro. Ganhou 3,1 milhões de votos. Igualmente, em São Paulo, João Doria ganhou o pleito com a jogada de marketing do BolsoDoria, que fazia do ex-prefeito muito mais um cabo eleitoral de Bolsonaro do que um candidato tucano.

Não estamos diante de um fenômeno regional ou nacional. Em vários países, como Estados Unidos com Donald Trump, Itália com Matteo Salvini ou Hungria com Viktor Orbán, candidatos de extrema direita ganham eleições capturando o sentimento de frustração e desesperança e se apresentando com discursos de renovação. Os partidos tradicionais, ocupados da burocracia do poder e da governabilidade, sofreram o enorme desgaste da institucionalidade e são culpados pelo cidadão comum pelas crises econômicas e sociais. É o denominado voto de castigo. Aproveitando o mal-estar causado sobretudo por uma nova etapa da revolução tecnológica — que gera desemprego, perda de poder aquisitivo, crises migratórias, insegurança pública, desesperança no futuro —, grupos de extrema direita se fortalecem explorando a retórica antissistema.

No Brasil, Bolsonaro segue essa trajetória. Consegue capturar a insatisfação causada pelas crises econômica e política nacionais, aqui exacerbadas pelos escândalos de corrupção, e transformar a insatisfação em potência eleitoral. Segundo a lógica de Bolsonaro, a culpa da situação atual em que se encontra o Brasil é do sistema político no seu conjunto. Os partidos políticos clássicos estão no coração dessa crítica porque eles formam o sistema, são o centro do fisiologismo político. O PT, que no início de sua trajetória partidária também representava uma alternativa fora do mainstream, foi absorvido pela dinâmica da governabilidade e, portanto, não poderia mais representar uma alternativa antissistema. Estamos diante de uma tendência política que não tem em seu centro questões programáticas ou propositivas, mas é construída a partir da negação: o movimento é não apenas antipetista mas antipartidário; não apenas antipartidário mas antissistêmico. O que efetivamente se pretende construir a partir daí não fica muito claro.

É a política dos antagonismos. A rejeição de alteridades se tornou uma força eleitoral irresistível.

Tais elementos discursivos já estavam colocados e soavam com força desde o impeachment, momento em que se construiu e se fortaleceu a base social de Bolsonaro. Ruas e redes se realinharam contra o PT. As ruas, tradicionalmente espaço de grupos autodenominados de esquerda, passaram a ser ocupadas por novos protagonistas: camisetas da CBF, bandeiras do Brasil, gritos nacionalistas. Como analisou Angela Alonso,[1] um repertório patriótico, que já estava mais timidamente presente em 2013, explodiu em 2015 e 2016 nas maiores cidades brasileiras, fundamentalmente em São Paulo. Segundo o Datafolha, 82% dos presentes na manifestação da avenida Paulista do dia 16 de março de 2016 tinham votado em Aécio Neves (PSDB), 76% tinham curso superior e 68% renda igual ou superior a cinco salários mínimos.

Nas pesquisas que realizei com Pablo Ortellado e Lucia Nader durante as manifestações pró-impeachment, ao longo de 2015, a pré-bolsonarização social já era, em retrospecto, evidente. Nossa proposta era entender o perfil político e ideológico dos manifestantes e as motivações que os levavam às ruas. Tínhamos a intuição de que, por trás de um evidente antipetismo, escondia-se um sentimento de rejeição antissistema mais profundo e complexo. Para tanto, aplicamos uma série de pesquisas quantitativas, que tentavam avaliar o perfil dos manifestantes em temas como confiança em partidos e lideranças, valores, moral e identificação política. A aplicação de questionários continuou ao longo dos anos 2016 e 2017, e conseguimos obter uma imagem bastante significativa da dinâmica progressiva de construção de negações políticas que iria sustentar, em 2018, a candidatura de Bolsonaro. A média do número de questionários aplicados era de quinhentos por protesto, e a margem de erro, menor que 5%.

Na manifestação contra o PT de 16 de agosto de 2015 realizada na avenida Paulista, 96% dos manifestantes declararam que não estavam satisfeitos com o sistema político. 73% afirmavam não confiar nos partidos e 70% não confiar nos políticos. O antipartidarismo e a rejeição da figura do político tradicional apareciam com muita força. Quando perguntamos quem inspirava mais confiança, o nome de Bolsonaro já aparecia em primeiro lugar: 19,4% dos entrevistados confiavam muito nele.

Naquela mesma manifestação, apenas 11% dos presentes disseram confiar no PSDB (partido no qual tinham votado majoritariamente) e 1% no então PMDB (partido que iria ocupar a Presidência da República se o impeachment pedido pelos manifestantes tivesse sucesso). Já estávamos então diante do prelúdio do que seria a sangria eleitoral tucana de 2018. Igualmente, formulamos uma série de possibilidades como resposta à pergunta "quem poderia resolver a crise brasileira?". Das opções propostas pela nossa equipe de pesquisa, 56% já concordavam total ou parcialmente que "entregando o poder a alguém de fora do jogo político", 64% para "um juiz honesto" e 88% para um "político honesto". Era a construção progressiva das figuras de Bolsonaro (outsider tido como honesto) e do juiz Sergio Moro como salvadores da nação. A solução deveria vir de fora do sistema. Diante de um cenário de percepção de aumento da corrupção política, valores como honestidade e ética apareciam como imprescindíveis no protótipo do político desejável.

Além desses discursos, os grupos que organizaram as manifestações, principalmente Movimento Brasil Livre (MBL), Vem para a Rua, Revoltados On-Line, mobilizaram com uma potência enorme o discurso antipetista, que em frequentes ocasiões derivava para um anticomunismo em moldes retóricos que remetiam aos tempos de Guerra Fria. Esse antipetismo estava marcado por um forte conteúdo de classe e anti-igualitarista. Nosso trabalho como pesquisadores foi capturar as frases que eram mais compartilhadas nas redes sociais nesse contexto e testar o grau de adesão a elas nas ruas.

Em São Paulo, no protesto de 12 de abril de 2015, comprovamos a adesão a certas afirmações de conteúdo anti-igualitário que circulava nas redes sociais. Escolhemos frases que eram muito compartilhadas em páginas conservadoras ou de direita no Facebook (como a do MBL, do Vem para a Rua, do próprio Jair Bolsonaro) e as incluímos nos questionários para testar sua aceitação entre os manifestantes: 60,4% deles concordaram que "Bolsa Família financia preguiçoso" e 70,9% que "as cotas raciais geram mais racismo". Era a lógica da classe média tradicional, os *tax payers*, que se sentem abandonados pelo governo ao mesmo tempo que rejeitam a mobilidade ascendente dos mais pobres. Uma retórica antipetista com fortes traços de antiesquerdismo e anticomunismo e já com uma presença das fake news.

No mesmo protesto de abril de 2015, também testamos algumas das fake news que mais estavam circulando nas mesmas páginas de direita no Facebook: 71% dos entrevistados concordaram com que Fábio Luís Lula da Silva, filho do ex-presidente Lula, era sócio da Friboi; 56%, que o Foro de São Paulo queria criar uma ditadura bolivariana no Brasil; 53%, que o PCC era um braço armado do PT; e 42%, que o PT tinha trazido 50 mil haitianos para votar por Dilma Rousseff em 2014. Na mesma linha, para 64% dos entrevistados, o PT queria implantar um regime comunista no Brasil. Ou seja, a simbiose entre petismo, esquerdismo e comunismo estava sendo construída.

Finalmente, como motor da retórica antipetista, estava a corrupção. Para 85% dos entrevistados, os desvios da Petrobras eram o maior escândalo de corrupção da história brasileira. A Lava Jato já estava se situando como elemento fundamental de criminalização petista e da bolsonarização política.

Depois desse ciclo de pesquisas com manifestantes pró-impeachment, eu continuei fazendo pesquisas durante os anos 2017 e 2018, dessa vez entrevistando eleitores de Bolsonaro na cidade de São Paulo pertencentes a diversos perfis sociodemográficos. Foi um exercício de escuta desse segmento. A metodologia usava entrevistas em profundidade, com duração de uma a duas horas, em que os entrevistados explicavam livremente seu voto em Bolsonaro e podiam desenvolver sem limite de tempo seus argumentos sobre questões políticas, sociais e morais. Foram trinta pessoas entrevistadas de diversas rendas, regiões da cidade, idade, sexo e cor. Meu intuito era avaliar se os fatores que já tínhamos captado nos protestos pró-impeachment tinham evoluído no sentido de configurar o campo político bolsonarista. Começava a ficar claro para mim, já em 2017, que muitos dos presentes nos protestos anti-PT de 2015 e 2016, em sua maioria votantes do PSDB, estavam mudando sua opção eleitoral, em favor de Bolsonaro, esvaziando assim o campo tucano. Os elementos antissistema, antipartidarismo, antipetismo e antiesquerdismo seriam, de acordo com minhas pesquisas, fatores essenciais para a vitória do próximo presidente brasileiro, elementos esses que já estavam germinando no contexto do impeachment. Passo agora a detalhar o resultado desse segundo ciclo de pesquisas mais atual com simpatizantes de Bolsonaro, analisando as falas dos entrevistados.

Uma das questões que com mais insistência aparecem nas entrevistas como legitimadoras do voto em Bolsonaro é que ele representaria "alguém diferente", um outsider e, mais ainda, um antissistema, alguém capaz de enfrentar uma lógica política totalmente corrompida. A palavra "esperança" atrelada à figura de Bolsonaro se apresentou em 23 das trinta entrevistas. Essas pessoas diziam sentir esperança num possível governo dele por entender que só um político com as características de Bolsonaro poderia mudar o cenário político brasileiro. Um político diferente porque seria honesto e autêntico, firme o suficiente para não se deixar levar pela roteirização da política. O marketing de Bolsonaro consegue transformar o antigo deputado federal numa figura antimainstream, capaz de capturar o voto de protesto, frustração e raiva contra o sistema político. Os partidos tradicionais são percebidos como indistintos, fisiológicos e preocupados com os próprios privilégios. Assim como nas manifestações pró-impeachment, durante a campanha eleitoral também o antipetismo foi o elemento discursivo e estético mais evidente, mas o antipartidarismo alcançou de forma contundente legendas políticas tradicionais como PSDB ou MDB, e é crucial para entender a migração de voto desses grupos para a candidatura de Bolsonaro. É a concepção binária do velho frente ao novo como nova categoria de enorme impacto político. O velho é rejeitado e a novidade política aparece como um valor em si mesmo.

> Eu voto no Bolsonaro como desabafo. Porque ele é diferente. Sei que ele era deputado federal, mas nunca se meteu em corrupção, nunca foi como eles. Não se vendeu. E ainda ele não vai ter medo de mudar as coisas porque não tem rabo preso. Eu votava no PSDB, mas

não voto mais, são iguais ao PT, só tem corrupto. A mesma coisa. Bolsonaro vai romper com tudo isso aí.

[Entrevistada M., 40 anos, classe B]

A corrupção se situa no centro dos argumentos do menosprezo pelo sistema. Não só os políticos profissionais seriam "sujos" e corruptos, como o próprio fazer político desperta afetos negativos como vergonha e rejeição. Atrelada à ideia de negação da política como atividade eminentemente corrupta, está a operação Lava Jato. Todos os entrevistados são seus apoiadores. Durante as entrevistas, reiteram a importância vital da operação para a política brasileira e argumentam como esta traz benefícios para toda a sociedade. Falam de como a Lava Jato marca um antes e um depois na história nacional — porque seria a primeira grande operação de combate à corrupção que realmente procura punir os responsáveis — e exigem que ela continue como política permanente, mas, como revelam suas falas, esse entusiasmo é menos do ponto de vista institucional e mais relacionado ao desejo de uma justiça messiânica do inimigo. O juiz Sergio Moro aparece caracterizado nas entrevistas por conceitos como herói, salvador, alguém que "tem uma tarefa", "é um enviado", e, ainda mais, "vai limpar o Brasil" dos políticos corruptos que, numa visão moralista e dualista da justiça, representam o mal, o inimigo a ser exterminado. Nas falas dos entrevistados, o conceito "limpar" aparece muito mais do que o conceito "fazer justiça". O processo penal do espetáculo, com o juiz que assume uma figura militante e as operações contra a corrupção como forma de criminalização teatralizada da política, aumenta o sentimento coletivo de que a política é uma tarefa desprezível e, portanto, deve ser negada e, inclusive, combatida.

Eu apoio totalmente a Lava Jato. Moro é nosso herói. Ele vai limpar o Brasil desse câncer. E nada de direitos dos corruptos. Quer direito, não roube. Roubou e ainda quer direitos? Está de sacanagem comigo. Coitadinhos, né?

[Entrevistado C., 35 anos, classe C]

Junto à desaprovação da política e dos políticos tradicionais surge muito marcadamente nas entrevistas a narrativa da meritocracia e do hiperindividualismo: a política é desprezível, o caminho é o esforço pessoal. É a lógica da negação do coletivismo em prol do esforço individual.

Os políticos e o Estado intervêm demais em tudo. Deixem as pessoas trabalharem em paz que elas resolvem. Com trabalho a gente consegue tudo.

[Entrevistada D., 55 anos, classe B]

Ao lado da negação da política como atividade coletiva, o antiesquerdismo foi um dos elementos mais explorados pela campanha de Bolsonaro. Um dos fatos mais interessantes no nível simbólico da campanha foi assistir ao ressurgir do anticomunismo na propaganda eleitoral. O antipetismo tão presente durante as manifestações pró-impeachment transformou-se num antiesquerdismo raivoso. Vale lembrar que as classes médias brancas brasileiras votaram preferencialmente em Bolsonaro. Como já falamos, o anti-igualitarismo e, muitas vezes, o ataque expresso e direto aos mais pobres formam parte da construção da lógica antipetista. Explora-se, inclusive durante a propaganda eleitoral televisiva de Bolsonaro para o segundo turno, o medo da volta do PT ao poder. Na primeira inserção televisiva do segundo turno, a propaganda eleitoral de Bolsonaro exibia supostas conexões petistas com o Foro de São Paulo, mostrando na TV um áudio do ex-presidente Lula sobre a criação do Foro que, segundo a propaganda eleitoral, seria "um grupo político com ideologia comunista de esquerda liderado por Lula e Fidel Castro" criado na América Latina ao mesmo tempo que a "Europa se libertava do marco do comunismo". Paralelamente ao vídeo, reiterava a relação petista com a Venezuela e os países bolivarianos. A velha retórica do perigo vermelho e do fantasma do comunismo.

Vale lembrar que nas manifestações de 2015 a relação entre comunismo e PT já estava sendo fortemente construída por grupos como o MBL ou o Vem para a Rua. Embora não fosse objeto de nossas pesquisas, já em 2015 havia manifestantes que, se sentindo provocados pelas nossas perguntas, reagiam aos pesquisadores, talvez tentando legitimar as respostas que davam com comentários como "a Rede Globo é comunista" ou diziam que o então ministro da Fazenda, Joaquim Levy, queria implementar um regime econômico comunista no Brasil. Em 2018, a narrativa do perigo da bolivarianização da política, a demonização da Venezuela e a construção do nexo Venezuela-comunismo-PT é potencializada ao extremo.

> Pera aí, o PT só governa para os pobres. Bolsa Família, bolsa esmola, bolsa não sei o quê. A gente que é classe média e paga impostos, nada. Ainda são a maior quadrilha deste país e nos botaram na maior crise da história. Se eles ganharem de novo aqui vai virar Venezuela, vai virar um regime comunista e a gente vai ter de sair daqui. Vai ser um caos.
> [Entrevistado J., 20 anos, classe A]

Mas o antagonismo não é só erguido sobre o PT. Durante a campanha de Bolsonaro, a figura do inimigo sofre um alargamento que contempla todo o campo progressista. A campanha construiu o simbolismo de que as esquerdas seriam uma categoria polissêmica que abrangia ativistas pelos direitos humanos, professores e manifestantes. Em grupos de WhatsApp, em conversas entre bolsonaristas e nas próprias redes sociais do MBL ou do Bolsonaro era muito recorrente ler ou escutar que esses grupos seriam um "bando de vagabundos", que "mamam das tetas do Estado" e "querem direitos para bandidos", na lógica binária do cidadão de bem, que se encaixa nos padrões conservadores e meritocráticos, e o bandido, todo aquele que se opõe a essa figura. Professores são atacados pelo MBL, por seguidores de Bolsonaro, por deputados do PSL porque estariam doutrinando os alunos e transformando as salas de aula em palanque político. É a lógica do Escola Sem Partido: um ensino neutro, despolitizado, desideologizado frente à perversão política e partidária das salas de aula.

O anti-intelectualismo é um assunto que se destacou muito na campanha. Professores e intelectuais, assim como políticos, são intermediadores cujo papel é colocado em questionamento. Por que devo aceitar uma política conduzida por políticos profissionais? Por que devo aceitar verdades científicas e acadêmicas validadas por intelectuais? É a negação daqueles que tradicionalmente atuaram como mediadores entre os indivíduos, o conhecimento e a participação política.

A candidatura de Bolsonaro foi erguida e potencializada na negação das diferenças políticas e na moralização do debate público, apresentando os adversários como inimigos não só de ordem política, mas também de ordem moral e religiosa. É a política da inimizade. O outro é o negativo absoluto, o mal, aquele que ameaça minha forma de existência e, portanto, deve ser exterminado. Obviamente se trata de apelo contínuo ao medo e de manipulação dos afetos negativos como instrumento político. Nesse sentido, para atacar o campo progressista e acadêmico, vale todo tipo de investida, mas preferivelmente as morais, como apresentar esses atores como aqueles que negam a possibilidade de existência da família tradicional cristã (questões envolvendo sexualidade, e frequentemente sexualidade infantil, foram muito eficazes). A história nos ensina como é efetiva em muitos momentos a instrumentalização das repressões e dos medos sexuais. As esquerdas são uma ameaça não só para a ordem social e para o modelo que as relações sociais deveriam seguir, mas também para a própria integridade de nossas crianças. Quem não teria medo desse perigo?

> Eles querem acabar com a família, ensinar a criança a ser gay na escola. É uma crise moral e de valores que não vou permitir.
> [Entrevistada A., 52 anos, classe C]

Esse ataque frontal ao campo progressista inclui também o ataque às denominadas pautas identitárias. Os avanços nos campos político, social e cultural durante as décadas dos movimentos feminista, LGBT e negro são inegáveis. O ideário saudosista masculino da família tradicional heteronormativa e patriarcal está sob ataque. Nesse sentido, para muitos dos votantes de Bolsonaro, PT, professores, manifestantes, feministas, todos formam parte de uma estrutura social e política que desestabiliza as hierarquias sociais clássicas e, portanto, coloca em risco as categorias sociais tradicionais que muitos utilizam para ordenar seu mundo: indivíduos que se sentem agredidos quando duas pessoas do mesmo sexo se beijam na rua ou quando observam que a visibilidade das pautas feministas é cada vez mais cotidiana. É a revolta do homem branco heterossexual que enxerga privilégios demais nas lutas identitárias.

> Se você for mulher tem privilégios, se for gay também, se for negro. E a gente? Se você for homem e macho ninguém nem está aí para você.
> [Entrevistado J., 39 anos, classe B]

Seguindo esse raciocínio, chamam a atenção mulheres e LGBTs que declaram seu voto em Bolsonaro. Vale a pena explicar melhor esses casos. Existe entre eles uma evidente minimização do discurso misógino e LGBTfóbico de Bolsonaro. Ele estaria, simplesmente, "brincando" ou "exagerando". A liberdade de expressão se coloca como direito inalienável contra uma suposta ditadura do politicamente correto dos movimentos identitários. Por outro lado, as falas dessas pessoas estão permeadas de uma absoluta rejeição aos movimentos porque estes seriam exagerados, violentos, causadores de problemas, exibicionistas demais. Os movimentos seriam os culpados das opressões que eles buscam combater. Há ainda um menosprezo pela luta coletiva que não garante a conquista de mais direitos em prol do esforço pessoal e da meritocracia:

> Bolsonaro às vezes exagera, como ele é tão sincero, fala um pouco demais e brinca, mas nada a ver, ele quer o melhor para nós mulheres, só que ele não fala o que a imprensa quer ouvir. Eu sei que a mulher não tem os mesmos direitos que o homem, mas eu sou antifeminista. As feministas só querem privilégios, são umas loucas, agressivas. Elas criam mais problemas dos que já temos. Elas dividem o mundo entre homens e mulheres. Se a gente quiser direitos iguais, tem de trabalhar e se esforçar, é isso.
> [Entrevistada C., 50 anos, classe B]

CONCLUSÕES

Jair Bolsonaro não só será o novo presidente do Brasil. A bolsonarização da sociedade é um fenômeno complexo e multifatorial que irrompeu nossa realidade com muita força. Elementos que são altamente corrosivos para a democracia, como a retórica antissistema e a instrumentalização dos anseios de renovação política, o louvor a uma justiça messiânica, o antipartidarismo, a visão do adversário político como inimigo a ser aniquilado, o anti-

-intelectualismo, foram fundamentais na vitória de Bolsonaro. Uma candidatura construída na negação das diferenças e na exaltação de um pensamento único e brutalizado.

O paradoxo em que nos encontramos hoje é que ao mesmo tempo que a extrema direita no mundo impõe um processo descivilizatório, ela está se colocando como alternativa de futuro para muita gente. Ao mesmo tempo em que se constrói com base em negações políticas, está fazendo com que muitos indivíduos se sintam empoderados politicamente porque não se apresenta como elitista e sim como popular, fazendo apelos contínuos a suas bases e a sua militância e se dirigindo às massas que foram abandonadas pelo sistema político tradicional. A esperança e as respostas, para muitos, não vêm mais da mão dos campos das esquerdas e direitas tradicionais, da social-democracia.

Encontra-se diante dos nossos olhos um desafio gigantesco. Só não o enxerga quem não o quiser ver. O fenômeno Bolsonaro e a extrema direita mundial, com suas candidaturas enormemente esvaziadas de propostas programáticas e arquitetadas na política da inimizade e do grito, têm uma força simbólica enorme, estão mobilizando valores de forma inegavelmente eficaz. A extrema direita seduz porque comunica com aspectos emocionais. Num momento mundial extraordinariamente complexo, em que a maioria das pessoas sente uma evidente insegurança existencial, a comunicação afetiva é um potente motor político. No Brasil, um país cujas feridas históricas não foram fechadas, Bolsonaro consegue mobilizar essas cicatrizes, os ressentimentos, as raivas, as angústias ontológicas de muitos. Nesse sentido, a extrema direita está trazendo a política de volta porque faz a disputa de imaginários e subjetividades, coloca a emoção no centro do debate.

O campo da política institucional, inclusive à esquerda, ficou muito atrelado à força motriz da governabilidade que coloca a política refém das tarefas diárias da negociação, da administração, do cotidiano da burocracia, da logística do poder. A extrema direita, com sua proposta incivilizada, nos lembra que as forças democráticas nunca deveriam ter deixado de lado a disputa pelos simbolismos, os valores e as subjetividades, e pelas formas de entender e estar no mundo. Ela comunica com os valores da negação, com o medo, com o ódio, com a incapacidade de enxergar o outro como ser humano, com os fascismos do cotidiano. O campo democrático deve entender que todos esses afetos formam parte do ser humano, de sua formação como sujeito político, e deve também dialogar com eles, mas da perspectiva da construção do processo civilizatório, incluindo no debate a potência dos afetos positivos e criativos como a esperança, a tolerância ou a possibilidade de uma vida em conjunto. Ele deve sair da política da mediocridade e recuperar a política como força que pensa e move o mundo. Se não o fizer, a lógica antissistema e antipartidária sempre será eficaz, e a captura das emoções por projetos políticos antidemocráticos sempre será viável.

ESTHER SOLANO é professora de relações internacionais da Universidade Federal de São Paulo (Unifesp).

NOTA

1. "A política das ruas: Protestos em São Paulo de Dilma a Temer", *Novos Estudos Cebrap*, São Paulo, número especial, pp. 49-58, jun. 2017.

Diplomacia da ruptura

Matias Spektor

Jair Bolsonaro fez campanha prometendo romper com a política externa dos governos que o antecederam. As críticas por ele feitas à época da corrida presidencial não se limitaram à diplomacia do PT, mas também do PSDB. Eleito, Bolsonaro sinalizou sua pretensão de chacoalhar a postura internacional do país em temas sensíveis, tais como as relações com Cuba e Venezuela, Israel e o mundo árabe, Nações Unidas e China, direitos humanos e a mudança do clima, Irã e Estados Unidos. Em todas essas áreas, Bolsonaro deixou claro seu compromisso inequívoco com uma profunda guinada na condução das relações exteriores. Essa mudança ocorre num momento de transformação do sistema político brasileiro, do qual tratam outros ensaios deste livro, mas também em meio a movimentos profundos nas placas tectônicas das relações internacionais. Mais especificamente, a chegada de Bolsonaro ao poder coincide com o acirramento da competição geopolítica entre Estados Unidos e China, o enfraquecimento progressivo de instituições internacionais como a ONU e a União Europeia, e o ressurgimento do nacionalismo não cooperativo, quiçá a maior ameaça em uma geração ao ordenamento internacional estabelecido depois do fim da Guerra Fria.

Este artigo analisa as origens e a orientação da mudança de política externa prometida por Jair Bolsonaro e avalia as perspectivas internacionais para o novo governo. Para fazê-lo, as próximas páginas tentam responder a três perguntas: Qual o diagnóstico de Jair Bolsonaro e seu grupo a respeito da política externa e das relações exteriores do Brasil da Nova República? Quais os atores relevantes do processo decisório em política externa da equipe do novo presidente? Qual o impacto no Brasil e no exterior da guinada diplomática que promete ser marca registrada do governo?

RAZÕES DA RUPTURA

Os indivíduos da equipe de Jair Bolsonaro que se dedicam a pensar sobre relações internacionais e política externa possuem um diagnóstico comum e sui generis da trajetória diplomática da Nova República. Eles avaliam que, ao longo desses anos, a postura internacional do Brasil perdeu oportunidades, tomou medidas equivocadas e terminou enfraquecendo o país no sistema internacional. Nessa perspectiva, tais críticas valem tanto para os governos tucanos quanto para os petistas. Assim, a equipe do presidente Bolsonaro descarta aquele Fla-Flu tradicional, segundo o qual PT e PSDB teriam optado por estratégias internacionais opostas. Ambos os partidos do condomínio seriam responsáveis pela situação de fraqueza relativa e de dependência em que o Brasil se encontra hoje.

Quão precisa é essa caracterização do passado recente?

Durante as duas décadas de condomínio tucano-petista (1994-2016), a política externa foi um dos principais campos de batalha entre PT e PSDB. A clivagem fundamental entre eles dizia respeito à globalização, ao processo mundial de aumento dramático dos fluxos de capital, ideias e pessoas iniciado no fim da década de 1970, e ao qual o Brasil chegara relativamente tarde. Enquanto tucanos concebiam a política externa como instrumento de adaptação do Brasil pós-autoritário à globalização, petistas imaginaram a diplomacia como instrumento de resistência àquilo que viam como os efeitos mais perversos da globalização. Na concepção dos tucanos, a adaptação seria inexorável. "Queiramos ou não", disse FHC ao chegar ao Planalto, em 1995, "a globalização é uma nova ordem internacional. O mundo pode ser dividido entre as regiões ou os países que participam do processo de globalização e usufruem seus frutos e aqueles que não participam." O Brasil seria fraco demais para resistir ao que ele chamava de "ventos do mundo" e, sem espaço de manobra, precisava se adaptar. Para os petistas, ao contrário, a globalização não era um fato inescapável da realidade, mas um projeto político talhado pelas grandes potências do Atlântico Norte. Ela podia (e devia) ser resistida e, na medida do possível, negociada.

Essas diferenças levaram tucanos e petistas a elaborar políticas externas alternativas. Os primeiros montaram uma diplomacia dedicada a buscar "credenciais de boa conduta internacional" em áreas como direitos humanos, não proliferação nuclear, meio ambiente e comércio internacional, assinando compromissos externos que o regime militar antes rejeitara de forma sumária. O objetivo não era mudar o mundo, mas utilizar normas internacionais como alavanca para reformar um país ainda marcado pelo penoso entulho autoritário acumulado desde a era Vargas e pela hiperinflação. A partir de 2003, com o início do governo Lula, os petistas montaram uma política externa para explorar as rachaduras do projeto político da globalização, evidentes nos protestos de Seattle (1999) e escancarados pela invasão do Iraque sem autorização das Nações Unidas (2003). Para o núcleo pensante do PT, existia uma demanda mundial por vozes alternativas: "Outro mundo é possível".

Assim, FHC rodou o planeta para amarrar o Brasil a novas regras internacionais que permitissem ao país embarcar num novo ciclo de desenvolvimento capitalista. Lula manteve essa política, mas adicionou a ela uma ambição reformista. O ativismo internacional do PT começou com visitas a países que antes não estavam no centro do radar da política externa brasileira, tais como Cuba, Irã, Líbia e Síria, além de numerosos périplos pela África e pela América Latina. Em seguida, Lula foi central na criação da Unasul, dos Brics, do IBSA e na formação do G20. O PT optou por um estilo negociador maximalista na Rodada Doha, nos embates pela Alca e na tentativa de reformar o Conselho de Segurança da ONU. Patrocinou no Haiti a maior mobilização de tropas brasileiras desde a Segunda Guerra Mundial e criou iniciativas inéditas para o Oriente Médio.

Em que pesem seus estilos distintos, PT e PSDB, no exercício do poder, adotaram políticas externas mais semelhantes do que reconhecem seus partidários mais aguerridos. FHC aderiu às normas do Ocidente liberal de maneira lenta, parcial e, na maioria das vezes, negociada. Não houve no Brasil do PSDB uma fuga em direção ao neoliberalismo como na Argentina de Menem, na Venezuela de Pérez ou no México de Salinas. O governo tucano empurrou a Alca com a barriga e patrocinou a expansão do Mercosul. Na Organização Mundial do Comércio (OMC), FHC promoveu a política revisionista de quebrar patentes, transformando o papel das grandes farmacêuticas no mundo. A estratégia de aproximar o Brasil de Chávez foi criada pelo PSDB, assim como o foi a decisão de proteger o regime autoritário de Alberto Fujimori no Peru.

Por sua vez, Lula adotou uma política externa revisionista, mas na maioria das vezes avançou com cautela. Em vez de denunciar a dívida brasileira com o FMI como ilegítima, pagou-a. Em vez de se chocar com os desmandos do governo Bush, aproximou-se da Casa Branca como nenhum outro presidente da Nova República. Quando Brasília propôs um Conselho de Defesa para a Unasul, o ministro da Defesa do governo do PT não começou seu périplo de consultas pelas capitais sul-americanas, mas por Washington. E nas apostas mais arriscadas da diplomacia petista — a rodada Doha e a Declaração de Teerã —, Lula tentou uma conciliação com os americanos até o último minuto.

Em política externa, tucanos e petistas tiveram muito em comum. Ambos apostaram na construção de coalizões regionais, concebendo o Mercosul como instrumento para resistir à integração hemisférica proposta pelos Estados Unidos. Ambos imaginaram a integração regional como oportunidade de negócios para a indústria de Defesa e para construtoras brasileiras abastecidas a crédito barato do BNDES. Juntos, PT e PSDB rejeitaram as demandas dos países vizinhos por instituições regionais densas, preferindo compromissos minimalistas que permitissem ao Brasil reagir de modo unilateral quando fosse útil ou necessário.

Petistas e tucanos também limparam a agenda com os Estados Unidos das tensões e conflitos típicos do regime militar. No entanto, FHC e Lula evitaram a todo momento fazer o jogo de Washington na América do Sul. Nenhum dos dois buscou fazer alinhamento e ambos operaram para eliminar qualquer expectativa norte-americana de que o Brasil pudesse operar como aliado especial na América do Sul. Por esse motivo, ambos os presidentes se recusaram a pressionar o chavismo na Venezuela. Petistas e tucanos também evitaram abrir o comércio brasileiro na marra. Mantiveram as negociações comerciais em fogo brando, sem ameaçar os interesses protecionistas de uma parte influente da indústria nacional, mesmo quando isso privilegiasse poucos em detrimento da maioria.

Em temas como narcotráfico e mudança do clima, PT e PSDB optaram por compromissos internacionais minimalistas. Não usaram a política externa para forçar a reforma das polícias militares, para barrar o crescimento do narcotráfico, para disciplinar o agronegócio desmatador ou para chacoalhar um Estado que ainda pratica crimes sistemáticos contra os direitos de sua própria população. Vale notar que, em outras áreas, houve, sim, esforço de triangulação para, por meio de compromissos internacionais, criar constrangimentos legais aos grupos domésticos mais comprometidos com o atraso. O exemplo mais notável é na política de controle da inflação. Quando o então ministro da Fazenda Fernando Henrique Cardoso percebeu que sua política de abertura comercial de talho anti-inflacionário travaria no Senado Federal, apressou-se para negociar e assinar, em tempo recorde, o Protocolo de Ouro Preto do Mercosul. Ato do Executivo, o documento permitiu "amarrar" as forças protecionistas por meio de um acordo internacional. Em que pese todo o progresso que a Nova República assistiu na postura brasileira com respeito a direitos humanos, mudança do clima e combate ao narcotráfico, o fato é que nenhum governo brasileiro apostou no uso de compromissos externos para acelerar o processo de mudança interna. Nesse sentido, as experiências de países como Argentina e Chile — que usaram a diplomacia como alavanca explícita para travar batalhas domésticas, sobretudo na área de direitos humanos — oferece exemplos opostos às atitudes do Brasil na matéria.

No Brasil, contra interesses enquistados não houve mobilização diplomática significativa. Quiçá por isso temas candentes como a segurança das fronteiras, sobretudo o crescimento do crime organizado transnacional na faixa de terras que vai das divisas do Brasil com a Bolívia e o Paraguai até o porto de Santos, no estado de São Paulo, tenha se transformado em um corredor de criminalidade que, hoje, segundo a ONU, responde pelo maior escoamento de drogas para o Atlântico Sul.

O governo Bolsonaro promete fazer de sua política externa um instrumento explícito para avançar com a agenda doméstica de dar luz verde à repressão contra o narcotráfico, o crime organizado e a violência urbana, assim como autorizar a expansão da fronteira agrícola, em detrimento daqueles compromissos internacionais assinados pelo Brasil no âmbito do Acordo de Paris sobre a mudança do clima. O presidente eleito escolheu com esse fim uma equipe dedicada a operar a mudança.

ATORES DA RUPTURA

Três grupos exercem influência significativa sobre a orientação internacional do governo Bolsonaro no início do mandato: o círculo íntimo do presidente, os militares com cargos oficiais no Palácio do Planalto e a equipe do superministério da Economia. Essa tríade partilha de uma agenda reformista comum, mas chega a ela por caminhos diversos e possui visões de mundo muito diferentes. Quão efetivo será o processo de mudança dependerá em larga medida da capacidade de esses três grupos encontrarem consensos básicos e evitarem disputas fratricidas.

O círculo mais íntimo que exerce ascendência na área internacional é composto pelo deputado federal Eduardo Bolsonaro (PSL-SP) e por Filipe Martins, assessor internacional do PSL. Juntos, eles pautam boa parte dos sinais do novo governo na agenda externa por meio de postagens regulares nas redes sociais, nas quais defendem uma ruptura maximalista em assuntos internacionais e promovem a mobilização do eleitorado contra lideranças de oposição, o establishment de política externa e a imprensa tradicional. Ao menos no momento imediato à eleição, a dupla exerceu influência direta nas duas principais escolhas diplomáticas do governo em formação. Por um lado, fez campanha e obteve a nomeação do embaixador Ernesto Araújo para o cargo de ministro das Relações Exteriores, contra uma série de nomes que haviam sido levados ao presidente eleito por outros assessores. Por outro lado, o deputado e o assessor foram aos Estados Unidos como enviados especiais do novo governo. Na ocasião, eles visitaram os principais centros de poder do governo americano, tais como a Casa Branca, o escritório da vice-presidência, os departamentos de Estado, Tesouro e Comércio, a comunidade de negócios, expoentes do populismo de direita encabeçado por Trump, os senadores republicanos Ted Cruz (Texas) e Marco Rúbio (Flórida), assim como o Jared Kushner, genro e assessor do círculo mais íntimo do presidente americano.

A característica distintiva desse "núcleo" da política externa bolsonarista é a convicção idealista segundo a qual a maior ameaça aos interesses brasileiros no mundo viria da derrocada do Ocidente diante da ascensão de potências iliberais, como Rússia e China. O declínio, por sua vez, seria consequência da falta de vigor das lideranças ocidentais nas grandes batalhas culturais de nossa era. Assim, esse grupo acredita que há um fenômeno transnacional de "marxismo cultural" que, infiltrado nas instituições e na imprensa, estaria moldando o discurso público de modo a submeter boa parte do Ocidente ao jugo das minorias, do relativismo e da laicidade. Tal processo estaria condenando o Ocidente a um declínio de difícil reversão, num mundo cada vez mais hostil e marcado pela competição entre as grandes potências. A raiz desse conjunto de crenças está na leitura do sistema internacional realizada por membros da equipe de campanha de Donald Trump à Presidência em 2016, como é o caso do polemista Steven Bannon. Este, por sua vez, bebeu no cálice da tradição neoconservadora de intelectuais como Irvin Kristol e *policy-makers* como John Bolton e Paul Wolfowitz, cuja influência nos níveis mais altos do governo americano ficou marcada durante a Presidência de George W. Bush (2000-8). Uma das teses centrais desse grupo é que as instituições internacionais, mais do que uma alavanca, constituem um empecilho aos interesses nacionais. No Brasil, essas ideias foram expressas ao longo das últimas décadas pelo escritor Olavo de Carvalho, influência central para o pensamento do assessor Filipe Martins e referência óbvia nos escritos do diplomata Ernesto Araújo, ao menos nos dezoito meses que antecederam a eleição presidencial de 2018. Nesse sentido, vale destacar o artigo "Trump e o Ocidente", assinado por Araújo nos *Cadernos de Política Exterior*, periódico do próprio Itamaraty, um ano antes da vitória de Bolsonaro. Além de defender uma postura brasileira de inequívoca defesa ao Ocidente liderado pelos Estados Unidos, o artigo retoma o valor da religiosidade e das batalhas culturais para a política internacional.

O segundo grupo é composto pelos militares responsáveis por boa parte da estratégia de campanha e da formação do novo governo: general Hamilton Mourão (vice-presidente da República) e general Augusto Heleno (Gabinete de Segurança Institucional). Ambos cumpriram a função de porta-vozes do então candidato presidencial Jair Bolsonaro para uma série de assuntos internacionais durante o ciclo eleitoral e, encerradas as urnas, passaram a emitir opiniões próprias e contundentes a respeito das primeiras decisões de política externa. Não raro, o comentário dos generais chocou-se ou desafiou frontalmente as teses defendidas pelo círculo íntimo descrito acima, sobretudo em temas sensíveis, tais como China, Venezuela e a questão da eventual mudança da embaixada brasileira em Israel para Jerusalém. Vale notar que os dois generais são apenas os mais sêniores dos homens de farda que ocupam posições-chave no início novo governo. O papel dos militares no governo Bolsonaro está dado pela ocupação de altos cargos na administração pública federal — no momento de redação deste texto, militares de alta patente ocupam um terço dos ministérios.

Do ponto de vista intelectual e normativo, esses militares bebem da geopolítica brasileira, disciplina que, nos últimos sessenta anos, assistiu a uma intensa evolução, quando se observa a trajetória conceitual desde a publicação de *Geopolítica do Brasil* (1966), de Golbery do Couto e Silva, às reflexões da comunidade castrense sobre a Amazônia, estratégia marítima, defesa das fronteiras e operações de paz sob a égide das Nações Unidas. Esse grupo possui uma visão do sistema internacional que é essencialmente competitiva e se ressente da falta de recursos de poder militar do Brasil. Seu foco está na disputa por poder, prestígio e influência diante de um mundo que, instável, pode ser hostil. O tom, no entanto, não é o de guerras culturais ou choques de civilizações, mas de manobras diplomáticas cujo objetivo último tem de ser o aumento da capacidade brasileira de obter e desenvolver recursos de poder que permitam a sua defesa num cenário de rapinagem estrangeira contra os vastos recursos naturais que são marcas distintivas da posição do Brasil no sistema internacional.

O terceiro grupo é composto pela equipe do novo superministério da Economia, sob comando de Paulo Guedes. O papel de Guedes foi crucial durante o pleito eleitoral, pois sua presença na equipe do então candidato presidencial serviu como sinal para os agentes econômicos e, em decorrência disso, a um eleitorado já farto de amargar mais de quatro anos de recessão e taxas elevadas de desemprego e subemprego. A pauta básica de Guedes é um corte brusco no gasto do Estado como forma de restaurar a saúde fiscal das contas públicas, que chegam a 2019 em situação dramática, a ponto de suscitar suspeitas de uma violenta crise econômica e de um possível *shut down* do governo no cenário mais negativo. Além disso, Guedes pretende turbinar as reformas microeconômicas já realizadas durante o governo Temer para apresentar ao mundo um ambiente de negócios qualitativamente superior àquele visto por investidores estrangeiros em qualquer outro momento da Nova República. Na área externa, essa agenda possui três desdobramentos básicos: um programa ambicioso de privatizações e concessões, a reorientação do uso do BNDES como instrumento de política externa e um movimento de abertura comercial com vistas a aumentar dramaticamente a participação dos fluxos de comércio internacional na composição do PIB nacional. A matriz intelectual desse grupo é claramente liberal. As personagens centrais, além do próprio Guedes, são especialistas como Mansueto de Almeida (secretaria do Tesouro), Joaquim Levy (BNDES) e Marcos Troyjo (secretaria especial de Comércio Exterior e Assuntos Internacionais).

Não será fácil para Bolsonaro integrar esses três grupos na condução cotidiana da política exterior de seu governo. Afinal, trata-se de três visões fundamentalmente distintas, quando não opostas, de como funciona o sistema internacional e quais são suas implicações para os interesses brasileiros. A tendência do círculo íntimo do presidente a buscar alinhamento diplomático aos Estados Unidos poderá se chocar facilmente com a resistência de setores militares a aderir acriticamente à pauta de Washington e à necessidade absoluta que a equipe econômica terá de atrair investimentos chineses para o programa de privatizações. A inclinação do grupo militar por selar novos contratos na área da indústria de defesa — sobretudo no negócio da segurança por satélite e cibernética das regiões de fronteiras do Exército, o programa de submarinos da Marinha e o programa de lançadores da Aeronáutica — tende a colidir com os imperativos fiscais da equipe de economia. A intenção desta última de abrir comércio de modo célere, como forma de injetar vigor a um país cuja produtividade encontra-se estancada, tende a esbarrar com a influência que os grupos protecionistas com influência sobre o Estado brasileiro farão sobre toda a classe política, como é o caso das indústrias representadas no agora extinto Ministério da Indústria, Comércio Exterior e Serviços e das associações setoriais com ascendência sobre as bancadas estaduais no Senado Federal. A desconfiança do círculo íntimo do presidente em relação a organismos internacionais poderá ainda entrar em conflito com a percepção do Ministério da Economia de que, num sistema econômico global integrado, níveis elevados de regulação e normatização beneficiam países como o Brasil. Nesse sentido, o processo de entrada do Brasil à Organização para a Cooperação e o Desenvolvimento Econômico (OCDE) iniciado pelo governo Temer poderá ser um dos tantos campos de batalha entre os grupos com ascendência sobre a agenda externa do novo governo.

Em que pesem todas essas diferenças, no entanto, vale ressaltar aquilo que os três grupos possuem em comum: um rechaço inequívoco às teses da multipolaridade benigna e à retórica da diplomacia do PT. Embora cada um dos três grupos tente empurrar o país em direções distintas, com ênfases diferentes, o fato é que somarão forças para produzir uma verdadeira ruptura em relação ao passado, honrando as promessas que deram vitória a Bolsonaro no processo eleitoral.

EFEITOS DA RUPTURA

Não é preciso dizer que a ruptura diplomática prometida pelo presidente Bolsonaro afetará os mais diversos atores, dentro e fora do Brasil. No país, aqueles grupos de interesse vinculados à mudança para uma economia de baixo carbono e à pauta dos direitos humanos, da proteção das minorias e de políticas como a saúde pública tendem a ser os maiores perdedores. Caso a agenda de abertura comercial avance em que pese a força dos grupos protecionistas no Congresso Nacional, haverá setores industriais afetados negativamente pela política externa do novo governo. Sofrerão também aquelas empreiteiras que, no contexto de um BNDES reformado, podem perder acesso ao crédito subsidiado do passado recente.

Nesse processo haverá, no entanto, grandes ganhadores. Os agentes econômicos da fronteira agrícola que não sofrem efeito direto da violação das regras do Acordo de Paris tendem a obter ganhos de curto prazo, pois o novo governo promete fazer vista grossa ao desmatamento, que continua sendo rentável para setores da produção agrícola e do negócio do gado. Ganharão também as forças de segurança — Polícias Militares e Civis em todos os estados da federação — que, há tempos, reclamam do cerceamento crescente de normas internacionais de direitos humanos e sua lenta, porém constante, incorporação ao estamento jurídico brasileiro. Obterão proveitos também aquelas denominações religiosas que advogam em favor de pautas antiaborto, antiplanejamento familiar e contra alguns dos elementos centrais dos programas de saúde da família. Haverá ganho significativo também para a indústria de defesa, à medida que a segurança das fronteiras leve a grandes compras governamentais. E poderá, sem dúvida, beneficiar aqueles grupos empresariais no setor de infraestrutura que, adequando-se à mudança de ventos trazida pela entrada da operação Lava Jato ao centro do novo governo, possam utilizar suas novas políticas de *compliance* para pleitear recursos públicos para a internacionalização de suas operações.

No exterior, do grupo de países árabes aos vizinhos sul-americanos, os parceiros tradicionais do país sentirão os efeitos da reorientação da política externa brasileira. Mas nenhum parceiro sentirá mais o impacto do que a China. Durante os longos meses de campanha, Bolsonaro insistiu na tese de que "a China não quer comprar *no* Brasil, quer comprar *o* Brasil". Ao mesmo tempo, o candidato deu sinais constantes de sua intenção de alinhar a política externa brasileira aos Estados Unidos, por meio de numerosas deferências ao presidente Donald Trump. Tal mensagem foi repetida depois de encerradas as urnas. A tradução dessa ambição em política concreta ainda é incerta, mas pode vir a incluir restrições à participação da China em investimentos em setores sensíveis da economia brasileira, assim como algum tipo de trava comercial. Vale notar que o afastamento brasileiro da China não pode ser dado por líquido e certo. Os generais Mourão e Heleno deram declarações públicas durante o processo de transição no sentido de minimizar o sentimento anti-China que parece ganhar força em setores do novo governo. O argumento deles se baseia no fato de que a China é o maior parceiro comercial do Brasil e que, nesse intercâmbio, a balança comercial produz um polpudo superávit para o lado brasileiro (20 bilhões de dólares em 2019). Além disso, embora os investimentos chineses no país venham crescendo de modo acelerado, fato é que a China ainda ocupa a 13ª posição no ranking de investidores estrangeiros com posições no país.

Por fim, a ruptura proposta por Bolsonaro afetará em cheio o relacionamento Brasil-Estados Unidos. Nesse ponto, a equipe recém-eleita vem dando sinais constantes do compromisso com o alinhamento aos Estados Unidos em questões político-diplomáticas, além da expectativa de que o governo americano possa compensar eventuais perdas que o governo venha a ter no processo (por exemplo, diante de possíveis retaliações comerciais árabes contra a mudança da sede da embaixada do Brasil de Tel Aviv para Jerusalém).

Esta não será a primeira vez que um governo brasileiro busca alinhamento a Washington em troca de benefícios. A dinâmica já ocorreu em outros cinco momentos da história republicana: no regime inaugurado em 1889, durante o governo Vargas (1941), no início do governo de João Goulart (1961), com o marechal Castelo Branco (1964) e uma última tratativa da parte de Fernando Collor (1989). O processo de alinhamento é sempre complicado porque se trata de uma barganha pela qual o lado brasileiro faz concessões a interesses geopolíticos americanos e, em troca, a Casa Branca oferece bens palpáveis ao ocupante do Palácio do Planalto. Para além dos problemas de sinalização e percepção mútua típicos de qualquer barganha internacional, o alinhamento aos Estados Unidos é dificultado pelo fato de que a distribuição de custos e benefícios entre as partes tende a ser muito desigual. Muitas vezes, as dificuldades que o presidente brasileiro tem de atender termina levando o exercício a pique.

No caso de Jair Bolsonaro e Donald Trump, o tempo dirá quais os termos do alinhamento. O que já é líquido e certo é que Washington fará demandas em tópicos como Cuba, Venezuela e China. As demandas do lado brasileiro ainda não foram formalizadas, mas já se sabe que Bolsonaro espera alguma deferência do lado americano e, ainda, é plausível esperar que Brasília faça uma série de exigências na área de compras militares. O ponto central, entretanto, é que a trajetória futura dessa relação bilateral dependerá da capacidade de Bolsonaro de entregar as suas promessas. E, nesse ponto, fato é que mudanças de postura brasileira em Cuba, Venezuela e China podem até ser feitas, mas a um custo elevado para o país.

Em suma, este governo prometeu uma ruptura na área de política externa e, ao que tudo indica, entregará a guinada diplomática mais intensa de todo o ciclo da Nova República. A operação terá custos e benefícios para diferentes setores da sociedade brasileira, embora ainda seja impossível vislumbrar qual será o equilíbrio exato. No centro dessa transformação da posição do Brasil no mundo haverá três grupos do próprio governo com voz junto ao presidente e força para guiar as decisões de política externa do dia a dia: o círculo íntimo de Bolsonaro, os generais lotados no Palácio do Planalto e a equipe responsável pela condução da política econômica. Juntos, eles terão de operar as relações exteriores do Brasil em um ambiente global mais hostil, instável e competitivo do que aquele experimentado por governos passados.

MATIAS SPEKTOR é doutor pela Universidade de Oxford e professor associado da Escola de Relações Internacionais da FGV, em São Paulo.

O passado que não passou

Heloisa Murgel Starling

A história nunca se repete — mas, por vezes, toma emprestado ao passado. Também faz um jogo com o tempo: embaralha, ordena e reordena o fio da meada; põe um olho no que já aconteceu, mas mantém o outro aberto no presente. A confusa sensação de que ingredientes de eventos ocorridos no século XX estão de algum modo se reapresentando em pleno século XXI tem capturado a atenção dos historiadores; sobretudo nos dias que correm, quando nos deparamos com os sinais de que alguma coisa está fora dos eixos na democracia brasileira. Em 1964, um golpe militar encerrou o impasse nascido no confronto entre projetos distintos para o país — e a democracia desmoronou. É certo que não existe marcha a ré na história, mas é surpreendente o formato dessa crise que parece puxar a sociedade ao mesmo tempo para trás, emulando uma agenda anacrônica, e para a frente, já que não sabemos onde tudo isso vai dar. Nesse presente em que ecoam ruídos de acontecimentos do passado, é possível desfechar um ataque frontal contra a democracia brasileira? Ou estamos simplesmente olhando na direção errada? O que aconteceu em 1964, no Brasil?

Na madrugada de 31 de março de 1964, o general Olympio Mourão Filho, comandante da 4ª Região Militar, sediada em Juiz de Fora, Minas Gerais, atropelou a linha de frente da conspiração que pretendia derrubar o governo de João Goulart. Decidiu descer sozinho com sua tropa em direção ao Rio de Janeiro para tomar de assalto o Ministério da Guerra e depor o presidente da República. Era uma típica quartelada — o general Mourão tinha pressa, estava próximo da compulsória e procurava um atalho capaz de potencializar seu papel na chefia da conspiração. O governador de Minas, Magalhães Pinto, por sua vez, sonhava com a Presidência da República em 1965, sabia que tinha poucas chances de disputar a indicação do seu partido, a UDN, com Carlos Lacerda, e sustentou o plano de Mourão apostando aumentar o próprio cacife político: negociou secretamente o reconhecimento de Washington, planejava declarar Minas em secessão e oferecer aos conspiradores a base ideal para uma campanha militar fulminante. Deu tudo errado. Mourão acabou neutralizado pelas lideranças empresariais e militares que, de fato, iriam ocupar o poder e que rapidamente absorveram a quartelada em um golpe de Estado bem-sucedido — "em política, eu sou uma vaca fardada", concluiu desolado o general quando se deu conta do acontecido.

Enquanto isso, na base de Norfolk, na Virgínia, uma força-tarefa naval aguardava autorização para se movimentar em direção ao Brasil. Agrupava um porta-aviões de ataque pesado, o *Forrestal*, um porta-helicópteros, um posto de comando aerotransportado, seis contratorpedeiros — dois deles equipados com mísseis teleguiados —, 110 toneladas de armas e de munição, e quatro navios petroleiros bélicos carregados com 550 mil barris de combustível. A força-tarefa integrava a operação Brother Sam, um amplo plano de ação preparado secretamente em Washington com a cumplicidade de militares brasileiros para providências de apoio aos golpistas. Tinha previsão de zarpar a 1º de abril e orientação de se dividir em três ao atingir águas brasileiras: uma parte dos navios devia chegar ao porto de Santos, outra ao Rio de Janeiro e a terceira, a Carapebus, perto de Vitória, no Espírito Santo. Não havia opção de desembarque de tropas norte-americanas; a determinação era de apoio logístico, sobretudo caso houvesse resistência prolongada.

O levante mineiro assustou os conspiradores e precipitou os acontecimentos. O plano era outro: a movimentação de tropas teria início em São Paulo, ocorreria provavelmente na noite de 10 de abril e dependia da finalização da costura entre os principais comandos militares. Não dava mais tempo. Ainda na madrugada de 2 de abril, o presidente do Senado, Auro de Moura Andrade, convocou uma sessão conjunta secreta do Congresso Nacional e declarou vaga a Presidência da República. O presidente João Goulart estava em Porto Alegre, em território brasileiro — portanto, no pleno exercício de seus poderes —, e a decisão da mesa não tinha sustentação legal. Diante dos protestos veementes de diversos parlamentares, o senador Moura Andrade não titubeou: cortou o som, desligou as luzes do Congresso e consumou o golpe.

Cerca de uma semana depois, na tarde de 11 de abril de 1964, o Congresso Nacional se reuniu novamente para eleger o presidente da República. Os principais deputados do campo das esquerdas já não estavam lá: seus direitos políticos foram extintos por um período de dez anos e, na véspera, fora publicada a primeira lista com os nomes dos parlamentares cujos mandatos haviam sido "cassados", uma expressão pejorativa para nomear os atingidos — outras listas viriam em sequência, perfazendo quatrocentas cassações até março de 1967. O que sobrara do Congresso participou de uma eleição indireta em que só havia um candidato — o general Humberto de Alencar Castelo Branco. O voto era nominal e era preciso pronunciar de viva voz — apenas 72 deputados tiveram a coragem de se abster, entre eles, Tancredo Neves e San

Tiago Dantas. No final da tarde, o general foi eleito para completar o mandato de Jango. Castelo tomou posse menos de uma semana depois no plenário do Congresso Nacional, jurou defender a Constituição de 1946, prometeu entregar o cargo ao seu sucessor em 1965 e garantiu que as cassações estavam encerradas.

O general disse o que todo mundo queria ouvir, mas não cumpriu nada do que prometeu. Entre 30 de março e 11 de abril, o centro estratégico dos conspiradores, instalado no Instituto de Pesquisas e Estudos Sociais (IPES) e formado por um grupo de empresários do Rio de Janeiro e de São Paulo e por um punhado de oficiais de alta patente que orbitavam em torno da Escola Superior de Guerra (ESG), travou uma disputa surda nos bastidores para ter o domínio da máquina do Estado. Enquanto o mundo político pensava na eleição do próximo presidente e retificava um general para lidar com o cargo até lá, o IPES se concentrou em criar as circunstâncias capazes de transformar uma quartelada em golpe de Estado e um golpe de Estado em governo. Seu alvo prioritário era a estrutura de planejamento governamental e de definição de política econômica — com o imediato estabelecimento do Ministério do Planejamento e Coordenação Econômica —, além de duas outras áreas também consideradas estratégicas: os órgãos políticos de decisão executiva com alcance na Presidência da República e nos vários ministérios — a começar pela Casa Civil e a Casa Militar — e o controle das atividades de coleta de informações sobre questões de segurança interna que desaguaria na criação, em junho, do Serviço Nacional de Informações (SNI).

Nada disso lembrava as tentativas anteriores das Forças Armadas para intervir na política nacional e participar do poder por meio de golpes de Estado, todos malsucedidos — como aconteceu, por exemplo, em 1945, 1954, 1955 e 1961. A posse do general Castelo Branco era o prelúdio de uma completa mudança no sistema político, moldada através da colaboração ativa entre militares e setores civis interessados em implantar um projeto de modernização do país impulsionado pela industrialização e pelo crescimento econômico, e sustentado por um formato francamente ditatorial — vale dizer, por um governo que não é limitado constitucionalmente. Os golpistas vitoriosos sabiam que governar é ter o domínio da máquina do Estado, e a interferência foi profunda. Exigiu a configuração de um novo arcabouço jurídico, a implantação de um modelo de desenvolvimento econômico, a montagem de um aparato de informação e repressão política com ramificações em todo o Brasil e a utilização da censura como peça fundamental de desmobilização e supressão do dissenso. A área sensível do novo sistema político estava localizada no controle da Presidência da República pelas Forças Armadas.

Os militares assumiram o governo de forma inconstitucional, conferiram a si próprios poderes de exceção, revogaram esses poderes quando lhes pareceu conveniente e cinco generais do Exército se alternaram no comando do Executivo: Castelo Branco (1964-7); Costa e Silva (1967-9); Garrastazu Médici (1969-74); Ernesto Geisel (1974-9); João Figueiredo (1979-85) — além do curto período de mando de uma Junta Militar, composta pelos ministros do Exército, Marinha e Aeronáutica, entre agosto e outubro de 1969. A experiência democrática da Segunda República (1946-64) foi feita em pedaços, o governo dos militares iria durar 21 anos e o Brasil acabava de ingressar numa longa ditadura.

Meio século depois, neste que é, ainda, o mais extenso período de vigência da democracia no Brasil republicano, os historiadores descobriram perplexos que nem o golpe de 1964 nem a ditadura militar tinham se transformado em história; entre determinados setores da sociedade, não há sequer consenso de que ocorreu um golpe de Estado naquele período. Na realidade, e sem que ninguém se desse muita conta do que estava acontecendo, os historiadores esbarraram em algo semelhante a uma mutação: os anos 1964-85 ganharam novos contornos e se transformaram numa espécie de memória viva, conforme observou José Murilo de Carvalho; a narrativa do que aconteceu naquele período passou a ser alimentada não pelo relato dos fatos, mas por um punhado de versões mais ou menos fantasiosas, nas quais as pessoas escolhem aquela mais conveniente ou mais eficaz para seus propósitos. A postura mental que essa escolha representa, além do falatório e da disputa feroz que ela desencadeou, foi parar no centro do debate das eleições gerais de 2018.

E os fatos em tudo isso? Converteram-se em instrumento normativo de luta política e objeto de disputa por lideranças, movimentos organizados e partidos que compreendem a si mesmos como intérpretes fiéis dos acontecimentos daqueles anos. A disputa começou a adquirir visibilidade nas manifestações que explodiram nas ruas em 2013 e em cujas bordas fervia um imaginário conservador, regressivo ou escancaradamente reacionário, com disposição para adulterar fatos históricos e adequá-los à sua conveniência ideológica. Havia uma novidade ali. Ideários antagônicos circulavam no mesmo ambiente político; suscitavam pautas e estilos de mobilização que funcionavam como fator de repulsa e de atração e estavam se expandindo das margens para o centro do debate público no país. A partir de 2013, o empenho em fraudar a história para transformá-la em objeto de contestação e disputa política só fez crescer, e o leque temático passou a abrigar questões muito distintas umas das outras — isso inclui levantar dúvidas sobre qual foi a variante ideológica do Partido Nacional-Socialista dos Trabalhadores Alemães, o Partido Nazista, ou sobre a presença portuguesa no apresamento de escravizados na África; além, é claro, de uma controvérsia capaz de provocar discussões cada vez mais furiosas em torno de quem está enganando quem: afinal, ocorreu mesmo um golpe militar no Brasil, em 1964?

Fraudar fatos é uma boa maneira de se investir contra a democracia. Nas operações de método da história evidentemente cabem diversas modalidades reconstitutivas do passado que são fabricadas a partir de um artesanato próprio: interpretações, argumentos, versões, hipóteses. O problema é que essas modalidades podem ser adulteradas em algumas circunstâncias. Uma, quando o autor decide reprimir por deliberação própria no relato dos fatos interpretações ou informações que venham a incomodar o poder. A outra circunstância ocorre todas as vezes em que a atribuição de sentido à narrativa for decorrência de preferências ideológicas. O resultado é sempre o mesmo. Versões mais ou menos mistificadoras do passado brotam com rapidez surpreendente e servem de impulso para polarizações sectárias.

O principal problema da fraude, na história, não está, contudo, somente na atribuição de um sentido mitificador ou redutor à narrativa; está na veracidade ou não dos fatos que se relatam. Vale dizer, a fraude aparece quando há alteração daquilo que os historiadores chamam de verdade factual: a ostentação pública de fatos que não podem ser modificados pela vontade de quem ocupa o poder, nem podem ser demovidos a não ser por força de mentiras cabais — por essa razão, seu contrário não é o erro, nem a ilusão, nem a opinião, e sim a falsidade deliberada, a mentira. A história tem uma função estratégica para a nossa vida pública. Se a confiança na veracidade histórica for eliminada, as pessoas acreditam no que querem ou no mais conveniente; tudo se resume a uma questão de opinião e à melhor versão em curso — é o passado às avessas. É fácil entender o que esse problema significa para o funcionamento da democracia: quando as linhas divisórias ficam indistintas, deixa de existir uma base factual para se questionar o poder.

A mentira permite reescrever a história, e a democracia pode cair por corrosão porque ninguém mais sabe ao certo quais são os limites — ela é livre de fidelidade em relação a todo o conteúdo apresentado. Não há contas a prestar, não existe contraditório ou a necessidade de debater posições divergentes. A mentira também costuma se disfarçar por entre as dobras da democracia até as duas se tornarem notavelmente parecidas; enquanto isso, candidatos, parlamentares e partidos políticos negam, reescrevem e alteram uma mesma versão dos fatos. O procedimento no Brasil é anterior às eleições de 2018 e se repete após seu encerramento. O presidente eleito diz uma coisa, declara o seu contrário, pode até emplacar uma terceira versão em tudo oposta às outras duas. Conta com a complacência de pessoas que parecem simplesmente não acreditar em seus olhos e ouvidos.

Uma fraude pode ter sucesso ou tropeçar nas próprias pernas. Mas o que acontece quando sinalizadores do passado começam a piscar insistentemente na conjuntura contemporânea? Talvez seja essa a pergunta que melhor revela a perplexidade dos historiadores com os dias atuais. A entrega de um terço do novo ministério de Bolsonaro a generais reformados — algo pouco usual em democracias — ou as manifestações públicas recentes de oficiais, na ativa, de alto escalão do Exército, incluindo o comandante da Força, são sinais que evocam o ressurgimento da interferência dos militares na vida política do país. Contudo, isso não significa nem o retorno nem o rejuvenescimento da ditadura que deixamos para trás. A forma do que virá está em aberto — o tempo não é retilíneo, nele não existe lugar para a repetição e não há jeito de se governar a história.

No entanto, é possível especular. Existe algo no passado que não passou? Provavelmente, sim. O passado é mais extenso do que parece; alguns de seus pedaços podem se misturar de modo imprevisto, abrir caminho no tempo e se reapresentar no presente como qualquer coisa híbrida, ao mesmo tempo reconhecível e peculiar. Afinal, as velocidades das mudanças são distintas: determinados elementos — propósitos, ações, afetos, ideias, linguagens, culturas, constelações políticas de poder — configuram ou condicionam o acontecimento histórico e subsistem à sua irrepetibilidade. É certo que o tempo se move para a variedade, a heterogeneidade, o imprevisto; por essa razão, não é possível prever como irá acontecer no futuro. Mas podemos reconhecer ingredientes do passado que se misturam, se adaptam e se reapresentam numa mesma trama de significados, em diferentes conjunturas históricas e temporais.

Aquilo que deixamos para trás em 1964 pode se representar nos dias atuais para indicar como a democracia já foi subvertida no país pelo uso da força. Ou para apontar as vicissitudes do caminho da construção democrática brasileira. Não sabemos ainda se as consequências das eleições gerais de 2018 irão provocar alterações relevantes nesse caminho. Mas foram eleições disruptivas, sublinha Sérgio Abranches. Por dois motivos. Primeiro, interromperam a continuidade da vida política que organizou o governo e a oposição no Brasil desde a redemocratização em 1988, aceleraram o processo de hiperfragmentação dos partidos e ressaltaram a urgência do realinhamento partidário. Além disso, excluíram da Presidência da República os dois partidos que durante 24 anos monopolizaram a competição pelo Executivo — o resultado eleitoral de 2018 encerrou o ciclo PT-PSDB no comando do governo federal.

Os sinais de que esse ciclo caminhava para o fim surgiram nas eleições presidenciais de 2014. O Brasil tinha rachado no voto e quatro dias após o anúncio da reeleição de Dilma Rousseff o candidato Aécio Neves e o PSDB solicitaram ao Tribunal Superior Eleitoral uma auditoria formada por técnicos indicados pelos partidos políticos para fiscalização de todo o processo de votação e apuração; alegavam que havia dúvida sobre a lisura do resultado. Foi a primeira vez desde o fim da ditadura militar que um candidato derrotado tentou arrumar um jeito de vetar a maioria gerada nas urnas. Não é pouca coisa — indica o grau de compromisso com as regras do jogo democrático. Aceitar o resultado eleitoral não depende de ser ou não vitorioso na disputa, e sua recusa é sinal de instabilidade democrática. Sobretudo quando se repete — na campanha de 2018, Bolsonaro não deixou claro se aceitaria ou não o resultado da eleição em caso de derrota.

O ciclo PT-PSDB assegurou a estabilidade democrática na nossa Terceira República. O encerramento desse ciclo abriu um vazio político rapidamente preenchido por um candidato de extrema direita, desalinhou o sistema de partidos, transformou o Legislativo em agente de crise — e o país passou a flertar com o risco de inversão democrática. E então, sem estabilidade no centro, as extremidades se perfilaram e a polarização se instalou. A perda acelerada da qualidade das políticas públicas, a crise econômica, o aumento do desemprego, a contaminação generalizada dos partidos pela corrupção exacerbaram os ânimos da sociedade, enfraqueceram os partidos tradicionais e desaguaram, em 2018, em uma eleição agressiva e destrutivamente polarizada. Mas não foi a primeira vez que esse vazio político se abriu no país.

A combinação entre crise econômica, desigualdade, exclusão, desemprego e empobrecimento afeta a maioria da população. Aliada à incapacidade do Legislativo de articular soluções negociadas para manter a estabilidade política, traz perigo de fragilizar as instituições democráticas. E tem precedente. Em 1964, a crise econômica era grave, e o Legislativo foi tomado por um quadro de antagonismo intratável. A chave para estabilidade democrática estava no Partido Social Democrático (PSD), que contava com maior capilaridade nacional, lideranças expressivas e vigor eleitoral. No dia a dia do Congresso, o PSD atuava como seu centro político, atraindo e equilibrando as diferentes forças partidárias e combinando uma postura conservadora com largas doses de moderação e capacidade de negociação. Foi, até 1962, o fiador da estabilidade da República.

A partir de outubro de 1963, a instabilidade política e administrativa do governo de João Goulart ficou evidente. Havia paralisia decisória no Executivo, consequência da altíssima rotatividade ministerial, da ausência de sustentação de uma sólida maioria parlamentar e, é claro, da radicalização das forças políticas. A inflação anual bateu na marca de 78%, o crescimento econômico ficou em 1% ao ano e generalizou-se na população o sentimento de que o governo havia perdido o controle da situação econômica do país. Os credores internacionais bloquearam os créditos ao Brasil e o governo norte-americano despejava recursos diretamente nos estados em que governadores incubavam a ação de grupos golpistas — Minas Gerais, São Paulo e Guanabara.

No Legislativo, o ponto crítico se deu a partir de dezembro de 1963. O governo de Jango tinha uma agenda reformista, com viés distributivo de renda, e vocação socialmente inclusiva — as Reformas de Base. O presidente sabia que elas não poderiam ser nem tão moderadas quanto pretendia o PSD, nem tão radicais como reivindicavam as esquerdas. Os pessedistas, por outro lado, não eram ingênuos: contavam com maioria no Congresso para manter sob controle o ritmo e o rumo das reformas. "Para a esquerda não vou, não adianta me empurrar", diria, anos depois, Tancredo Neves, sublinhando que a radicalização política, venha de onde vier, tende a desestabilizar o centro e a favorecer posições conservadoras. As esquerdas, porém, sentiam-se fortalecidas especialmente após a vitória na Campanha da Legalidade, desdenhavam da moderação pessedista, concordavam que Jango deveria ser pressionado para explicitar onde estava sua lealdade, não viam motivo para fazer concessões e pretendiam criar novas oportunidades para a realização das reformas — de preferência, sem necessidade de apoio do Congresso. E a disputa seguiu seu curso sem encontrar limites e sem capacidade de se resolver dentro das regras democráticas.

Uma vez que a polarização se instala e os partidos abandonam a contenção política em favor da máxima vantagem partidária, as grades de proteção que sustentam a democracia vão se enfraquecendo dentro do Legislativo — aconteceu em 1964 e se reapresentou na conjuntura de 2018. A mistura explosiva entre o ambiente de crise econômica, a tensão social e as denúncias de corrupção praticadas pelos partidos políticos desorganizou completamente o equilíbrio PT-PSDB responsável por sustentar a estabilidade democrática a partir de 1988. Não foi diferente em 1964. O quadro econômico era grave, as finanças públicas estavam em pandarecos, a inflação em alta. E a campanha anticorrupção que de tempos em tempos retorna à cena pública nacional — foi deflagrada, em 1953, pela União Democrática Nacional (UDN) contra o segundo governo de Getúlio Vargas, em 1959 contra o governo de Juscelino Kubitschek e, em 1960, por Jânio Quadros, em sua campanha presidencial — abria novamente a boca para devorar o sistema político: as denúncias associadas aos parlamentares vinculados ao governo aumentavam a pressão sobre o Executivo, além de corroer sua credibilidade junto à sociedade. A coalizão de centro-esquerda PSD-PTB foi feita em frangalhos e a polarização se instalou: uma facção majoritária do PSD derivou para a oposição aberta; Jango, por sua vez, redirecionou suas opções para a esquerda.

O primeiro sinal inequívoco de que seu governo estava decidido a pagar para ver e iria partir para o embate com o Congresso Nacional surgiu no Comício da Central do Brasil, no Rio de Janeiro — cuidadosamente preparado para escancarar a união das esquerdas e o avanço dos trabalhadores ao lado do governo. Minutos antes de subir no palanque, Jango assinou dois decretos: o primeiro nacionalizava as refinarias de petróleo; o segundo desapropriava as propriedades consideradas improdutivas, de mais de quinhentos hectares, situadas às margens das rodovias e ferrovias federais. O Rio de Janeiro nunca assistira a um espetáculo como aquele, mas era só o começo: uma série de comícios estava programada para acontecer nas principais capitais do país, em cada um deles novos decretos seriam assinados e a sequência se encerraria no Primeiro de Maio, em São Paulo, com a mobilização esmagadora da população, obrigando o Congresso a aprovar as reformas de base ou, quem sabe, dispensando o presidente de governar com ele.

As duas conjunturas guardam semelhanças — a partir de um determinado ponto, a polarização não tem mais volta, o Legislativo perde a capacidade de viabilizar um centro político capaz de garantir o capital de estabilidade e governabilidade democrática e ocorre a exacerbação do conflito. Mas a analogia vai só até certo ponto. Em 1964, a ruptura política e institucional se consumou; ocorreu um golpe de Estado e a deposição do presidente constitucional. Em 2018, o cenário é instável, a democracia brasileira saiu dos trilhos, mas o futuro está em aberto. Existem razões para alarme, decerto: o discurso do candidato eleito é dúbio. E as instituições democráticas não se protegem sozinhas. Entretanto, não sabemos ainda se a erosão da democracia no Brasil é um processo inevitável ou mesmo irreversível.

As eleições de 2018 interromperam a estabilidade da vida política do país. Mas foram disruptivas também por um segundo motivo. A Presidência da República será ocupada por um candidato explicitamente comprometido com um ideário político de extrema direita, manejando uma agenda de valores ultraconservadora e tolerante com a violência sectária entre seus apoiadores. Nenhum outro candidato presidencial em condições reais de disputa na história republicana assumiu esse ideário — e a lista inclui Jânio Quadros e Fernando Collor de Mello. Por outro lado, a candidatura de Bolsonaro cerrou fileiras com um agregado de movimentos politicamente organizados à direita, com a ambição de criar, em curto prazo, um novo polo partidário. Desde 1937, com a dissolução da Ação Integralista Brasileira (AIB) pela ditadura do Estado Novo, não existiam no país movimentos de ultradireita com ampla capilaridade social e pretensão a se organizarem partidariamente.

Para a candidatura de Bolsonaro conseguir ancorar esses movimentos em uma identidade ideológica comum, ganhar coesão política e se esparramar pela sociedade, faltava encontrar um operador simbólico. E então um velho ingrediente do passado se reapresentou na cena contemporânea: o apelo ao anticomunismo. Não foi o único apelo de campanha que Bolsonaro tomou emprestado ao passado. Mas esse tinha sua eficácia comprovada. Afinal, derrotar o comunismo serviu de conduto para articular em uma retórica comum as diversas conspirações que fermentavam no meio militar, às vésperas do golpe que derrubou o governo João Goulart, em março de 1964.

O anticomunismo que assombra a imaginação da sociedade brasileira, porém, tem raízes mais fundas no passado. Sua origem provavelmente está na derrota da insurreição de 1935 — a frustrada tentativa da Aliança Nacional Libertadora de tomar o poder, pela via do levante militar armado em cidades como Natal, Recife e Rio de Janeiro. A combinação entre censura, repressão e propaganda desencadeada pelo governo de Getúlio Vargas produziu uma tempestade ideológica que associou a atuação dos comunistas ao escândalo do mal, infundiu terror no coração da população católica, ameaçou a respeitabilidade das classes média e alta, e consolidou um imaginário anticomunista que acompanharia como fantasmagoria a história política do país. Os levantes de 1935 converteram-se na "Intentona comunista" — termo que significa intento louco ou insensato — e deram origem a uma narrativa com fabulação de sobra: os oficiais legalistas do 3º Regimento de Infantaria teriam sido friamente assassinados pelos próprios companheiros comunistas enquanto dormiam; o levante em Natal foi seguido de saques, depredações, invasões de residências e estupros.

Em 1964, o imaginário anticomunista voltou a exibir sua força. No dia 19 de março, em São Paulo, uma multidão saiu da praça da República e marchou compacta até a praça da Sé carregando faixas, bandeiras e uma profusão de rosários — para salvar o Brasil de Jango, de Brizola e do comunismo, gritavam em coro. A Marcha da Família com Deus pela Liberdade teve o apoio explícito do governador do estado, Adhemar de Barros, e foi cuidadosamente preparada pelo IPES através das entidades que patrocinava, em especial, da União Cívica Feminina, um dos muitos grupos de mulheres organizadas pelo instituto em todo o país para fazer pressão política. Reuniu entre 500 mil e 800 mil pessoas e tinha dois propósitos principais: acentuar a fúria popular contra o comunismo e servir como um eloquente apelo da sociedade à intervenção das Forças Armadas. Entre 19 de março e 8 de junho de 1964, uma multidão marchou com Deus contra o comunismo que acreditavam infestar o governo de João Goulart — ou, após 31 de março, para comemorar a vitória do golpe que eliminou esse perigo — em pelo menos cinquenta cidades do país, incluindo capitais e cidades de pequeno ou médio porte.

Mas reinventar o anticomunismo nos dias de hoje acende a luz vermelha e pode ter um ônus pesado para a democracia. No Brasil atual, comunismo é, para dizer o mínimo, um anacronismo. Surpreendentemente, porém, o apelo repercutiu com força na sociedade, se projetou por todo lado e muita gente ficou em polvorosa. Por algumas razões. Uma, o anticomunismo é manipulado presentemente no país de modo a mobilizar diversos preconceitos de ordem moral e política em diferentes grupos sociais. Seu conteúdo é vazio: serve para nomear e desqualificar genérica e literalmente o opositor — independente de quem seja.

Existe outra razão. Enraizado no imaginário da sociedade há mais de oitenta anos e sem dar sinais de que esteja indo embora, o sentimento anticomunista desata no sujeito uma base própria de afetos: ressentimento, medo, rancor, raiva. As pessoas se comportam como se algo lhes tivesse sido roubado pelo progresso da inclusão social, acreditam que o país precisa ser regenerado por meio da violência eliminatória e se sentem ameaçadas em suas crenças ou demandas. Suspeita gera suspeita, e o anticomunismo se reproduz por conta própria; no limite, endossa a violência: os comunistas precisam ser expulsos das tocas em que escondem suas verdadeiras intenções, esbravejam hoje em dia os grupos de extrema direita.

Pode parecer uma história repleta de absurdos, mas é difícil desviar os olhos do que está acontecendo. As eleições de 2018 terminaram, o vencedor é exatamente o que parece, e ainda podemos nos perguntar se as aparências enganam. Algumas pessoas insistem em temer o comunismo, como se a Guerra Fria estivesse à espreita numa curva do tempo. Outras receiam pelo fim da própria democracia. A sociedade brasileira continua entrincheirada, marcada pela polarização, e isso traz consequências: eleva a voltagem do radicalismo, faz aflorar a intolerância que nega qualquer divergência e elimina o horizonte da igualdade. Como foi que chegamos até aqui?

Na realidade, existe mais um ingrediente de nosso passado que não passou. Em uma sociedade de raiz escravista como a brasileira, historicamente violenta e autoritária, ainda hoje terrivelmente desigual, o caminho para a construção democrática não tem sido apenas volátil; ele é tortuoso, marcado por linhas quebradas e por reentrâncias, feito com pontos altos de otimismo democrático e baixos de inversão antidemocrática. O Brasil se abriu ao século XXI na expectativa meio eufórica de haver enfim assentado sua experiência democrática — mas a democracia teve tempo de criar raízes em nossa sociedade? Ou elas cresceram pouco? Não sabemos. Contudo, nossa vantagem é essa. Não conhecemos de antemão onde a história vai dar — o futuro é uma questão em aberto. O golpe de 1964 pertence ao passado. E a história não chegou ao fim. Talvez seja uma boa hora para começarmos a refletir sobre o passado que não passou. Qual destino nós queremos dar à democracia no Brasil?

HELOISA MURGEL STARLING é historiadora e cientista política. É professora titular-livre da Universidade Federal de Minas Gerais (UFMG). Seu livro mais recente é *Ser republicano no Brasil Colônia* (Companhia das Letras, 2018).

REFERÊNCIAS BIBLIOGRÁFICAS

ABRANCHES, Sérgio. "As eleições de 2018: Polarização radicalizada e ruptura eleitoral". Rio de Janeiro, 2018 (mimeo).
_____. *Presidencialismo de coalizão: Raízes e evolução do modelo político brasileiro*. São Paulo: Companhia das Letras, 2018.
ALONSO, Angela. "Protestos em São Paulo de Dilma a Temer". In: BOTELHO, André; STARLING, Heloisa Murgel (Orgs.). *República e democracia: Impasses no Brasil contemporâneo*. Belo Horizonte: Ed. UFMG, 2017.
ARENDT, Hannah. "Verdade e política". In: _____. *Entre o passado e o futuro*. São Paulo: Perspectiva, 1988.
AVRITZER, Leonardo. "O pêndulo da democracia no Brasil: Uma análise da crise 2013-2018". *Novos Estudos Cebrap*, São Paulo, v. 37, n. 2, pp. 273-89, maio-ago. 2018.
CARVALHO, José Murilo de. "Agir de acordo com o que foi dito na campanha seria burro e suicida". *Valor Econômico*, 9 nov. 2018.
_____. "Eleição de Bolsonaro é teste de fogo para nossa democracia, diz historiador". *Folha de S.Paulo*, 30 out. 2018, p. A-12.
KOSELLECK, Reinhart. *Futuro passado: Contribuição à semântica dos tempos históricos*. Rio de Janeiro: Contraponto; PUC-Rio, 2006.
_____. *Estratos do tempo: Estudos sobre história*. Rio de Janeiro: Contraponto; PUC-Rio, 2014.

LEVITSKY, Steven; ZIBLATT, Daniel. *Como as democracias morrem*. Rio de Janeiro: Zahar, 2018.

MONTEFIORI, Simon Sebag. "Epílogo: Tsares vermelhos, tsares brancos". In: _____. *Os Románov (1613-1918)*. São Paulo: Companhia das Letras, 2016. (Devo a Marcela Ellian a sugestão desse livro e do modo como o autor aborda as relações da história com o passado.)

MOURÃO FILHO, Olympio. *Memórias: A verdade de um revolucionário*. Porto Alegre: L&PM, 1978.

REIS, Daniel Aarão. *Ditadura e democracia no Brasil: Do golpe de 1964 à Constituição de 1988*. Rio de Janeiro: Zahar, 2014.

ROSSI, Paolo. *O passado, a memória, o esquecimento: Seis ensaios da história das ideias*. São Paulo: Ed. Unesp, 2010.

RUNCIMAN, David. *Como a democracia chega ao fim*. São Paulo: Todavia, 2018.

SCHWARCZ, Lilia M.; STARLING, Heloisa M. *Brasil: Uma biografia*. São Paulo: Companhia das Letras, 2015.

STARLING, Heloisa Murgel. *Os senhores das Gerais: Os novos inconfidentes e o golpe de 1964*. Petrópolis: Vozes, 1986.

Sismografia de um terremoto eleitoral

André Singer
Gustavo Venturi

A vitória do ultradireitista Jair Messias Bolsonaro na disputa pela Presidência da República — um terremoto eleitoral de consequências ainda incertas — suscita muitas interrogações, relativas à compreensão do que levou a tal desfecho. Especula-se, também, a respeito das implicações decorrentes, sobretudo em termos de mudança das escolhas e tendências ideológicas do eleitorado brasileiro. Tendo em vista as posições extremadas do ganhador, projetam-se escolhas semelhantes sobre os que votaram nele. Mas será que o sucesso do capitão reformado e deputado federal — ao longo de sua trajetória um defensor contumaz da ditadura militar — teria ocorrido por ele encarnar a liderança estável de uma nova maioria? Ou terá ocorrido um fenômeno mais próximo da superfície?

As perguntas proliferam. Depois de levar um partido do campo da esquerda ao Planalto em quatro eleições sucessivas, o eleitorado se reconfigurou, com uma guinada extrema à direita? O fato de o vitorioso ter se filiado seis meses antes do pleito ao então pequeno Partido Social Liberal (PSL), desbancando as agremiações tradicionais, significa a reestruturação do sistema partidário? Que papel restará às siglas que protagonizaram as disputas presidenciais nos últimos 24 anos — vencendo-as, como PSDB e PT, ou no papel de aliados de peso, como (P)MDB, PFL/DEM, PDT, PTB e PSB? Qual terá sido a relevância, por sua vez, de fatores de curto prazo, como foi o caso da facada que atingiu o então candidato às vésperas do Sete de Setembro? Este texto, pensado e redigido poucas semanas depois do acontecimento que tenta entender, busca apenas lançar alguns elementos para a construção de futuras respostas. Não tem a pretensão de apresentar um quadro interpretativo completo.

A CONJUNTURA DA PRÉ-CAMPANHA

Ao comentarem os resultados finais, com 55% dos votos válidos para Bolsonaro e 45% para Fernando Haddad (PT), alguns recorreram ao conceito de "eleição crítica". Jairo Nicolau, professor da Universidade Federal do Rio de Janeiro (UFRJ), mencionou ter se tratado de "uma disputa que desestrutura o padrão de competição vigente".[1] Marcus André Melo, da Universidade Federal de Pernambuco (UFPE), foi mais longe, avaliando que o resultado "inaugura um novo sistema partidário".[2] De acordo com o cientista político Antônio Lavareda, a noção de "eleições críticas", formulada originalmente nos Estados Unidos em meados da década de 1950, procurava designar embates caracterizados por três fatores. O primeiro seria a mudança da divisão "normal" de votos entre os partidos. O segundo consistiria em uma elevação dos níveis de "envolvimento e participação do eleitorado". Por último, e esta seria a "característica central", haveria a durabilidade de um "novo alinhamento", com a formação de agrupamentos estáveis.[3] Ainda que qualquer avaliação mais sólida só venha a ocorrer ao longo do tempo, vale a pena verificar em que medida os elementos disponíveis quando este artigo é escrito (entre novembro e dezembro de 2018) indicam a presença dos três fatores.

Quanto à divisão "normal" dos votos, os números agregados que emergiram das urnas mostram que o PSDB, um dos protagonistas principais no alinhamento anterior, foi reduzido a ator coadjuvante em 2018. Primeiro ou segundo colocado nos sete certames presidenciais ocorridos entre 1994 e 2014 (primeiro e segundo turnos), desta vez o tucanato caiu já na volta inicial, despencando dos galhos altos para um humilde quarto posto, atrás do PSL, do PT e do PDT.

O PSDB, no entanto, parece ter sido fortemente prejudicado por fatores conjunturais. De uma parte, sofreu pela adesão ao bloco governativo sob o comando de Michel Temer (MDB) desde o impeachment de Dilma Rousseff em 2016. Tal vínculo lhe rendeu uma dupla associação: com a crise econômica e com a corrupção, que se tornam marcas do desprestigiado mandato de Temer.

Em 2018, o candidato Geraldo Alckmin, que havia chegado a 41,6% dos votos válidos doze anos antes, terminou o primeiro turno com apenas 4,8% destes. Foi exatamente no vácuo deixado pelo pessedebismo que cresceu a improvável figura que acabou empalmando a Presidência. Até então, além das vitórias de Fernando Henrique Cardoso sobre Lula já no primeiro turno em 1994 e 1998, nos segundos turnos seguintes os tucanos haviam chegado, com José Serra, a 38,7% em 2002 (contra Lula), a 44% em 2010 (contra Dilma), e a 48,4% em 2014, com Aécio Neves (contra Dilma).

Bolsonaro começou a se projetar no cenário político quando a base societária do PSDB transitou de uma oposição racional ao lulismo para a postura fanática que se gestou no bojo da movimentação pelo impedimento de Dilma. Embora o PSDB tenha se tornado palco para diferentes compreensões do processo, não houve um trânsito do conjunto do partido para atitudes extremistas. Em novembro de 2014, por exemplo, a bandeira do impeachment era considerada tão radical que o ex-chefe de gabinete da Presidência de Fernando Henrique Cardoso, Xico Graziano, declarou ser uma divisa "antidemocrática", que nada tinha a ver com o PSDB: "Militantes da direita exigem que nós, os social-democratas, encampemos sua ideologia, o que seria um absurdo".[4] Embora mais tarde as posturas tucanas tenham se alterado na direção do apoio ao golpe parlamentar, as hesitações da sigla sempre a distanciaram do núcleo mais radical que se expressava nas ruas.

A hipótese aqui considerada é que a oscilação da classe média em direção a Bolsonaro pode ter correspondido a uma reação tópica da base pessedebista. À medida que a onda em favor da derrubada da ex-presidente crescia, a intenção de voto em Bolsonaro se expandia de nichos ultraminoritários, em que segmentos meio amalucados vociferavam pela volta dos militares, para áreas mais amplas da classe média. Uma vez que o PSDB hesitava em assumir o comando efetivo do golpismo, é plausível imaginar que parte dos seus eleitores tenha se identificado com aquele que empunhava a bandeira de modo irrestrito.

Em abril de 2016, às vésperas da votação pelo impeachment na Câmara, segundo o Datafolha, embora com apenas 8% das intenções de voto na média nacional, o ultradireitista já liderava a disputa na elite do eleitorado (os cerca de 4% com renda familiar mensal acima de dez salários mínimos [SM]). Na ocasião, Bolsonaro tinha ali nada menos que 23% das preferências, contra 13% de Lula, 11% de Marina e apenas 10% de Alckmin. Obtinha, também, 15% na camada entre cinco e dez SM (cerca de 9% do eleitorado), atrás de Marina (20%), mas à frente de Lula e de Alckmin (ambos com 12%). Entre jovens do sexo masculino alcançava 12% e nas alas de ensino superior obtinha 15%.[5]

Veremos abaixo o que Bolsonaro prometeu para ganhar tantos corações e mentes. Por ora, trata-se de assinalar que, visto *à vol d'oiseau*, o seu crescimento esteve relacionado com a crise do impeachment. Pouco a pouco, como pedra jogada no lago, o raio do bolsonarismo foi se estendendo para segmentos de menor renda, até alcançar 36% do total das intenções de voto às vésperas do primeiro turno de 2018. Então, o ex-capitão não só se consolidara entre os mais ricos (55%) e no setor intermediário superior, com 51% no grupo de cinco a dez sm, como tinha granjeado ampla aceitação (41%) no numeroso segmento intermediário inferior (dois a cinco sm), correspondente a mais de um terço do eleitorado. Apenas na faixa dos mais pobres (até dois sm), majoritária e correspondente a quase metade do eleitorado nacional, é que o segundo colocado, Fernando Haddad, ficava na dianteira, obtendo 29% contra 25% do favorito. Assim como no Nordeste, onde o petista liderava com 36% contra 22% do ex-capitão.[6]

As mesmas exceções se mantiveram no segundo turno, com Haddad chegando ao final à frente no segmento de menor renda (49% a 35%) e no Nordeste (59% a 29%). Foi, portanto, a capacidade de reter o voto entre os mais pobres e o acentuado prestígio de Lula no Nordeste que garantiram ao representante do PT passar para o segundo turno (ou mesmo que houvesse segundo turno). Permitiram, também, uma votação expressiva em 28 de outubro. Em consequência, apesar da derrota, os números apontam que o lulismo saiu vivo da eleição de 2018.

Dois fatores não garantem a estabilidade das opções tomadas em 2018 (a terceira, e decisiva, condição de uma eleição crítica). De um lado, o presumível caráter conjuntural da perda de votos do PSDB para a extrema direita. Não é possível aferir se o montante de votos angariado por Bolsonaro se manterá, deslocando em definitivo o suporte socioeleitoral com que contou o PSDB até 2014. De outro, a lealdade lulista entre os pobres relativiza o abalo da eleição sobre o conjunto do sistema partidário. Vale lembrar que, comparadas as votações obtidas no segundo turno, a diferença entre Dilma, em 2014, e Haddad, em 2018, foi de apenas sete pontos percentuais.

Mais chamativa, no entanto, foi a diferença de treze pontos a menos que separa o primeiro turno de Haddad e de Dilma.

Outro ponto importante é que não ocorreu um aumento da participação do eleitorado, outra característica da eleição crítica. A soma dos votos nulos e brancos (8,8%) no primeiro turno esteve próxima da observada em 2006, 2010 e 2014. A taxa de abstenção (20,3%) do mesmo período ficou na média verificada nas eleições anteriores, oscilante entre 17% e 22%, exceção apenas para o ano de 1989, que foi de 12% — em um pleito duplamente atípico, pois foi o primeiro presidencial em 27 anos, e foi isolado, sem votação para quaisquer outros cargos.

Há indícios, contudo, de que a *intensidade* de envolvimento da população aumentou bastante. Os relatos de desavenças sérias entre familiares e círculos de amizade proliferaram de maneira inédita, tanto às vésperas do primeiro turno quanto do segundo. É provável que a polarização verificada nos mais diversos meios tenha correspondido, justamente, ao apagamento do centro, expresso também no esvaziamento gradual de Marina Silva, iniciado tão logo começou a campanha na TV e no rádio. À medida que Haddad foi se tornando conhecido como o candidato de Lula, atraiu boa parte dos votos da candidata da Rede Sustentabilidade. De maneira complementar, mas não menos importante, em 6 de setembro o atentado contra Bolsonaro estancou — de modo irreversível, como logo se veria — o possível crescimento de Alckmin, que se insinuara, fruto de ataques diretos que vinha fazendo a Bolsonaro. Polarizada, a eleição provocou uma importante mobilização do eleitorado.

CAMPANHA DIFERENTE

Como explicar o deslocamento dos estratos de renda intermediária e, ao final, também de eleitores de baixa renda, do centro ou talvez lulistas menos convictos para um candidato do baixo clero parlamentar, sem trajetória de defesa dos direitos dos trabalhadores, conservador no campo dos costumes e com discurso ideológico de extrema direita? A absorção dos sufrágios por alguém tão singular poderia indicar um aspecto "crítico" da eleição de 2018, de algum modo atingindo também o campo lulista, se significar uma rejeição sólida ao sistema partidário anterior. Convém lembrar, contudo, que a rejeição ao próprio Bolsonaro era alta — o que induziu muitos analistas a erro. Em meados de setembro, por exemplo, o experiente pesquisador Alberto Carlos Almeida vaticinava que "em razão da maior rejeição de Bolsonaro", o partido de Lula tinha mais chances de vencer a eleição presidencial.[7]

Ocorre, entretanto, que o "dado" de que Bolsonaro era o mais rejeitado constituía um efeito enviesado de como o Datafolha e o Ibope realizavam a pesquisa. Ao solicitar aos entrevistados que indicassem a quem rejeitavam em resposta que trazia a lista de candidatos, a técnica media uma rejeição relativa, perdendo a absoluta. Pesquisas que, em contraste, mensuravam a taxa de rejeição de cada candidato, em contraposição ao seu potencial de voto, perguntados um a um, mostravam outra realidade.

No Datafolha, Bolsonaro liderou a rejeição desde o final de agosto (39% em 20-21 de agosto, contra 21% do petista)[8] e Haddad só o alcançou próximo ao dia 7 de outubro, quando mais de 90% do eleitorado sabia que ele era o candidato de Lula (41% em 5-6 de outubro, contra 44% do ex-capitão).[9] Já nas pesquisas FSB-BTG, por exemplo, Bolsonaro e Haddad atravessaram todo o período empatados em alto patamar de rejeição: respectivamente, 49% e 51% (25-26 de agosto),[10] e 49% e 50% em 29-30 de setembro.[11]

A paridade da alta rejeição de ambos explica por que, nos bastidores das respectivas campanhas, avaliava-se que eram os adversários reciprocamente preferidos. Como candidato do PT e de Lula, Haddad concentrava os atributos mais explícitos para galvanizar contra si os eleitores ao centro ou indecisos que, embalados pelo antipetismo, estariam dispostos a relevar os arroubos radicais de Bolsonaro, aderindo à sua pregação antiesquerdista. De maneira semelhante, conhecido por reiteradas declarações homofóbicas, racistas, misóginas e de enaltecimento a torturadores, Bolsonaro carregaria a pecha de fascista, capaz de trazer a Haddad desde os votos de ex-petistas à esquerda, indecisos de centro e até de uma direita democrática e esclarecida em termos de costumes, disposta a aceitar algum grau de esquerdismo diante da alternativa autoritária.

Aparentemente ratificando a razoabilidade dessa lógica, vários levantamentos ao longo do primeiro turno mostravam, nas simulações de segundo turno, empate técnico entre o petista e o capitão reformado. Sendo ambos polêmicos, as chances de vitória de um seriam maiores justamente diante do outro — expectativa que tenderia a desaparecer caso candidatos como Ciro, Alckmin ou Marina, mais ao centro, estivessem no segundo turno.

Porém, Bolsonaro voltou a crescer na última semana antes do primeiro turno, quando se acreditava que ele tinha atingido o teto. Abertas as urnas, obteve 46% dos votos válidos, contra 29,3% de Haddad — diferença próxima da que várias pesquisas de última hora tinham captado. E desde os levantamentos iniciais do segundo turno, Bolsonaro confirmou uma vantagem sobre o petista da ordem de vinte pontos percentuais. Só na última semana antes da eleição, a vantagem diminuiu para cerca de dez pontos, diferença confirmada em 28 de outubro.

Ainda que a fixação de relações de causalidade necessite de indicadores comprobatórios — cuja elaboração demandaria dados de que não dispomos —, cabe novamente ressaltar três fatores de curto prazo, cujo impacto merece ser levado em conta. Foram eles: a complicada substituição de um candidato (Lula), quase em cima do primeiro turno, que tinha 39% das intenções de voto; o atentado contra Bolsonaro; e a utilização irregular do WhatsApp por parte da campanha vitoriosa.

A opção estratégica de Lula, condenado pelo TRF4 em janeiro e preso desde abril, por esticar a própria postulação até 11 de setembro (data em que Fernando Haddad o substituiu) gerou dúvida sobre quem seria o real candidato do PT. Em 1º de setembro houve a confirmação pelo TSE da inelegibilidade de Lula — até então à frente nas pesquisas em todos os cenários da disputa. Mas o ex-presidente ainda esperou dez dias para anunciar o substituto, o que pode ter confundido parcela do seu eleitorado, ajudando a explicar por que Haddad teve, no primeiro turno, dez pontos percentuais a menos do que Lula pontuava em 22 de agosto, de acordo com pesquisa Datafolha.

É plausível imaginar que uma parte dos lulistas não quis correr o risco de repetir o fenômeno Dilma, indicada por Lula e marcada pelo estigma do estelionato eleitoral em 2015. Outra parcela talvez tenha decidido migrar para candidaturas adjacentes — até então Marina Silva e Ciro Gomes eram as opções preferenciais, conforme simulação de diversos levantamentos. Talvez não votar tenha sido uma escolha de alguns, embalados pela campanha de que "eleição sem Lula" seria "fraude". Em suma, convém, no futuro, examinar a hipótese de que os dilemas gerados pela forma e pela demora do PT em definir Haddad como substituto de Lula tenham gerado efeitos que explicam por que a votação do partido no primeiro turno tenha ficado tão abaixo da média entre 2002 e 2014 (46%). Por fim, cabe mencionar o que porventura talvez tenha sido o elemento principal: a própria impossibilidade de Lula concorrer, em uma circunstância na qual as vicissitudes do segundo mandato de Dilma reforçavam a ideia de que só a capacidade individual de Lula seria capaz de lidar com a complicada situação nacional.

Quando a polêmica em torno da impossibilidade de Lula concorrer ainda era o tema dominante nas mídias e nas redes sociais, o atentado sofrido por Bolsonaro em 6 de setembro o colocou em enorme evidência. Como ressaltado por diversos observadores, o episódio o tornaria conhecido na posição de vítima, quiçá influenciando segmentos que não tinham muitas informações sobre o deputado. Ao mesmo tempo, a facada o protegeu dos ataques que começava a sofrer no horário eleitoral. De quebra, recolhido a um hospital, Bolsonaro se desobrigou de discutir os itens da agenda, minimizando o risco de expor eventuais fragilidades pessoais e programáticas e de se submeter ao contraditório nas sabatinas com a imprensa e nos debates entre candidatos.

Por fim, conforme reportagem da *Folha de S.Paulo*, a equipe do futuro presidente teria contratado serviços de impulsionamento de mensagens em larga escala no WhatsApp.[12] Tal expediente, viabilizado, segundo a mesma reportagem, com recursos doados por empresas privadas, prática vedada pela legislação, teria se intensificado na reta final do primeiro turno, com a difusão de conteúdos alarmantes, abordando temas comportamentais sensíveis ao conservadorismo. É razoável admitir que tais ações tenham contribuído para expandir e consolidar Bolsonaro nas camadas de baixa renda, sobretudo de extração evangélica, cuja simpatia pelo capitão, no entanto, já era visível desde antes.

Em particular, o inesperado crescimento das intenções de voto no ex-militar entre o eleitorado popular feminino — paradoxalmente logo em seguida à difusão da campanha #EleNão, a maior mobilização das eleições de 2018, uma semana antes do primeiro turno — parece ter sido fruto de operações de envio massivo de fake news nas redes sociais. Sabe-se que as manifestações decorrentes da campanha #EleNão, protagonizadas sobretudo por mulheres, de forma plural a suprapartidária — quando milhões de pessoas foram às ruas em dezenas de cidades para repudiar as posições ultradireitistas de Bolsonaro —, acabaram sucedidas pela circulação de vídeos com montagens de cenas escatológicas e de nudismo, potencialmente ofensivas, falsamente captadas nos atos de inspiração democrática e feminista.

A EXPECTATIVA DOS INDECISOS

Mas não foram apenas fatores circunstanciais que explicaram a migração de votos que levou o candidato do PSL à vitória. Se, como sugerido pelo diretor do Datafolha, Mauro Paulino, já em maio o eleitorado estava dividido entre aqueles que desejavam votar em Lula (30%), os que optavam pelo antilulismo (30%) e eleitores-pêndulo (40%),[13] é provável que razões de médio prazo também tenham contribuído para que uma parcela decisiva dos indecisos optasse pela extrema direita.

Um estudo exploratório realizado no curso de graduação em ciências sociais da USP, em que pese suas limitações e fragilidades,[14] permite especularmos sobre a influência nos resultados de 28 de outubro de conteúdos ligados ao quadro político. As respostas espontâneas à pergunta (aberta) sobre as razões de querer sufragar o ex-capitão, colhidas antes do início oficial das campanhas (predominantemente entre 19 de maio e 16 de junho)[15] são sugestivas. Naquele momento, com 11% das intenções de voto na capital paulista, Bolsonaro apresentava um perfil eleitoral semelhante ao observado no plano nacional: forte predominância masculina (dois terços) e presença maior do segmento com renda familiar mais alta, acima de cinco salários mínimos (33%, contra 26% no restante do eleitorado paulistano). As justificativas dos seus 78 apoiadores presentes na amostra indicaram existir um conjunto diversificado de motivações para o #EleSim. Ao menos seis tipos de razões de voto foram alegados, cada um por entre um terço e um quinto de seus eleitores. Seja alternativamente ou de modo combinado, Bolsonaro foi preferido (de modo decrescente) por: a) representar a mudança; b) identidade com as ideias ou propostas do capitão reformado; c) carisma; d) expectativa de enfrentar a insegurança pública; e) ser ou ter sido militar; f) combate à corrupção.

A ideia de mudança representa, nessa classificação, desde expectativas radicais genéricas ("para mudar o Brasil de vez") até apostas de risco ("votar para ver no que dá" ou "dar uma chance para o novo"). Engloba, igualmente, expressões como "precisa endireitar o Brasil", "por ordem, respeito", "mudar o que tem de errado" ou ainda a busca de "outra política" e "menos politicagem". Todas essas menções dão conta de que o candidato teve êxito em se posicionar como "outsider", capaz de promover uma transformação por não pertencer ao "sistema".

Como Bolsonaro pouco expôs planos de governo, pode-se inferir que a identificação com suas propostas se deu, sobretudo, em relação a declarações que fez ao longo do tempo. Autor de frases polêmicas, suas falas eram muitas vezes difundidas pelos adversários, na tentativa de criticá-lo. Com efeito, as respostas identificatórias referiam, vagamente, "coisas que ele apoia" ou "pelo que ele propõe". Mas havia, também, referências a "sua ideologia política", ao fato de ser "patriota" ou, ainda, menções pontuais a programas que teria para educação, saúde e geração de emprego.

O apelo ao carisma transparece em justificativas do tipo "é convincente", "tem atitude" e "o que fala é verdade". Outras declarações ressaltam sua capacidade de comunicação: ser "direto, claro nas propostas", ser "simples", ou ainda referentes a uma percepção de competência, como "sabe fazer", "mais preparado, tem mais conteúdo" e "tem boa experiência". A questão da segurança pública aparece tanto em expectativas gerais, como "vai combater a violência", quanto em referências específicas, como ser favorável ao "porte legal de armas" ou à "castração química de estupradores". Em relação ao tema da corrupção, os motivos oscilam de "vai matar os corruptos", "vai combater a roubalheira", "é ficha limpa" a "tem menos escândalos" e "é menos corrupto".

Por fim, os entrevistados que remetem à trajetória ou à formação como militar veem nessa característica uma garantia. Vão de singelos "militar não é corrupto", "é militar, vai combater a bandidagem", "talvez um militar possa mudar", a posturas que revelam viés autoritário: "na ditadura não era essa pouca-vergonha", "é ditador, é militarista", "extremismo é a solução".

O tamanho reduzido da amostra não permite uma segmentação segura das motivações por grupos de renda, nem recomenda sua quantificação e percentualização, sob o risco de interpretações que se deixem levar pela exatidão aparente dos números, porém sem significância ou confiabilidade estatística. Um olhar qualitativo do recorte, no entanto, sugere que, ao comparar eleitores de menor renda familiar (até três salários mínimos) com os de maior renda (acima de três SM), a expectativa de mudança tem grandeza comum a ambos; a demanda por segurança pública e o carisma se destacam entre as motivações dos mais pobres, seguindo-se a identidade com propostas; já entre os bolsonaristas com renda mais alta (superior a três SM), a identidade com propostas sai à frente, seguida pelo perfil militar e pelo combate à corrupção.

Em suma, os dados sugerem que, além de diversa, a motivação para o voto em Bolsonaro pode ter diferido substancialmente a depender da classe social dos seus eleitores. Nos segmentos de renda mais alta, uma parte estava, desde antes, ideologicamente identificada com o caráter autoritário e antiesquerda, nunca ocultado pelo ex-militar; outra parcela parece ter focado mais no poder concentrado (conotado pela condição militar) para desbaratar a corrupção. Já os mais pobres, que, como vimos, aderiram de modo mais significativo a Bolsonaro quando a campanha já estava avançada, além de ansiarem por transformações em geral, o teriam feito, sobretudo, em busca de uma política de segurança, e confiantes na sinceridade e pretensa competência daquele que se propôs a combater a criminalidade que tanto os vitima.

Em outras palavras, observadas as razões de voto que trazem componentes de médio prazo, nota-se que a inclinação por medidas de corte antidemocrático (próprias da extrema direita) para o voto em Bolsonaro esteve concentrada na renda superior. No patamar inferior, contudo, o problema da criminalidade era o conteúdo encontradiço. Caso tais observações sejam confirmadas por outras pesquisas, ficaria desconfirmada a impressão de que a maioria dos que escolheram o candidato vitorioso partilharia de posições extremistas.

CONCLUSÃO

A vitória de Bolsonaro contou com importantes elementos conjunturais. Desde o seu crescimento, no bojo do movimento pelo impeachment de Dilma, até a consagração nas urnas, houve fatores de curto prazo cuja permanência é duvidosa. Partindo desse ponto de vista, essa primeira sismografia tende a relativizar a hipótese de que tenha ocorrido, em 2018, uma virada extremista do eleitorado popular.

Mas houve, também, fatores de médio prazo que influíram na escolha pelo capitão reformado. Para vencer, Bolsonaro seduziu frações oscilantes de camadas intermediárias e populares por diferentes caminhos. Atraiu os eleitores de maior renda por meio da identidade com o combate à corrupção e pela reafirmação da autoridade, em boa medida traduzidas no antipetismo que o candidato personificou como nenhum outro. Por outro lado, convenceu os de menor renda pelas promessas de segurança e pela atitude pessoal, tomada como sincera.

Por meio de mensagens diferentes, acabou convencendo amplas parcelas do eleitorado de que era preferível arriscar uma transformação com ele do que dar uma nova chance a um indicado de Lula, cuja impossibilidade de concorrer foi decisiva.

O desejo de mudança, diante de uma recessão e da crise econômica que se arrastam desde 2015, bem como a demanda por uma política de segurança efetiva, não constitui adesão a ideários de ultradireita. Mesmo que várias propostas de Bolsonaro para enfrentar esses problemas possam ser caracterizadas como extremistas, para boa parte do eleitorado, sobretudo a mais popular, a opção não é pelos meios, mas pelos fins.

A consolidação da liderança de Bolsonaro dependerá do sucesso que tiver em promover a volta do crescimento, com a geração de emprego e de renda, e a contenção da violência criminal. Caso isso aconteça, o que até o momento foi um deslocamento temporário de setores médios para a direita e uma oscilação ocasional, até certo ponto esperada, de lulistas menos convictos, pode se tornar duradoura. Somente a partir daí saberemos se a eleição de 2018 foi realmente crítica, com o surgimento de um novo agrupamento estável, configurando arranjo duradouro para os futuros embates políticos do país. Em suma, a aparição de um novo alinhamento.

ANDRÉ SINGER é professor do Departamento de Ciência Política da USP.

GUSTAVO VENTURI é professor do Departamento de Sociologia da USP.

NOTAS

1. Jairo Nicolau, "O triunfo do bolsonarismo". *piauí*, n. 146, nov. 2018.

2. Marcus André Mello, "Governabilidade e bancadas". *Folha de S.Paulo*, 26 nov. 2018, p. A-2.

3. Antônio Lavareda, *A democracia nas urnas: O processo partidário eleitoral brasileiro*. Rio de Janeiro: Rio Fundo, 1991, p. 62.

4. André Singer, *O lulismo em crise: Um quebra-cabeça do período Dilma (2010-2016)*. São Paulo: Companhia das Letras, 2018, p. 171.

5. Consuelo Dieguez, "Direita, volver". *piauí*, n. 120, set. 2016.

6. Datafolha, "Bolsonaro (PSL) tem 40% dos votos válidos na véspera do 1º turno". Disponível em: <http://media.folha.uol.com.br/datafolha/2018/10/07/c72465490b0aa06aa8c10651efe9fbdc.pdf>. Acesso em: 4 dez. 2018.

7. Renato Rovai, "Alberto Carlos de Almeida: 'Se o Bolsonaro tem um partido são os militares e não o PSL'". Disponível em: <https://www.revistaforum.com.br/alberto-carlos-de-almeida-se-o-bolsonaro-tem-um-partido-sao-os-militares-e-nao-o-psl/>. Acesso em: 26 nov. 2018.

8. Disponível em: <http://datafolha.folha.uol.com.br/eleicoes/2018/08/1979559-39-votariam-em-lula-sem-petista-bolsonaro-lidera-disputa-presidencial.shtml>. Acesso em: 6 dez. 2018.

9. Disponível em: <http://media.folha.uol.com.br/datafolha/2018/10/07/c72465490b0aa06aa8c10651efe9fbdc.pdf>. Acesso em: 6 dez. 2018.

10. Disponível em: <http://www.agenciacma.com.br/lula-lidera-pesquisa-btg-pactual-seguido-por-bolsonaro/>. Acesso em: 6 dez. 2018.

11. Disponível em: <https://www.noticiasagricolas.com.br/noticias/politica-economia/222325-pesquisa-btg-pactual-bolsonaro-tem-35-dos-votos-validos-haddad-tem-27.html#.XAjSGeJRfIU>. Acesso em: 6 dez. 2018.

12. Patrícia Campos Mello, "Empresários bancam campanha contra o PT pelo WhatsApp". *Folha de S.Paulo*, 18 out. 2018, p. A-4.

13. Malu Delgado, "Barbosa é fusão de Lula e FHC". *Valor Econômico*, 4 maio 2018. Disponível em: <https://www.valor.com.br/cultura/5500945/barbosa-e-fusao-de-lula-e-fhc>. Acesso em: 1º dez. 2018.

14. Concebido como exercício de formação de alunos(as) para a produção, manuseio e análise de dados empíricos, o estudo ouviu uma amostra apenas do eleitorado paulistano, com 649 eleitores(as). A amostra foi distribuída em 77 dos 96 distritos que compõem o município de São Paulo, agrupados e ponderados pelo peso da população, acima de quinze anos, residente no território das 32 subprefeituras da cidade. Probabilística nas primeiras etapas, foi selecionada por sorteio dos setores censitários, quarteirões e domicílios, com controle de cotas de sexo e idade na etapa final (seleção dos indivíduos nas moradias). A margem de erro é estimada em até quatro pontos percentuais para mais ou para menos, com intervalo de confiança de 95%.

15. Cerca de quatro quintos da amostra (82% das entrevistas) foram colhidos entre 19 de maio e 16 de junho por alunos(as) participantes da 2ª Oficina de Survey LAPS/PET, atividade vinculada ao Laboratório de Pesquisa Social (LAPS) do Departamento de Sociologia da USP, ou que cursaram a disciplina "Métodos e técnicas de Pesquisa I" no primeiro semestre de 2018. Com o intuito de balancear a amostra, as demais entrevistas foram colhidas na primeira semana de agosto por integrantes do Programa de Educação Tutorial (PET-CS, projeto vinculado à FNDE/MEC), equipe responsável também pela execução da amostra, montagem e coordenação do campo e consistência do banco de dados. A disciplina de "Métodos…", bem como as atividades da Oficina e do PET, foram orientadas pelo professor Gustavo Venturi. O banco de dados está disponível para uso público, podendo ser baixado pela página do Consórcio de Informações Sociais, <www.cis.org.br>.

ESTA OBRA FOI COMPOSTA PELA SPRESS EM MINION E IMPRESSA EM OFSETE
PELA LIS GRÁFICA SOBRE PAPEL PÓLEN SOFT DA SUZANO PAPEL E CELULOSE
PARA A EDITORA SCHWARCZ EM JANEIRO DE 2019

A marca FSC® é a garantia de que a madeira utilizada na fabricação do papel deste livro provém de florestas que foram gerenciadas de maneira ambientalmente correta, socialmente justa e economicamente viável, além de outras fontes de origem controlada.